西藏問題

西藏問題

民國政府的邊疆與民族政治（1928–1949）

林孝庭 著

朱麗雙 譯

中文大學出版社

《西藏問題：民國政府的邊疆與民族政治（1928–1949）》
林孝庭 著
朱麗雙 譯

© 香港中文大學 2018

國際統一書號 (ISBN)：978-962-996-821-2

出版：中文大學出版社
　　　香港 新界 沙田・香港中文大學
　　　傳真：+852 2603 7355
　　　電郵：cup@cuhk.edu.hk
　　　網址：www.chineseupress.com

Tibet and Nationalist China's Frontier: Intrigues and Ethnopolitics, 1928–49 (in Chinese)
By Lin Hsiao-ting
Translated by Zhu Lishuang

© The Chinese University of Hong Kong 2018

ISBN: 978-962-996-821-2

Published by The Chinese University Press
　　　The Chinese University of Hong Kong
　　　Sha Tin, N.T., Hong Kong
　　　Fax: +852 2603 7355
　　　Email: cup@cuhk.edu.hk
　　　Website: www.chineseupress.com

Printed in Hong Kong

目　錄

第一部分：背景

第二部分：戰前十年（1928–1937）

第三部分：抗戰時期（1937–1945）

第四部分：戰後時期（1945–1949）

地圖、圖與表目錄

表

縮略語列表

AEY	行政院檔案
AKMT	國民黨黨史會檔案
AMFA-1	外交部檔案（保存於國史館，台北）
AMFA-2	外交部檔案（保存於外交部，台北）
ANG	國民政府檔案
ASNDC	國防最高委員會檔案
CB	蔣中正總統檔案：籌筆
FBZB	《黃慕松、吳忠信、趙守鈺、戴傳賢奉使辦理藏事報告書》
FO	Foreign Office Records (Britain)
FRUS	Foreign Relations of the United States: Diplomatic Papers
GMWX	蔣中正總統檔案：革命文獻
GOI	Government of India
GWJH	《顧維鈞回憶錄》
IOR	India Office Records (Britain)
JBNHFS	《九世班禪內地活動及返藏受阻檔案選編》
JBYXSBZZ	《九世班禪圓寂和十世班禪轉世坐床檔案選編》
MTAC	蒙藏委員會（國民政府）
QWZX	《青海文史資料選輯》
SNDC	國防最高委員會（國民政府）
SDYZSDZ	《十三世達賴圓寂與十四世達賴坐床檔案選編》
SWZX	《四川文史資料選輯》
TJDA/MB	蔣中正總統檔案：特交檔案／政治／蒙古邊情
TJDA/YB	蔣中正總統檔案：特交檔案／政治／一般邊政

TJDA/XW	蔣中正總統檔案：特交檔案／政治／西藏問題
TJWD	蔣中正總統檔案：特交文檔／領袖事功／積極治邊
TVSP	T. V. Soong (宋子文) Papers
USDS	Records of the Department of State Relating to Internal Affairs of China, US Department of State Diplomatic Records on Microfilm
USFR	United States National Archives, State Department Archives
USMIR	United States Military Intelligence Reports: China, 1911-41 (microfilm series)
WO	War Office Records (Britain)
WZX	《文史資料選輯》
XWZX	《西藏文史資料選輯》
XinWZX	《新疆文史資料選輯》
YXSP	閻錫山檔案
YXZG	《元以來西藏地方與中央政府關係檔案史料匯編》
ZDG	《中央黨務公報》
ZMDZH	《中華民國史檔案資料匯編》
ZYL	《藏學研究論叢》
ZZSC	《中華民國重要史料初編：對日抗戰時期》

前 言

　　本書旨在分析中國近代史上一個熟悉卻又缺少研究的課題，即1949年以前國民政府對少數民族邊疆地區的政策，特別是其對西藏問題的處理。在中國近代史上，國民政府時期中國的民族政治（ethnopolitics）常受限於某些刻板印象，大都未經實際考察與嚴謹材料的證明。這也可以理解，因為過去學者們較難接觸並利用到那些揭示漢民族主義者與其少數民族關係和少數民族領土問題的原始材料。近年，由於國民政府時期（1928–1949）的漢文檔案材料，特別是蔣介石個人資料的解密，各地學者可以更好地探究民族政治這一迄今仍對中華人民共和國充滿挑戰的問題及其直接背景。筆者的研究就得益於對這些新出漢文檔案材料的利用。

　　本書圍繞西藏議題（Tibetan agenda）展開研究，這個議題很好地揭示了近代中國對內部與外部主權的追求。自1912年清朝覆滅，這個重要而複雜的問題隨即與新生的中華民國政治體制緊扣起來，1928年以後又成為定都南京以後的國民政府整體政策制定下的一環。本書重新評價國民政府時期中央政府與西藏當局之間錯綜複雜的關係。在更廣泛的意義上，本書還揭示了在近代中國內憂外患與政局紊亂的時期內，中國的領土目標是如何從傳統的帝國秩序朝向近代政體轉變，而這個過程有時是以意外與偶然的方式呈現出來的。

　　本書第一、第二章提供1920年代末與1930年初中國政治與領土

局勢的背景知識，以及1928年後國民政府官僚體制中有關中國邊疆問題的決策結構，這兩章描述在國民政府統治的早期階段，「中華民國」的本質是甚麼，以及如何在這個更廣闊的歷史與政治制度背景下，理解國民政府的邊疆議題。1928年以後，國府中央設立了蒙藏委員會來處理邊疆議題，這個機構向來被視為一個冷衙門，然而本書會揭示，與傳統的認識恰好相反，蒙藏委員會並非國府中一個無關緊要的微末機構。這個機構給國民政府的中央官員與邊疆諸省份當局提供了一個平台，處理中央與地方之間與邊疆少數民族事務實際上不相關的其他政治議題。除了蒙藏委員會，國民政府的外交部與軍事部門也在國府時期的民族政治事務中扮演重要角色。早期，南京的國民黨與處於自治狀態的邊疆省份當局，皆有技巧地利用複雜甚至危急的邊疆局勢，達致各自的目的。舉例而言，國民政府經常透過操縱邊疆與民族政治議題，來進行國家建構（state-building）與政權鞏固（regime-consolidation），逐步把政治影響力延伸至邊疆省份。此外，1928年國民革命軍北伐完成以後，定都南京的國民政府雖成為全中國的政治中心，實際上卻不過是一個地區政權，致力於打造一個體現「五族」（漢、滿、蒙、藏、回）共和的國家形象。儘管隨之而來的內戰嚴重打擊了國民黨人所亟欲宣傳與建立的國家形象，蔣介石仍然成功地讓遠在邊陲的少數民族相信，他這個新的南京政府比過去的軍閥政權具備更有利的條件，可以解決當時困難重重的邊疆問題。

　　第二部分的三個章節討論戰前十年（1928–1937）國民政府的西藏問題。以往有關漢藏關係史的著作普遍認為，自1928年以後，國民政府即反覆重申中國對西藏的主權。由於國民黨人標榜着致力於推動國家統一、反帝國主義、提倡民族尊嚴與民族拯救，並促進五族共和，要是說他們也沒那麼渴望回到自己宣稱擁有全部主權的西藏，可能會有點誇張。然而，這些章節的研究顯示，在統治的初期階段，國民政府是否真的在意西藏應該無條件、絕對地成為中國

版圖完整的一部分，仍有待進一步探討。換句話說，當面臨內部政治分裂與外部日本軍國主義勢力虎視眈眈等危機，國民黨人是否真的擔憂失去西藏，甚或其他邊疆民族地區，不無疑問。誠然，1930年代的國民政府要員，無人敢說南京當局實力太弱，因而無法實施強有效的邊疆政策；也無人敢提出放棄五族共和，或者對邊疆地區形同虛設的權威。但是，我們必須重新考量，在政治與意識形態的虛幻圖騰背後，許多當時所謂的「邊疆政策」有多少是純粹為了解決邊疆與少數民族問題，有多少是醉翁之意，另有政治動機？有鑒於此，本書第二部分特意以國民政府時期中國的內部整合與國家建構，以及中央政府在戰前十年鞏固權力的過程為背景，對20世紀前半期中國歷史上的邊疆與少數民族議題，提出了一些新的看法。

本書第三部分的三個章節討論抗日戰爭時期（1937–1945）的西藏議題。已有研究著作認為，日本侵華以及抗戰時期中幾個大國出現並與中國結盟，給國民黨人提供了一個契機，使他們可以推進對邊疆地區的主權聲明以及恢復中國的昔日榮耀。珍珠港事件之後，漢藏關係的確發生了急劇改變。當中國成為「四強」之一，國民黨人即開始談論恢復對邊疆地區的主權問題。這些著作還認為，在1940年代初，蔣介石甚至一度考慮準備利用軍事手段徹底地解決西藏問題。事實上，戰時國民黨對西南邊疆的權力推進的嘗試，是基於對自身政權安危存亡的現實考量，這些考量比源自孫中山的中國民族主義的籠統的意識形態，更為緊要與迫切。

換言之，二戰期間中國對西藏的所謂「積極政策」（positive policy），不過是戰時重慶為維繫政權生存而不得不採取的選擇。蔣介石領導的國民政府對西藏問題的立場極為務實。我們從表面（以往的著作與政治上的宣傳話語即基於此）獲得的印象，與戰時國民政府官員實際如何看待邊疆議題並付諸實施之間，存在着鴻溝與落差。從一個較長時段的歷史角度來看，1937至1945年日本對中國的侵略，意外地給戰時西南的國民政府提供了一個契機，使得他們可以

在西南地區恢復自 1911 至 1912 年清帝國秩序瓦解後，便被中斷的中央在邊陲地區的國家建構。第三部分提出的新的闡釋，正是通過將漢藏關係放在南亞與內亞國際戰爭的背景之下作仔細研究，從而更好地理解 1930 和 1940 年代中國的邊疆與少數民族議題，以及當今中國的領土主權輪廓是如何在二戰時期被建構出來並最終成形。

　　本書最後兩章立足於戰後漢族與少數民族衝突的廣闊歷史背景之下，探究戰後國民政府時期中國的邊疆局勢。由於國共內戰，1945 至 1949 年的歷史常被描述為某種過渡階段，但這樣的描述忽略了一些富有意味且重要的課題。其中一個被忽視的話題，便是國民政府如何在漢族與各少數民族群體衝突的歷史背景下，重新規劃邊疆決策。這些章節顯示，戰後國民政府的邊疆議題由那些威脅到「中國」這個概念本身的確切含義，以及形成今天中華人民共和國領土的事件所決定。這些章節還揭示，國民黨在擊敗日本並把國都遷回中國內地之後，如何費力地試圖維繫中央政府在各邊疆地區的權威與影響力。戰後國民黨加強對邊疆地區影響的意圖，正好增加了各個非漢族民族群體的民族主義意識。同時因為二戰後新的政治風潮，以及國共內戰，各少數民族勢力向國民政府索取更多政治權利與經濟資源的訴求越來越強烈，戰後中國的西藏問題也將放在這個歷史背景下進行檢視。

　　儘管只有短短四年，國民黨統治中國大陸的最後階段卻非常關鍵，至少在邊疆與少數民族問題上如是。在今天的中華人民共和國內外熱議的爭端話題，諸如西藏問題、東突厥斯坦獨立運動，與半個世紀以前國民黨遺留下來的領土與少數民族歷史遺緒密不可分。因此從這個較少人切入的角度對邊疆議題做的考察，是本書的價值所在，幫助我們更好地理解這些持續存在的問題的歷史根源。

致 謝

本書始於吳勞麗（Laura Newby）教授指導下的博士論文。在牛津大學攻讀博士學位期間，她耐心地讓我自由且獨立思考與發展對近代中國邊疆與少數民族問題的原創性，並仔細地閱讀與校正每個章節初稿，給予極為寶貴的建設性意見。如果沒有她，本書不可能完成。感謝劍橋大學方德萬（Hans van de Ven）教授的無私指導、鼓勵與建議，我倆在1998年於台北首次晤面時，他即鼓勵我前往英國攻讀博士學位，並建議我聚焦於民國時期錯綜複雜的漢藏關係史研究。我也感謝在不同階段讀過全部或部分書稿章節，並提出重要建議與評論的學者：寶力格（Uradyn Bulag）、陳明錄、陳永發、德里克（Arif Dirlik）、艾普斯坦（Laurence Epstein）、科大衛（David Faure）、紀若誠（Pat Giersch）、李普曼（Jonathan Lipman）、米華健（James Millward）、米德（Rana Mitter）、藍波（Charles Ramble）、蘇立文（Michael Sullivan）、戴鴻超、魏斐德（Frederic Wakeman Jr.）、彭文斌。

還衷心感謝劉新教授與加州大學柏克萊分校中國研究中心，得其襄助，我有一年時間在那裏把博士論文修改為一本可以出版的書稿。在準備書稿的過程中，舊金山大學環太平洋研究中心（Center for the Pacific Rim）的彭岱（Barbara K. Bundy）、卡普（Ken Kopp）與吳小新等學者也提供了寶貴的支持與鼓勵。2004年秋天，我進入

史丹福大學胡佛研究所服務，感謝胡佛同仁在本研究進行期間給予
的建議、鼓勵與支持。特別要感謝台灣的一群學者，是他們第一次
將我帶入近代中國史的研究領域，啟發了我對近代中國對外關係史
研究的濃厚興趣：張啟雄、張力、李恩涵、李朝津、呂芳上、唐啟
華、孫若怡、王綱領。本書所呈現的諸多觀點，是我與牛津大學及
其他高等學府的學友們之間無數討論後的結果，我要向他們表示由
衷的謝意：陳美紅、陳群元、陳欣之、方天賜、費蘭提 (Federica
Ferlanti)、傅凱玲 (Carolyn Ford)、蕭麗玲、黃文德、木下弘美
(Hiromi Kinoshita)、黎子堅、林欣宜、唐小虎、曾士榮、王憲群、
邢泓遠、姚進莊。他們對本書皆有貢獻，而我本人對書中的失誤與
缺點負全部責任。

　　本書的幾個章節草稿在早期曾提交會議宣讀，感謝為我提供
討論機會的主辦機構：倫敦大學亞非學院 (SOAS)、牛津大學中國
研究中心、亞利桑那州立大學天普 (Temple) 校區、哈佛大學俄羅
斯和歐亞研究中心 (Davis Center for Russian and Eurasian Studies at
Harvard University) 與台灣中央研究院。本書採用了大量漢文與英文
原始材料，感謝牛津大學波德林 (Bodleian) 總圖書館、英國國家檔
案館、大英圖書館東方暨印度事務館藏部 (Oriental and India Office
Collections, London)、中央研究院 (台北)、國民黨黨史館 (台北)、
中華民國外交部檔案資訊處 (台北)、加州大學柏克萊分校總圖書館
(University Library) 與東亞圖書館 (East Asian Library)、史丹福大學
的胡佛研究所檔案館 (Hoover Institution Archives) 及東亞圖書館等機
構在研究過程中的協助與引導，也感謝台灣商務印書館慨允本人使
用部分照片。

　　以下機構為本書的研究與寫作提供經費資助：牛津大學中國研
究所戴維斯基金會 (Davis Fund of the Chinese Institute) 與牛津大學聖
十字學院 (St. Cross College) 為我 2001 年秋至中國邊疆地區包括新
疆、青海、甘肅的田野調查提供經費。在本書的最後階段，我得到

舊金山大學環太平洋研究中心桐山 (Kiriyama) 獎學金的很大幫助。香港中文大學出版社對於英文書稿中譯版的鼎力支持與興趣，讓我銘感於心。我也要特別向本書編輯葉敏磊、楊彥妮與翻譯朱麗雙博士表達誠摯的謝意，她們盡了最大的努力來幫助這本書稿順利出版。

　　最後，我想將此書獻給我的父親林文輝先生、母親郭珮華女士與妻子徐海蕾。在我攻讀博士與撰寫書稿過程中，一直予以支持，沒有他們的愛心、寬容、理解與鼓勵，本書絕不可能完成。

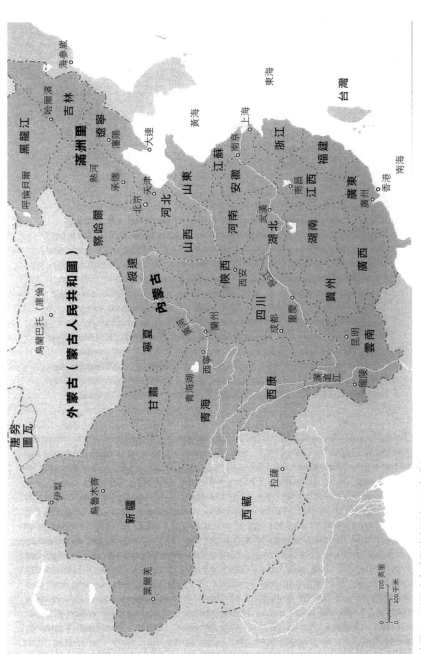

地圖 1. 國民政府時期的中國（1930 年代）

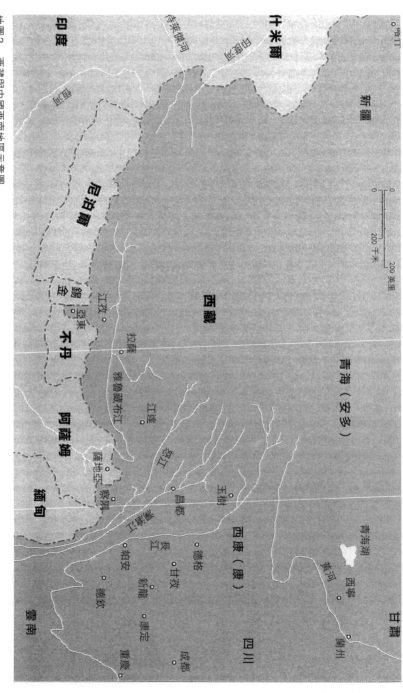

地圖 2. 西藏與中國西南地區示意圖

序 篇

總統鈞鑒，我前駐藏專員沈宗濂，自撤退後即在美任教，現在維吉尼亞州淒其堡大學（Lynchburg College）主講西藏史地，其人幹練可靠，中英文均佳，且通藏語，職前在部時，曾委以與達賴喇嘛左右聯絡之事，彼與嘉樂登珠（編按：即嘉樂頓珠）經常通訊，最近且收到嘉樂親筆函，彼於西藏撤退時，曾在印度加鄰旁（Kalimpong，編按：即噶倫堡）作短期居住，與西藏貴族過從甚密，據彼判斷，現東藏抗暴運動即賴此輩貴族密予接濟，而美人亦參與其事，其途徑大致由錫金出亞東。職意似可密遣沈君赴印，前往加鄰旁與嘉樂登珠取得聯絡，並探明真況後，來台面呈鈞座，唯一困難即在印度入境問題，可能略需時日，方能辦妥。沈君當以不先來台為妥，且此時不宜即顯露與我有任何聯繫，俟其離印時，可詢嘉樂登珠有無口信帶陳鈞座，以上計劃尚未與沈君提及，如蒙核可，當即訪洽。又據悉班禪事實上早已附匪，現在藏之反共力量，均擁護達賴，我方似不妨聲明繼續支持並承認達賴為西藏領袖，以加強我與藏民精神上之關係，當否仍乞鈞裁。鈞座來示，請以瑪麗為沈君代名，立達為達賴代名，華生為嘉樂登珠代名。職葉公超寅感。[1]

　　上面這份解密的電報，最初由時任中華民國駐美國大使葉公超於1959年3月間、十四世達賴喇嘛流亡印度十天後從華盛頓發出。四天以後，蔣介石批准了葉公超的建議，試圖獲得當時令人震驚的拉薩叛變的最新消息，並尋求在達賴喇嘛勢力與台北之間達成某種合作關係的可能性。[2]這份電報讓我們得以了解，當西藏問題意外地出現在國際舞台上，蔣介石及其幕僚正在考慮並有可能執行的秘密活動。它並進一步提醒我們，不過短短二十年前，蔣介石所領導的國民政府還是漢藏長久之間博弈角力關係的主要弈手。在二十多年時間裏，蔣介石的國民政府就跟1949年以後毛澤東所領導的中共政權一樣，必須面對與處理近代中國的邊疆與少數民族問題，而1959年西藏叛亂的流血鎮壓，以及蔣介石與葉公超之間的秘密函電內容，讓1949年以前國民政府如何處理西藏問題的這段歷史遺緒，變得更加重要。

中世紀至晚清的漢藏關係

　　漢藏關係可溯至公元7世紀，當時一度強大的吐蕃帝國曾對唐朝造成持續威脅。[3]13世紀，當蒙古族統治歐亞大陸，如同其他內亞[4]地區一樣，西藏也成為蒙古帝國征服的一部分。但是，西藏與蒙古的關係與歐亞大陸其他被征服的民族有所不同。這種關係是基於兩個民族之間發展出來的一種稱作「檀越」（護主與僧侶，Cho-Yon）關係的模式。1254年，忽必烈接受西藏薩迦派（Sakya sect）高僧八思巴（Phagspa）為上師。這種關係要求忽必烈在宗教方面以上師為尊，導致西藏、特別是薩迦派的地位在蒙古帝國得到提高。作為對上師的「布施」，忽必烈賜予八思巴大量西藏土地，以及西藏西部與中部的13萬戶。五年後，忽必烈正式宣佈成為蒙古帝國的大汗以及新創立的元朝（帝國的四個汗國之一）的皇帝，八思巴成為帝師。忽必烈及其後的元朝皇帝皆成為西藏佛教的世俗供養人，八思巴與忽必烈

之間建立的僧侶與護主關係，雖然現今的國際關係中並沒有類似的關係存在，後來卻成為蒙藏關係及漢藏關係的理想模式。[5]

此處或可對「檀越」關係略加解釋。Shelkar Lingpa基於藏文著述表明，西藏與蒙古的宗教與文化關係，「最初是被入侵者與入侵者的關係，最後發展成僧侶與護主的關係」。[6]但是，Turrell Wylie的研究卻表示，元廷與西藏的僧侶與護主關係跟後來的歷史文獻所描述的情況相比，遠為緊張。他認為，西藏人與蒙古人所建立的僧侶與護主關係，不應僅放在宗教與文化背景下來理解，而應該從當時蒙古的戰略與軍事目的的更廣闊角度來觀察。[7]

明朝時期，內亞草原的蒙古分成東、西兩個部落聯盟，而西藏中部不斷被派別主義與宗教衝突所分裂。1570年，明朝的邊疆政策發生變化，給予東蒙古進貢與互市的權益。這標誌着明朝由積極的邊疆防衛，改為採取消極的綏靖政策，這也是東蒙古強大的領袖俺答汗（Altan Khan）的勝利，他對進入富裕中國的控制，使他不僅可以在東蒙古的許多部落、還在西藏佛教的各種派別之中創造護主關係。[8]1578年，俺答汗在青海會見西藏格魯派（Gelugpa）第三世轉世活佛、哲蚌寺（Drepung）堪布索南嘉措（Sonam Gyatso）。在相互承認的政治與精神合法性上，索南嘉措認定自己為八思巴的化身，而俺答汗則為忽必烈的化身。隨着這種相互承認，俺答汗被認為在精神上繼承了成吉思汗世系，而索南嘉措則從俺答汗那裏獲得政治與軍事上的保護，並得到「達賴」（意為「大海」）的名號，此後以三世達賴喇嘛為人所知。與此同時，哲蚌寺的另外兩位堪布則被追認為第一世與第二世達賴喇嘛。此後，西藏佛教開始迅速在蒙古人中傳播。[9]

1640年代中期，滿族人的勢力滲透到青海，控制這片地區的衛拉特蒙古人（Oriat Mongol）逐漸臣服於滿族人，開始向他們進貢。1648年，五世達賴喇嘛受邀訪問北京的滿洲朝廷。結盟顯然對雙方皆有利：西藏的格魯派希望恢復與中國和內亞新的統治勢力的僧侶

與護主關係，清廷則需要利用西藏佛教來加強與蒙古的聯繫。1653
年初，達賴喇嘛抵達北京，覲見清朝皇帝順治（1638–1661），並獲授
榮譽稱號。[10] 無疑，五世達賴喇嘛訪問北京所建立的關係，與蒙古
與西藏之間的僧侶與護主關係類似。但是，從歷史的角度來看，清
朝皇帝可以召喚另一位政治君主前往朝廷，後者在名義上的臣服顯
而易見。這樣，格魯派與清廷所建立的僧侶與護主關係，即被一些
人解讀為西藏臣服於中國的標誌。[11]

　　確實，隨着清朝對中國控制的鞏固及蒙古權力在內亞的衰落，
清廷得以干預西藏而無須顧及西藏在內亞事務中的角色。1714年，
西藏三大寺 —— 哲蚌、色拉與甘丹 —— 的堪布請求準噶爾蒙古推
翻和碩特蒙古人（Hoshut Mongol）、藏王拉藏汗（Lhazang Khan）。
準噶爾同意。1717年11月，他們進攻拉薩，得到城內僧人的幫助而
輕易大獲全勝，拉藏汗不久被殺。但是對西藏人來說，準噶爾蒙古
人的到來很快就成為災難，他們不僅廢黜拉藏汗，還搶劫寺院與家
園。此次事件最終導致清朝於1720年派軍隊前往驅逐準噶爾部，後
來演變為內亞的準噶爾與滿洲在控制西藏與達賴喇嘛問題上的長期
對抗。[12]

　　一般而言，從1720至18世紀末，清朝或通過干涉第三股勢力入
侵西藏（1720年與1792年）或調解內部糾紛（1728年與1750年），逐
漸增加對西藏的權威，每次干預均導致清朝增加對西藏事務行政管
理的控制。1727年，清朝正式派遣兩位駐藏大臣（amban）永久進駐
拉薩，緊密監督西藏事務；又派軍隊駐守西藏，進一步增強清朝對
這個內亞藩屬的軍事權勢。1792年，當成功驅逐入侵西藏的廓爾喀
人（Gurkha）後，清廷藉此重新調整對西藏的保護地位。同年清朝頒
佈包括二十九項條文的帝旨，提高駐藏大臣的地位，與達賴喇嘛與
班禪喇嘛平等。[13] 駐藏大臣不僅控制西藏的邊防與外交事務，還具
有對清朝駐軍與西藏軍隊的指揮權。清朝更要求班禪喇嘛與達賴喇
嘛的轉世必須在駐藏大臣的監督之下進行金瓶掣籤，[14] 這意味着清

朝政府擁有選擇轉世活佛的最終決定權，即西藏精神與世俗雙重統治體制的政治繼承權。

1792年，清朝確立的規章制度代表着清朝對西藏影響的鼎盛時期。此後，清朝逐漸為內部事務所困，清廷發現越來越難以干涉西藏事務。舉例而言，當尼泊爾的廓爾喀人據稱基於商業糾紛而於1855年再次進攻西藏，清朝正全力處理太平天國叛亂，無法對西藏施以援手。達賴喇嘛被迫向尼泊爾納貢，並給予西藏的尼泊爾臣民治外法權。[15] 如同一位學者所指出，至19世紀後半期，代表清朝皇帝與清朝權威的駐藏大臣除了禮儀與象徵作用，已經難有作為。正如李鐵錚的著作所論，1876至1885年間四川總督在上呈的一連串奏折指出，駐藏大臣缺乏行政權威，並西藏的行政管理已不再從屬於清廷。[16]

1895年，清朝在甲午戰爭中被日本所敗，走向衰落。在清朝的最後數年，基於對外國帝國主義與滿洲異族統治的反應，漢族的民族主義高漲。與此同時，英、俄兩大帝國在中亞的競逐——一般被描述為「大博弈」——開始將清朝遙遠的藩屬西藏轉變為國際利益的一個目標。英國政府為排除來自北部的可能威脅，從而保護其在印度的地位，覺得有必要對西藏保持政治與經濟影響，並使西藏成為軍事上的緩衝區，這導致英國對西藏發動一連串外交與軍事活動，一直延續至20世紀初。[17] 1904年，為抵銷俄羅斯在西藏日益增加的活動，印度政府對西藏發動軍事進攻，英軍輕易於同年8月開進拉薩。這次侵略的結果，英國獲得一定的商貿特權，獲准在江孜（Gyantse）、亞東（Yatung）與噶大克（Gartok）開闢三個商務市場。在隨後的條約中，英國進一步得到中國排除其他外國國家進入西藏的保證，從而阻止了俄羅斯對西藏的干涉。[18]

就當代西藏議題而言，英國對西藏的入侵有着深遠的影響。它結束了西藏一個世紀之久與國際隔絕的狀態，並暴露了中國所宣稱對西藏的權威；還建立起英國與西藏之間的直接聯繫，於此西藏在

理論上建立起一個國際認可的獨立國家。另一方面，英國在西藏利
益與活動與日俱增，難免導致中國試圖恢復其在拉薩的虛弱地位。
1905年起，清朝在西南地區施行一系列新政，以圖鞏固在這個地區
的權威。新政包括廢除康區（即藏東地區，後來重新命名為「西康」）
地方自治的土司制度和減少寺院中的僧侶數量。[19]清朝的新政引起
當地人廣泛不滿，在一次僧人領導的叛變中，一位滿洲官員被殺。
為迅速施加報復，清政府派出一支由趙爾豐率領的軍隊，前往鎮壓
叛變並加強對西藏的控制。與此同時，清朝在西南地區的改革及其
對西藏的軍事進攻，使十三世達賴喇嘛深感震驚，達賴喇嘛自1904
年以來即流亡他鄉，當時正在返回拉薩的途中。[20]達賴喇嘛對清軍
開進西藏以加強對他的控制，感到沮喪失望，1910年決定再次流
亡，這一次前往印度。中國決定削去他的名號。但是，1900年代的
清廷腐敗無能，其威信已難以跟18世紀的清朝盛世相比。隨着辛亥
革命爆發，趙爾豐不得不停止對西藏的積極政策。西藏利用中國內
地的混亂局勢，要求所有中國士兵與官員撤離西藏。1912年底，中
國軍隊最終經印度離開西藏。[21]

中華民國時期的西藏問題

今天來看，清末趙爾豐發起的改革，可視為中國試圖在西南邊
疆地區進行國家建設的第一次努力。由於清朝崩潰，這次努力被迫
中止。隨着趙爾豐部隊被驅逐出藏，中國在西藏的權威也隨之消
退，西藏作為中國邊疆領土一部分的地位，遂成為一個具有高度爭
議的問題，不論出於何種動機與目的，在北洋政府與國民政府時期
均無法得到妥善解決。1912後，中國的漢族人繼續宣稱他們對整個
西藏的權威，但拉薩政府則開始在未有諮詢中國官員的情況下，管
理自己的政府並制定政策。隨着中國成為中華民國，漢藏關係進入
一個嶄新但仍然問題重重的階段。

武昌起義後，新的中華民國於1912年1月1日正式宣佈成立，就在清朝皇帝最終宣佈退位的兩個月之前。民國政權甫成立，即顯示出把前清的內亞藩屬轉變成中華民國完整之一部分的興趣，或至少在其頒佈的官方聲明中是如此。袁世凱的官員對不穩定的邊疆局勢做出反應，宣傳一種「五族共和」的思想精神，所謂五族，指漢、滿、蒙、藏、回，是前清帝國的主要組成民族。五族共和的思想，乃基於漢人相信邊疆民族希望在中國管理下得到平等對待，而非從中國的控制中獨立出去。但是，在這樣的五族共和的政治哲學背後，或許是新中國當局恢復邊疆與民族政治秩序的一個希望，而且這一次是以漢人而非滿人為中心。[22] 就西藏而言，民國政府迅速恢復流亡中的達賴喇嘛的封號，譴責前清政權及其駐藏大臣的錯誤行為導致達賴喇嘛出逃。但是，1912年在英印保護下返回拉薩的達賴喇嘛，卻不再信任中國的任何承諾或接受中國對其領土宣示的權威。在一份給西藏人的文告中，達賴喇嘛把西藏與中國的關係描述為護主與僧侶的關係，宣稱它「並不基於一方對另一方的從屬」。[23]至今，這份聲明仍被許多西藏人視為西藏從中國獨立出來的宣言。

無須驚訝，漢人官員看待邊疆地區的態度，並不反映邊疆地區非漢族居住民本身的觀點。在外蒙古，蒙古貴族與王子於1911年11月宣佈獨立，以哲布尊丹巴活佛為國家領袖。1915至1921年間，由於中國政府一連串頗為成功的政治與外交舉措，外蒙古暫時回到中國名義上的政治版圖。但是，袁世凱及其繼任者卻無法以同樣方式恢復對西藏的權威。眾所周知，1913至1914年，當英國提議在印度西姆拉（Simla）就西藏地位舉行三邊會談，中國政府實際是被迫以平等關係接受西藏代表參加是次國際會議。[24] 這次會議並沒有就西藏地位達成一致意見，西藏人宣稱從中國的權威中獨立出去，中國則對擁有西藏的主權絕不妥協。不僅未能解決有關西藏地位的爭議，對更為現實的事情，比如漢藏邊界的劃分也沒法達成共識。最後，英國人出面干涉，建議分為內藏與外藏，不同程度地受中國與西藏

控制。西藏人初步同意,參加西姆拉會議(Simla Conference)的中國代表也草簽了協議,但最後中國政府卻拒絕做最後的批准與認可。[25]

西姆拉會議並未能就明確的漢藏邊界達成一致意見,在很大程度上導致1917至1918年藏軍與昌都的中國駐軍之間的邊界戰爭。西藏人宣稱整個康區都是他們領土的一部分,不僅將中國軍隊驅逐至金沙江以東,還進一步尋求奪取康區西部的所有土地。在這個時候,英國人再次調停,雙方達成停戰協議,金沙江成為漢藏的邊界線,直至1950年代中國人民解放軍跨過金沙江,「解放」西藏。[26]邊界武裝衝突之後,1920年,中國政府大概是想改善與西藏之間的關係,派遣了一個甘肅使團前往拉薩。這是中國官員除了自1912年以來首次踏足西藏土地,卻無功而還。[27]與惡化的漢藏關係相反,1920年代初期的英藏關係卻達到新高峰。自1920年以後,達賴喇嘛對西藏進行一連串現代化改革,當地的統治階級不論是財政上還是技術上均很依賴英國。這個時期,由於受到英國的保護,加上中國政權積弱難返以及中國內地局勢混亂,使得西藏可以取得不受中國主導的獨立地位。

國民黨政權及其西藏議題

1928年成為中央政府的國民政府,實源自孫中山所領導的與北洋政府對抗的廣東地方政權。1925年7月,國民政府正式於廣州宣告成立。三年之內,國民革命軍在蔣介石領導下,擊敗了南方與中國中原地區的幾個軍閥政權。1928年夏,國民革命軍佔領北京,國民政府正式宣佈統一中國。自此,國民政府即抱有雄心壯志,決定跟其他所謂的「軍閥政權」劃清界線。在宣傳中,國民黨清楚地宣佈,他們不僅將保衛中華民國自滿清帝國繼承而來的遼闊邊疆,還會統一全中國,捍衛主權。為達致這個遠大的目標,一個革命的政治結構,或如柯偉林(William Kirby)所稱的「黨國」(party-state)在中國的政治歷史上首次出現。[28]

　　從更廣闊的角度來看，蔣介石及其革命志友們面對棘手的邊疆事務，與北洋政府相比之下，似乎更為民族主義導向以及更具有革命的激情。誠然，國民政府作為孫中山革命運動的繼承者的合法性，就在於他們聲稱最終會消除中國恥辱的地位，恢復中國光榮的過去。此外，1920與1930年代初的公眾意見，在國民政府對邊疆地區公開聲明的新政策中，也扮演着重要角色。1919年巴黎和會領土權利的轉讓所引起的失望與憤怒，以及隨後的五四運動，成為大多數中國知識分子的集體記憶。自國民政府時代初始，公眾意見即不時敦促政府實施民族主義與革命的邊疆政策。中國內地具影響力的報章輿論亦鼓動南京的新政府對中國傳統的邊疆地區採取更為積極的立場。[29]結果是，近代中國任何不能堅持領土與主權主張的政權，將難以贏得廣泛支持。

　　因此，無須奇怪，國民政府自一開始即反覆強調，將收復「失去」的邊疆領土，比如外蒙古和西藏，聲稱這些地區是中華民國領土不可分離的一部分。孫中山與北京的軍閥政權一致宣傳的高調的「五族共和」，成為南京新政權在提及邊疆與少數民族事務時的理想目標，國民黨高層在官方宣傳及政黨指示中，不斷加強革命與民族主義的思想。[30]如果1930至1940年代執政的國民黨想讓一般民眾相信，他們的政府是讓虛弱而恥辱的中國變得強大的唯一希望，便不能不塑造民族主義形象，以及承諾在外部與邊疆事務上實施革命政策。就西藏來說，正如一位西方學者所指出，中國民族主義的興起與1928年國民黨政權的形成，也結束了一個可能就西藏地位舉行三邊（中、英、藏）國際協商的時代。[31]

　　回顧歷史，國民黨從一開始即致力於建設一個五族共和的民族政治秩序，以及創造一個包括西藏在內、以漢族為中心的中國民族國家。值得強調的是，政策的聲明與官方的承諾絕不構成漢藏政治局勢的實況，也不能因此就認為蔣介石對中國邊疆與少數民族事務所宣稱的革命政策，反映了他及其政權的真正目標，特別是在他們

國家建設與政權威望建設的歷史背景之下。[32] 如同筆者將進一步闡
釋，國民黨政權對遠不在控制之內的廣大邊疆地區的主權聲明，乃
基於一種政治想像，而這種政治想像是為保持國民黨的面子與政治
合法性所產生出來的。事實上，國民政府時期的中國與西藏及其他
邊疆地區關係的實際操作，經常是有意地蒙蔽在模棱兩可與政治算
計之中。

　　對於在邊疆地區進行政權的鞏固與政府威信的重塑問題，在國
民黨統治的不同階段有不同的考量，顯然影響着蔣介石及其高級官
員如何看待西藏議題。因此，對於一個急於將其權威從長江下游擴
展至中國領土其他部分的政權(1928–1937)來說，控制西藏在南京精
於算計的戰略家看來，不過是一項遙遠而又不切實際的議題。對於
一個在日軍侵略中力圖生存的政權(1938–1945)來說，戰時與西藏及
其他內亞邊疆地區的互動，揭示了國民黨是如何看待邊疆議題，展
現出他們在最高水平所宣稱的政策與實際的政治環境之間的落差。
對於一個最終贏得戰爭而要對戰後中國領土與行政管理設計的政權
(1945–1949)來說，西藏議題顯然成為一個艱難而又不可避免的問
題，這個問題與至今圍繞西藏的紛爭緊密相連，且影響深遠。

　　另外，1937年日本入侵中國後，由於政治與社會形勢的改變，
漢人概念中的「邊疆」逐漸發生變化。抗日戰爭迫使國民黨領導下
的中國權力中心與大量漢族人進入遙遠的西南角落，對於背井離鄉
的中央政府與逃至西南方的難民來說，跟邊疆民族打交道成為必
須，而非另一選擇。抗戰時期，政府發起了對青海、康區和其他西
部邊疆地區系統的調查活動。與此同時，不少政府官員與知識分子
經常敦促政府關注西南地區的整體狀況，因為這個地區不再如戰前
那樣，是一個遙遠且不需特加理會的邊陲地區。[33] 同樣重要的是，
1937年以後，遭戰爭圍困的國民黨政權被迫展示對西南邊疆想像的
權威，將分界模糊不清的「邊疆」(frontiers)，變成法律上明確的「邊
界」(boundary)。這個轉變的過程絕非易事。如同本研究將會指出，

直至1940年代中期，中國在內亞與西南地區的領土仍具有爭議性。這種領土爭議以及外蒙古與滿洲里局勢出現的主要原因，乃源於二戰期間及其剛結束後錯綜複雜的國際政治形勢。但在西藏與中國西南地區，保持一種模棱兩可與定義不明的國界，卻對被戰爭圍困的國民政府的戰略家有利，他們優先考慮的是戰時的軍事防守與政權安全，而非中國在本地區領土問題上的決心。國民政府時期在內憂外患之下，從一個傳統帝國過渡到一個現代民族國家的過程，中國的領土與版圖不斷在演變之中，有時甚至是以一種頗為偶然與意外的形式來呈現。

近代中國的領土與民族政治遺緒

再次強調的是，當代圍繞着漢藏關係的大多數爭論，源自十三世達賴喇嘛與蔣介石留給他們的繼任者十四世達賴喇嘛與北京共產黨當局的遺緒，他們至今仍在進行着漢藏博弈。有關西藏政治地位的爭論、西藏人對自治或獨立的訴求、兩個班禪喇嘛的出現，凡此種種，皆與20世紀早期中國與西藏的關係密不可分。因此，如果不先分析共產黨時代以前的漢藏關係如何形成，便難以理解這些激烈爭論的問題。更重要的是，通過當代中國的民族與邊疆研究，可以使我們明白，在20世紀初民族主義的社會背景下，人們如何體察敏感的領土與少數民族議題，因為這個背景至今仍然主導着中國社會，儘管有所不同。

本書無意提供一個典範的漢藏政治史，按年代敘述整個國民政府時期南京／重慶與拉薩關係中的政治事件；也無意試圖提供一個最終答案，通過這個答案讓兩個爭論不休的民族可以擺脫困境。反之，本書的重點在揭示一個原本權力與影響力皆有限的漢族中央政權，如何在民族政治的博弈中搏鬥，利用西藏議題作為手段，在中國內地至內亞邊疆地區提高聲望，增加權威，並發起國家建設的計

劃。與此同時，本書試圖進一步指，當面對日本從東部而來的無休止的軍事蠶食，國民政府如何逐步宣示他們在邊疆地區「想像的主權」，如何試圖將定義模糊的內亞邊疆地區，轉變成一個界線固定的邊界。這種邊境與邊界轉換的分析非常重要，特別是因為中央權力通過這個過程得以延伸與擴張，而後者又與當今中國領土的形成極有關聯。筆者不是以傳統的「漢人對藏人」的框架來分析西藏問題，而是將整個西藏問題放在國民黨在內亞邊疆地區進行國家建設的歷史背景之下來討論。這種研究取向的結果，將使我們重新思考過去學者用來分析漢族對邊疆與少數民族議題看法的研究框架。

1929年，就在國民政府成為中國政治舞台的新主人後不久，蔣介石與十三世達賴首次接觸。拉薩與南京之間較緊密關係的建立，標誌着中國與西藏之間持續了近二十年的懸置關係的結束，本書即從此開始。然而，在進入詳細討論國民政府時期的漢藏關係、漢族對邊疆問題的看法以及他們的少數民族議題以前，先解釋一下1920年代末與1930年代初「中華民國」究竟意味着甚麼，以及在這個概念框架內的中國邊疆議題，或許不無補益。

注　釋

1.　葉公超致蔣介石，1959年3月27日，TJWD，卷7，編號48000457。
2.　關於蔣介石的指示，見以上電報。應該注意的是，沈宗濂並沒有前往印度。不過七個月以後，沈宗濂在紐約會見嘉樂頓珠，在那裏他們對台北與達賴喇嘛集團之間的可能合作進行了長時間的秘密討論。見葉公超致蔣介石，1959年10月23日，TJWD，卷7，編號48000194。
3.　關於吐蕃與唐朝的關係，見Christopher I. Beckwith, *The Tibetan Empire in Central Asia* (Princeton: Princeton University Press, 1987).
4.　很難給「中亞」(Central Asia)、「內亞」(Inner Asia) 或「歐亞」(Eurasia) 等術語下一個明確的定義。Svat Soucek的著作將「內亞」定義為歐亞大陸被包圍的核心，包括俄羅斯屬 (西) 突厥斯坦 (今哈薩克、吉爾吉、塔吉克斯、土庫曼、烏茲別克)、蒙古共和國、中華人民共和國的新疆

自治區。他進一步認為,從歷史與地理的意義上講,「內亞」指整個歐亞地區,而「中亞」基本上指內亞的「西邊部分」,即西突厥斯坦以及鄰過地區如伊朗東北部與阿富汗北部。見 Svat Soucek, *A History of Inner Asia* (Cambridge: Cambridge University Press, 2000), pp. x–xii. 另一方面,塞諾 (Denis Sinor) 認為,「歐亞」指歐洲與亞洲聯合起來的土地,是心理地理學而非概念上的一個實體。他認為,「內亞」是對「歐亞中部」(Central Eurasia) 的一個麻煩較少又不夠確切的同義詞,其地理含義包括西藏、蒙古與滿洲里。見 Denis Sinor ed., *The Cambridge History of Early Inner Asia* (Cambridge: Cambridge University Press, 1990), pp. 2–3. 本書將使用「中國內亞」(Chinese Inner Asia) 這個詞來指稱傳統上中國的邊疆地區,這些地區包含在 Soucek 有關「內亞」的更廣闊的地理定義中,如西藏、新疆、青海、內蒙古與外蒙古。

5. Herber Franke, "Tibetan in Yuan China," in *China under Mongol Rule*, ed. John D. Langlois Jr. (Princeton: Princeton University Press, 1981), pp. 307–309; Luciano Petech, *Central Tibet and the Mongols: The Yuan-Sa-Skya Period of Tibetan History* (Roma: Istituto Italiano Per Il Medio Ed Estremo Oriente, 1990), pp. 5–40.

6. Shelkar Lingpa, "A Brief Survey of the Relationship between Drogön Chögyal Phagpa and Emperor Sechen Kublai Khan," *The Tibet Journal* 15, 1 (1990): p. 76.

7. Turrell V. Wylie, "The First Mongol Conquest of Tibet Reinterpreted," *Harvard Journal of Asiatic Studies* 37, 1 (1977): pp. 103–134.

8. 關於明朝與蒙古的關係,見 Morris Rossabi, *China and Inner Asia: From 1368 to the Present Day* (London: Thames and Hudson, 1975), pp. 39–50; Elliot Sperling, "The 5th Karmapa and Some Aspects of the Relationship between Tibet and the Early Ming," in *Tibetan Studies: In Honour of Hugh Richardson*, ed. Michael Aris and Aung San Suu Kyi (Wiltshire, UK: Aris and Phillips, 1980), pp. 280–289.

9. 俺答汗支持格魯派,而許多其他蒙古酋長如最後一位偉大可汗林丹汗 (Ligdan Khan) 是寧瑪派 (Ningmapa) 的支持者。見 Zahiruddin Ahmad, *Sino-Tibetan Relations in the Seventeenth Century*, Serie Orientale Roma, 40 (Roma: Istituto Italiano Per Il Medio Ed Estremo Oriente, 1970), pp. 87–90.

10. 同上,頁 155–167。

11. Warren W. Smith Jr., *Tibetan Nation: A History of Tibetan Nationalism and*

Sino-Tibetan Relations (Boulder, CO: Westview Press, 1998), pp. 108–113; 孫子和：〈五輩達賴喇嘛進京與清初清藏關係初談〉，見作者：《西藏史事與人物》（台北：台灣商務印書館，1995），頁3–28。

12. 關於滿洲與準噶爾在中亞的對抗，見 Peter C. Perdue, "Military Mobilization in Seventeenth and Eighteenth-Century China, Russia, and Mongolia," *Modern Asian Studies* 30, 4 (1996): pp. 757–793.

13. 班禪喇嘛世系來自五世達賴喇嘛的上師，達賴喇嘛出於尊敬，於1645年獻給他日喀則的扎什倫布寺。據稱班禪喇嘛是阿彌陀佛的化身，達賴喇嘛是觀音菩薩的化身，在佛教的萬神殿中，阿彌陀佛是觀音菩薩的導師，地位比觀音菩薩更為尊崇。不論最初的班禪喇嘛與五世達賴喇嘛的關係如何，由於他們都屬於格魯派，班禪喇嘛在扎什倫布寺的權威逐漸增加，在世俗方面半獨立於拉薩。關於班禪喇嘛世系，參見牙含章：《班禪額爾德尼傳》（北京：西藏人民出版社，1987）。

14. Luciano Petech, *China and Tibet in the Early XVIIth Century* (Leiden: E. J. Brill, 1972), pp. 107–177.關於清朝對西藏的政策及其與內亞的關係，見 Joseph Fletcher, "The Heyday of the Ch'ing Order in Mongolia, Sinkiang and Tibet," in *The Cambridge History of China: Late Ch'ing, 1800–1911*, ed. John K. Fairbank (Cambridge: Cambridge University Press, 1978), vol. 10, pp. 351–408.

15. Fletcher, "The Heyday of the Ch'ing Order in Mongolia, Sinkiang and Tibet," p. 405. 關於1855年尼泊爾入侵西藏事件，見 Prem R. Uprety, *Nepal-Tibet Relations, 1850–1930: Years of Hopes, Challenges and Frustrations* (Kathmandu: Puga Nara, 1980), pp. 60–73.

16. Li Tieh-tseng, *Tibet: Today and Yesterday* (New York: King's Crown Press, 1960), p. 63.

17. 英國第一次伸展影響至西藏的努力發生在1876年，當時在《煙台條約》的一條附款中，英國獲北京同意派「探險隊」從中國經西藏前往印度。見 Hugh E. Richardson, *Tibet and Its History* (Boulder, CO: Shambhala, 1984), p. 264; Shakabpa, *Tibet: A Political History* (New York: Potala Publications, 1984), pp. 197–200.

18. Alastair Lamb, *British India and Tibet, 1766–1910* (London: Routledge and Kegan Paul, 1986), pp. 222–255.

19. 利用清朝原始材料詳細研究晚清在中國西南地區的改革舉措的著作，

可參見馮明珠：《近代中英西藏交涉與川藏邊情》(台北：故宮博物院，
1996)，特別頁209–254。

20. 達賴喇嘛於英軍佔領拉薩前逃離拉薩，前往外蒙古，在當地停留了一
年半 (1904年11月至1906年4月)。1908年，達賴喇嘛到達北京，會見
清朝皇帝與慈禧太后。他被要求向皇帝叩首，並授予一個全新但有點
屈辱的稱號。同年晚些時候，他離開北京赴藏。見William W. Rockhill,
"Dalai Lamas of Lhasa and Their Relations with the Manchu Emperors of
China, 1644–1908," *Toung Pao* 11 (1910): pp. 77–86; Shakabpa, *Tibet: A
Political History*, pp. 222–223.

21. Melvyn C. Goldstein, *A History of Modern Tibet, 1913–1951: The Demise
of Lamaist State* (Berkeley: University of California Press, 1989), pp. 49–64.

22. 關於袁世凱建立五族共和的中華民國的命令，見YXZG (1993)，第6
冊，頁2346，1912年4月22日。

23. "Dalai Lama's Proclamation," as quoted in Shakabpa, *Tibet: A Political
History*, p. 246.

24. Goldstein, *A History of Modern Tibet*, pp. 65–88. 關於在一個更廣闊的
英、俄爭奪的背景下對西姆拉會議的分析，見Ira Klein, "The Anglo-
Russian Convention and the Problem of Central Asia, 1907–1914," *Journal
of British Studies* 11, 1 (1971): pp. 126–147.

25. 儘管西姆拉三方會談失敗，英國在印藏邊界方面還是獲得了利益。
1914月7月，英藏發表一份聯合聲明，承認「西姆拉協議」有效。
西藏放棄達旺地區 (Tawang tract)，新的邊界此後以「麥克馬洪線」
(McMahon Line) 之名為世人所知。見Smith, *Tibetan Nation*, pp. 188–
204.

26. A. Tom Grunfeld, *The Making of Modern Tibet* (New York: M. E. Sharpe,
1996), pp. 107–114; Lee Feigon, *Demystifying Tibet: Unlocking the Secrets
of the Land of the Snows* (London: Profile Books, 1999), pp. 124–161.

27. Premen Addy, *Tibet on the Imperial Chessboard: The Making of British
Policy towards Lhasa, 1899–1925* (London: Sangam Books, 1985),
pp. 332–334.

28. William C. Kirby, "The Nationalist Regime and the Chinese Party-State,"
in *Historical Perspectives on Contemporary East Asia*, ed., Merle Goldman
and Andrew Gordon (Cambridge, MA: Harvard University Press, 2000),
pp. 211–212.

29. 參見如《大公報》，1928年12月12日以及1930年4月21日；《申報》，1933年12月25日；國綱：〈邊疆問題〉，《東方雜誌》，第30卷，第13號 (1933年7月1日)，頁4–5；允恭：〈西藏問題〉，《東方雜誌》，第31卷，第2號 (1934年1月16日)，頁1–2。

30. 一些學者認為，「五族共和」的思想體現了孫中山與早期國民黨人曾經為中國設想過一種聯邦組織。見Immanuel C. Y. Hsu, *The Rise of Modern China* (Oxford: Oxford University Press, 1983), pp. 456–457. 不過，另外的觀點認為，1928年國民黨政權對國旗的改變，表明國民黨人從來沒有想過要一個五族共和的中華民國。參見如John Fitzgerald, *Awakening China: Politics, Culture, and Class in the Nationalist Revolution* (Stanford: Stanford University Press, 1998).

31. Smith, *Tibetan Nation*, p. 228.

32. 此處「國家建設」一詞，指一個政權「目標明確的行為，包括作為一種力量組合國家，作為權力的表達而創造政府機構，作為權威而確認其聲明。」見Robert Bedeski, *State Building in Modern China: The Kuomingtang in the Pre-war Period* (Berkeley: Institute of East Asian Studies, University of California at Berkeley, 1981), p. 18. 亦見本書以下章節的討論。

33. 《中央日報》(重慶)，1939年2月23日，第2版 (社論)。

第一部分

背景

第一章

地方化的中央政權、國家表象
與領土割據

中國久無國防，亦久無人談邊務。近來南北統一，政治進步，
軍政界有力者乃漸注意於此兩大問題，是誠一可喜之現象。
……今邊務問題，又成時髦論調。竊願自政府以至社會有力
人士，取鑑前失。從內外大勢歷史人心及交通財政各方面，詳
加研究，苟無真知灼見，慎勿率爾主張，則不僅邊疆之幸，國
家百年大計，實利賴之。[1]

當1928年12月具有影響力的《大公報》(天津)發表這篇社論時，
中國的政治環境確實看似審慎樂觀。在蔣介石完成北伐以及隨後中
國東北的實際統治者少帥張學良宣佈服從國民政府的領導後，中國
自1916年袁世凱去世即分裂的政局亦宣告結束。現在，除了西藏和
外蒙古，中國再一次有了一個被普遍承認的、蔣介石領導下的中央
政府。1928年底，蔣介石還雄心壯志地規劃着下一個龐大運動：發
動全國大規模的裁軍計劃，以消除危害中國團結與和平的地方主義
(regionalism)與軍閥主義(warlordism)。[2]新政府及其領袖還宣稱，
在國家的軍事合併完成後，中國會進入「訓政」新時期。國民政府召
集全國會議，參加者為來自各地不同的派系與代表，其目的是要鞏
固其政治與經濟架構。[3]

　　1920年晚期，中國政局的新發展不免令許多人思考，南京新成
立的國民政府領導人將如何解決當時頗為棘手的邊疆問題。確實，
國民黨政權在此方面表現出一種令人振奮的革命精神。北伐剛剛完
成，南京隨即宣佈在內蒙古、青海和西南地區成立六個新省份（即
察哈爾、熱河、綏遠、寧夏、青海和西康）。在國民政府提出的新軍
事計劃中，這些剛成立的邊疆省份皆納入南京的國防體制中，甚至
在遙遠的西藏和外蒙古地區駐紮軍隊的安排，也在南京的認真考慮
之中。[4]

　　國民政府欲將前清藩屬或北洋時期設立的邊疆「特別行政區
域」，轉變為中國內地的一部分，以及將這些邊區涵蓋在南京的軍事
和安全機制裏面，這種具有高度政治象徵意義的提議，在當時被解
讀為鮮明地展現了蔣介石欲將「喪失」的邊疆地區收歸中華民國的決
心。[5]此外，在各種公共場合，國民黨致力於向百姓承諾，他們將加
強新政權與中國邊疆非漢族少數民族群體的聯繫，實施一系列新計
劃以改善邊疆地區的福祉。這種看似統一的國家形象以及嶄新的中
央政府，讓1928年末的媒體足以相信國民黨人是革命而進步的，跟
以前所謂「腐敗」、「無能」的軍閥時代的先驅有所有不同。這種印象
顯然令人相信，蔣介石與其革命志友比其他政客處於更為有利的位
置，可以恢復對中國遼闊邊疆地區的中央主權。

國民政府時期中國的領土與政治格局

　　然而，《大公報》是否對國民政府時期中國的邊疆前景過於樂
觀？自1911年辛亥革命，袁世凱領導下的中華民國曾經試圖將前
清帝國的內亞藩屬納入中國版圖，但遭到非漢族少數民族的嚴重挑
戰。在舊的王朝崩潰之後，他們認為無須再對一個新的漢人共和政
權效忠。雖然民國政府仍舊宣稱對過去清廷的大量藩屬擁有主權，
但卻發現自己在內亞邊疆地區處於極度弱勢。[6]1911年辛亥革命後，

北京當局面對最嚴峻的邊疆危機，是分別和當時世界上兩個最強大的帝國——即俄國和英國——有關外蒙古和西藏政治地位的艱難談判。[7]在和這些世界列強打交道並試圖保障中國在邊疆地區的傳統權益之時，袁世凱的新政權確實無能為力。舉例而言，由於俄國的壓力，北京被迫給予其北鄰在外蒙古巨大的商業、稅收和礦產特權。作為回報，中華民國從沙皇那裏僅得到對這片遼闊邊疆地區定義模糊的宗主權（suzerainty）。[8]由於中國政府在這些地區並無實質存在的影響力，加上形同虛設的宗主權，在漢人看來，要解決邊疆問題殊非易事。

　　國民黨於1928年執掌中央政權後，並沒有改變實際的政治格局：給人的印象，不過是另一個力量薄弱的漢人中央政權，對一個僅在名義上存在、實際上內外問題重重的中國主權所發表的宣傳口號。國民黨究竟如何看待中國的領土問題並設法描繪一個清晰的國家形象？當國民黨在南京建立政治基地的初期，本質上只是一個力量有限的地方政權，仍須時刻面對其他政治力量的挑戰、為自身政權安危而擔憂與掙扎。[9]為鞏固其統治中國的合法性，南京官員發現他們在官方宣傳和公告中，必須宣傳孫中山思想是他們統治的道德與意識形態的基石。結果，在有關國家統一和領土完整的議題上，孫中山所倡導的三民主義中有關中國內部五族——漢、滿、蒙、藏、回——平等的精神，被完完整整地繼承下來。從更為實際的角度來看，既然過去北洋政府從未對帝制時代中國邊疆傳統領土的主權表示過屈服與放棄，國民政府官員自然無人敢宣稱要放棄這些邊疆領土權利，更何況他們經常以民族運動的合法繼承人自居。沿用以前北京政府的先例，五族共和的理想被轉化為政治上和法律上的領土承諾。1931年6月，南京頒佈臨時憲法，指出所有省份包括處於獨立狀態的外蒙古和西藏地區，皆為中華民國版圖的一部分。在1934年提出的憲法草案內容中，進一步確定上述條文不作任何變更。[10]

國民政府對主權的宣言並不等同於實際有效的控制。這樣的宣言也不表示，南京有能力在1920年代末至1930年代初推動國家建構計劃，把邊疆地區整合到國民政府的管治去，因為這個新生政權在當時面對困難重重，就連控制中國內地也舉步維艱。但是，由於國民黨一直利用宣傳手段，攻擊滿清王朝和軍閥政權沒有實施堅定的邊疆和少數民族政策以保障國家完整，因此他們在邊疆和領土議題上處於不敗的位置：當時邊疆地區存在的困局一概歸咎過去的政權，此後有關邊疆事務的任何進展則是南京新政府的成就。[11]

國民黨對1931年9月瀋陽事變的反應即隱含着這種思想。日本對中國東北的侵略以及於1932年春在滿洲建立傀儡政權，代表着中國邊疆領土的喪失和完整國家形象的瓦解。然而，南京雖然做了一些外交努力，但卻沒有考慮發動軍事行動以維護東北領土的完整。[12]相反，蔣介石盡量拖延與日本的正面交鋒，堅持「安內攘外」的政策。[13]從南京的角度來看，與其盲目發動戰爭，試圖恢復一個過去從未、將來也不太可能在其直接管治之下的地區，不如鞏固其在中國內地仍不穩定的權力，來得更為迫切和實際。[14]

解構國民政府時期的中國

要清晰了解戰前十年國民政府如何看待中國的邊疆議題和領土完整的概念，我們首先要解構「中華民國」在國民政府時代的初期，究竟由哪些部分組成以及代表的涵義。檢討過去，我們看到，蔣介石的北伐與1928年北伐成功並沒有取得其主要目標：藉消滅軍閥的權力而把中國統一在國民政府之下。[15]相反，在北伐過程中，各省軍閥獲准參加國民黨並繼續指揮其部隊。1920年代末，內憂外患的持續威脅下，使得南京不得不接受並將幾乎所有沒有公開反對新政府的軍閥給納入與收編進來。[16]

因此毫不奇怪，當北伐塵埃落定後，中國在本質上依然四分五裂。五個主要軍事派系各自佔領數省，多個省份獨立運作，沒有任

何組織是在中央政府的有效統治之下。蔣介石所謂的中央政府控制着長江下游地區，包括南京和金融中心上海。1928年，馮玉祥牢固控制着他的國民軍，在河南、察哈爾、綏遠、陝西和部分甘肅地區擁有巨大的影響力。[17]中國北方另一個強大有力的軍事領袖是閻錫山。南京新的中央政權成立後，閻錫山仍然不受干擾地統治着山西省，這主要是因為該省在地理上相對隔絕。1920年代末，閻錫山的影響力擴展到河北及部分綏遠地區，堅決抵禦蔣介石政府可能對其控制範圍的滲透。[18]

在1928年末的滿洲，少帥張學良仍然獨立地統治着東北三省，在名義上則宣稱服從國民政府以及願意將該地區的對外關係權力交還給南京。[19]在西南地區，李宗仁和白崇禧領導的桂系統治着廣西，並把廣東納入為勢力範圍，直至1929年，只在全國事務上接受南京徒具虛名的權威。事實上，在整個1930年代的前半部分，廣西實際獨立，而且如同西方學者Sheridan所論，李宗仁與其桂系在管治與發展兩廣勢力範圍上頗有建樹。[20]

不屬於較大派系的半獨立省份則位於西南和西北地區。自袁世凱逝世後的軍閥時代之初，四川就分成許多實際自治的地區，稱為「防區」。每個地區為一個軍閥佔領，年復一年，約有六個較為強大的軍閥互相混戰，以控制其他地區。他們無休止的戰爭造成極為混亂的局面，北伐結束也無法停止這些自相殘殺。[21]雲南自1911年以來即為自治地區，和中央政府維持着薄弱的聯繫，這多半與雲南省相對隔絕的地理位置及其人民強烈的鄉土情感有關，這裏一半的人口不是漢族。至1928年底，四川和雲南的軍閥表面上接受蔣介石國民政府的領導，但在1937年抗日戰爭爆發以前，南京在這兩個西南省份的影響實際並不存在。雲南為漢化的夷族龍雲所統治，在承認南京中央政府的合法性很久以後，這個軍閥政權仍擁有自己的軍隊和貨幣。1945年抗日戰爭結束以前，龍雲老練的政治手腕使他得以保持住這個偏遠省份不受國民政府控制。抗戰結束後，蔣介石的部

隊終於將龍雲捉拿，並將滇軍部隊送出省外。[22] 在四川，據一份學術研究指出，至 1930 年代初期，在當地運作的中央政府機構，只有郵政局、電報局、海關、鹽務稽核所和一家中國銀行的分行。外國監督下的海關稅收是南京唯一能從該省獲取的款項。[23]

甘肅、寧夏和青海三個西北省份，由於地理位置接近和大量穆斯林人口而聯繫在一起。自 19 世紀末以來，這些地區在政治和軍事上已被當地一個馬氏穆斯林家族所掌控。當 1870 年代末左宗棠平定西北，便和馬氏家族達成協議，任命馬氏成員為陝甘總督。馬氏家族隨即在甘肅、寧夏和青海邊區取得統治地位，開始了獨立割據的小王朝。從民國開始至 1920 年代末，馬麒和馬麟兄弟統治着甘肅走廊和青海，1930 年代則由馬麒的兒子馬步芳與馬步青接棒。馬氏家族的另一支在寧夏和甘肅南部獲得主導權。1920 年代馬鴻賓在甘肅建立自己的權力基地，1930 年代初成為甘肅省主席。與此同時，其堂兄弟馬鴻逵則成為寧夏省主席，在當地統治了十五年。[24]

與全國聯繫最少的省份是新疆，一個遼闊、遙遠且人口稀少的地方，自西漢（公元前 202–公元 9）以來便在不同時間段裏成為漢族或非漢族帝國的一部分。不過，直至 1884 年，新疆才正式成為中國的一個行省。新疆在民族與文化上有鮮明特色，大部分居民不是漢族，而且多數為穆斯林。新疆與中國權力和文化中心的距離，以及交通和運輸方面的障礙，使得中國的領導人極難將之跟中國其他部分捆綁在一起。1912 和 1928 年之間，新疆處於楊增新的治理之下，楊增新雖承認民國政府的統治，卻出於其自身的意圖與目的，對中央置之不理。1928 年，就在國民軍開進北京後一個月，楊增新為部下暗殺，繼任人金樹仁不得人心，比楊增新更為腐敗與無能，其領導下的省政府也更加不服從國民政府。實際上，金樹仁和新疆的所有重要勢力疏遠，1933 年春，被馬仲英率領的穆斯林聖戰者從權力舞台上拉下來，馬仲英亦是統治中國內亞大部分土地的馬氏家族成員之一。[25]

1933年，金樹仁從新疆省府烏魯木齊(迪化)逃走後，新疆最強大的軍人盛世才取得權力，隨後南京承認他為新疆新的領導人。盛世才出生於滿洲里，與蔣介石及國民黨無甚關係。他採取了跟蘇俄友好合作的政策，就經濟重要性和交通便利而言，新疆跟蘇俄自然比中國內地更為接近。蘇俄為盛世才政權提供各種技術援助，還不只一次地給予軍事支援，以幫助他對付中亞的穆斯林叛亂。從1933年至1940年代初，盛世才獨立地統治着這片廣大地區，和以前的楊增新與金樹仁一樣，他對蔣介石的國民政府僅是名義上的服從。[26]

在1931年的憲法中，南京宣佈對蒙古和西藏擁有全部主權，不過自1911年清朝滅亡後，這兩個地區基本上不受漢人控制。各省的半獨立軍閥雖承認南京是中國新的中央政權，卻經常有意地無視它，但在1928年以後，蒙古和西藏對國民政府甚至不作名義上的效忠。在外蒙古北部地區，多數漢人在1911至1912年的騷亂時期遭到驅逐或被殺害。1911年12月，外蒙古向軟弱無能的清朝宣佈獨立，以著名的格魯派活佛第八世哲布尊丹巴為國家元首。1915年，外蒙古失去獨立地位，成為中華民國的自治區；1918年，外蒙古自治被廢除，暫時回歸到中國主權之下。1919年，白俄將中國人驅逐出外蒙古。1921年，打敗了白俄的布爾什維克支持蒙古人建國。在白俄支持下，新的蒙古人民共和國於1924年正式成立，並抵禦了中國的壓力。蒙古人民共和國成為一個社會主義國家，受蘇聯的巨大影響，其政府採取反對宗教的態度。[27]

另一方面，在內蒙古，局勢的發展卻截然不同。自晚清以來，滿洲里和中國北部的鐵路建設導致漢族農業居民向內蒙古移居，並逐漸奪取了內蒙古最好的草原。這些漢族的移居還和當地中國官員勾結，這些官員尤其熱衷於殖民運動的土地交易。最嚴重的打擊發生在1928年，這一年國民政府將內蒙古劃分為熱河、察哈爾、綏遠和寧夏四個省份，其他蒙古地區則被併入甘肅、寧夏、黑龍江、遼寧和吉林省(這些地區構成今天的內蒙古，成立於1956年，彼時阿

拉善被併入內蒙古自治區）。新成立各省的界線穿過了傳統的蒙古部
落、盟或旗的邊界，令到蒙古進一步分裂，最終導致被漢人殖民。[28]

西藏的政治地位及其與民國的關係是一個備受爭議的問題，最
近學界便有不同意見。如梅戈溫（Melvyn C. Goldstein）教授所言，
親西藏的一派認為西藏是一個獨立國家，被中國共產黨征服，並被
「錯誤地」併入中國之中。另一方面，親中國的一派則認為西藏是
中國傳統的一部分，只是由於「英帝國主義」的陰謀詭計，才使它
在清朝覆亡後從中國分裂出去。[29]不論觀點如何，無可否認的是，
1911年辛亥革命之後，前清官員和帝國的軍隊被驅逐出境，中國
的權威大幅下滑。西藏從中國的管轄中獲得事實上的獨立（de facto
independence），具有自己特殊的政教體系。另一明確事實是，1913
至1914年西姆拉會議的失敗，導致一個令人焦慮的問題：拉薩政府
和北京政府無法達成共識，在西藏和中國西南地區之間劃分出一條
明確的、雙方認可的疆界。在隨後的國民政府時期，由於沒有明確
劃定的邊界，界務問題遂使西藏和中國西南地區的軍閥政權之間，
就地方利益、權力鞏固和賦稅徵收方面糾纏不休。[30]

在有關近代時期的漢藏關係上，梅戈溫教授再次正確地提醒
我們，應當明確分辨「政治西藏」（political Tibet）和「種族西藏」
（ethnographic Tibet）的差別。前者等同於近代時期達賴喇嘛所統治的
政體，後者則指今青海、甘肅、四川和雲南的各個傳統藏族部落居
住的邊界地區。[31]筆者想進一步提出，國民黨對中國就西藏議題的
看法及其策略，在其統治的不同時期有所發展和變化。在這個演變
過程中，外部因素——主要是日本侵略中國——在國民黨高層領
袖就中國對西藏領土觀念的形成，起到特別重要的作用。然而檢討
歷史，在1920年代末與1930年代初，南京高層對中國西南這片遙遠
的邊疆是否真正擁有清晰明確的政治藍圖，頗值得進一步思考。

除了各省的自治政權和事實上獨立的蒙古人民共和國及西藏地
區，在理論上的中國邊界之內，還有許多以地方為基礎、由非漢族

領袖統治、「非正式」的王國。這些王國以各種政治與行政手段作掩護，自行運作，不受南京的管轄。在長城之外的北部草原，從蒙古與滿洲里邊界的呼倫貝爾大草原，到戈壁沙漠的阿拉善旗與鄂爾多斯地區，更西至新疆與外蒙古邊界的阿爾泰地區，諸多世襲蒙古王公繼續統治着稱為「盟」(chigolgans) 或「旗」(khoshinghun) 的政治機構，這是一種傳統的社會─政治結構，源自清朝早期。在國民黨於1928年取得權力後，一度正式宣佈這些帝制時代的歷史遺緒應該被逐漸廢除，盟旗應該重新組織進新的省縣系統之中。然而，由於南京在邊疆地區缺乏實際威信，這些宣言形同虛設。[32]

　　蒙古不是唯一一個擁有官方認可的世襲名號，而得以在中華民國的國界內保持傳統王國的民族。在新疆東部，哈密和吐魯番的維族貴族故事是另一個著名的例子，説明除了西藏和蒙古，中國內亞的穆斯林少數族領袖也能獨立地統治他們的汗國 (khanates)，而不受遙遠的南京中央或烏魯木齊省府政權的控制。至1929年，哈密的統治者沙木胡索特汗 (Khan Maqsud Shah) 雖已是一名纏綿病榻的老人，但由於自清朝以來的聲望和長期統治，使他在中國西北地區仍具有強大的影響力，被稱為「戈壁之王」。[33] 1930年沙木胡索特汗在去世以前，將小汗國託付予他能幹的部屬堯樂博斯汗 (Yulbas Khan)。他和吐魯番的汗王額敏和卓 (Emin-Khwaja) 一起，努力抵禦來自漢人不斷增加的沉重壓力，後者正試圖將他們的綠洲王國納入烏魯木齊省府政權的完全控制之下。1931年，新疆省主席金樹仁最終宣佈廢除哈密汗王的世襲統治，導致一場反對金樹仁及其省府政權的全面叛亂。兩年以後，盛世才成為新疆省主席，他允許哈密的維族貴族以行政專員的新稱號繼續其世襲統治。[34]

　　在哈密和吐魯番的西邊，天山山脈的南沿，也有少數民族世襲統治的蹤跡。至1929年，在距焉耆90里的山中生活着一位土爾扈特汗 (Torgut khan)，令人驚訝的是，他統治部落小朝廷的方式，竟然跟成吉思汗時代大致一樣。當地不時能見到從拉薩的十三世達賴

喇嘛、中國內地的九世班禪喇嘛以及蘇聯統治下的中亞其他蒙古部
落前來交流的特使。據當時的一篇報道稱，這位土爾扈特統治者還
是一位頗有影響力的葛根（Gengen，活佛），他擁有一支訓練有素的
「哥薩克」（Cossack）部隊，戰鬥力「在亞洲僅次於日本」。[35] 1930年，
這位土爾扈特汗的兒子敏王繼承了王位，繼續在國民政府時期的中
亞邊疆事務中扮演着重要角色。1940年代末，敏王作為世襲汗王的
地位仍受尊重，在共產黨佔領前夕，當時外國駐華外交官在有關新
疆的少數民族如何看待共產黨以及他們在未來如何處理雙方關係方
面，甚至會諮詢他的意見。[36]

在康區（西康）、雲南、四川和青海的西南邊區，通常是具有影
響力的世襲土司而非省府任命的縣官對當地事務有最後裁決權。雲
南與西康邊界的木里就是一個由土司控制的地區。如同1930年代初
期的一份田野研究顯示，這個木里部落王國是「由一位對22,000名
藏族、納西族與其他民族的屬民具有絕對精神和世俗影響的君主統
治」。[37]同一份資料還表示，木里王國的四邊皆是逍遙法外的匪徒：
南邊和東南邊是珞保部落，西邊是另一個獨立王國，其政權由大寺
中的一名「匪徒之首」所掌控。土司制度如此根深蒂固，難以根除，
甚至1960年代播遷至台灣的蔣介石國民黨政權也不得不承認，在國
民政府時期，其政權從未到達這些遙遠西南腹地、事實上獨立的少
數民族地區。在南京十年，蒙藏委員會的一位官員指出，最「難控
制」且「頑固」的部落是四川—青海邊界的果洛、青海南部的三十九
族和康區—西康—印度阿薩姆（Assam）邊境的波密王國（Po-me
kingdom）。[38]甚至在1937年抗日戰爭前夕，遠在南京的中央政令仍
然未能到達中國邊區的任何領地，所有前述難以制服的、非正式的
少數民族王國一直存在，直至二戰後和共產黨統治初期。

分裂的領土與南京的國家建設

　　由是觀之，在很多方面，南京的國民政府不過是1930年代中國眾多獨立運作的政治機構之一。然而，與其他自治政權不同的是，蔣介石及國民政府認為中國迫切需要一個統一的力量，而他相信國民黨與他的政府即代表着這股力量。[39]為建立一個強大穩固的中央政權以創造現代中國，蔣介石不停利用各種軍事和政治手段，把南京的影響擴大到中國的其他地區去。然而，他的雄心不可避免地與地方軍事強人發生衝突，後者主要關心的是在其勢力範圍內佔有最大的利益。由於目標兩不相容，導致南京與軍閥政權之間的一連串內戰。1929年3月，桂系第一個舉兵反蔣，但被鎮壓。兩個月後，南京方面與主導河南的馮玉祥發生軍事衝突，當時蔣介石為削弱馮玉祥在中國北方的影響，賄賂馮玉祥的部隊，誘其改投蔣的直接控制之下。1930年初，閻錫山、馮玉祥與桂系合流，發動大規模反蔣的「中原大戰」。戰事於是年春天持續至9月，當時張學良與其東北軍則宣佈支持國民政府。[40]

　　這場反軍閥叛亂的戰爭造成25萬人員傷亡，成為當時最嚴重的流血事件。蔣介石意識到軍事戰爭的代價太高，且結果難料，故從此開始，南京與地方軍閥決定相互容忍，儘管小規模衝突仍不時發生。[41]更重要的是，自1930年代初開始，蔣介石及其政權展開了和共產黨的艱巨抗爭，自然無暇兼顧與軍閥進行大規模戰爭。

　　然而，蔣介石一直關心的主要是國家建構與逐漸擴大國民政府的影響力。自1934年始，共產黨被迫撤出在中國南方的基地，進行長征，經過中國西北向陝西進發。當共產黨進入軍閥省份，各省領導人一般都接受蔣介石派去幫助他們的軍隊。蔣介石將其部隊安置在各省省府後，接着嘗試實施財政與建設計劃，以將這些省份與南京更為緊密地捆綁在一起。在國民政府的部隊離開之後，他們會留下一些中央政府的文武官員，挾蔣之政令以行事。透過這種方式，

南京逐漸在以往不受國民黨控制的地區增加影響，並能根據自己的意願重組這些地區。[42]此外，1936年以後日本的威脅增加，一些省份的領導人願意與國民政府更緊密地站在一起，以抵禦外敵入侵。這樣，在盧溝橋事變前夕，中國內地出現了遠遠大於1928年國府創立之初的團結統一局面。但是，即使在那時，地方主義與軍閥主義仍然盛行，甚至在抗日戰爭期間，各省自治的暗流繼續存在。[43]

1928年夏，國民革命軍佔領北京，蔣介石與四個最強大的盟友——閻錫山、馮玉祥、李宗仁和白崇禧，聚集在著名的香山寺，向已故革命先驅孫中山致以遲來的敬意，中國的未來一度看起來頗為光明。從廣東到瀋陽、從上海到蘭州和烏魯木齊，可以看到新的青天白日滿地紅國旗在飄揚。除了外蒙古和西藏，自治地方軍閥及其省政府皆公開向南京投誠，承認蔣介石為中華民國的新國家領袖。然而，1920年代末南京和地方勢力之間爆發的戰爭，以及1930年代初外國對邊疆地區持續的蠶食，動搖了國民黨人努力建立的堅固的國家形象。毫不奇怪，至1930年代初，中國再次面臨着新一輪領土分裂的局面。

但是，我們不應忽視1928年中國理論上的重新統一帶來的心理影響。北伐曾一度使不少邊疆地區的少數民族群體及其領袖相信，蔣介石和中華民國在有待解決的邊疆和少數民族事務上處於有利的位置。十三世達賴喇嘛與其控制的西藏政府就是一個例子。至1929至1930年，拉薩高層一般認為，一個相對穩定的中央政府將有能力指揮四川和青海軍閥，在西藏與中國西南地區之間進行調停，從而緩解地區長期的軍事緊張局勢。達賴喇嘛對新的中國政局的期望，促成1929至1930年拉薩與南京之間的頻繁接觸。本書第三章將詳論此事。

那麼，在邊疆與民族問題上，蔣介石及其國民政府的真正戰略到底是甚麼？國民政府「革命的」邊疆戰略與過去清廷的作法究竟有無實質分別？面對1930年代嚴峻的外部關係以及中國內地持續混亂

的軍事和政治局勢，國民黨邊疆政策的設計者是如何制定南京和邊疆民族及其自治地區合作的戰略？這些政策考量背後的真正目的是甚麼？而更為基本的問題是，在國民政府時期，誰是邊疆政策的制定者？隨後各章將就這些問題加以探討。

注　釋

1.　《大公報》，1928年12月7日，第1版。

2.　US War Department, memorandum, February 1929, *USMIR*, reel 44; James E. Sheridan, *China in Disintegration: The Republican Era in Chinese History, 1912–1949* (New York: The Free Press, 1975), pp. 57–106.

3.　Huang-mao Tien, *Government and Politics in Kuomintang China, 1927–1937* (Stanford: Stanford University Press, 1972), Ch. 1.

4.　Major Magruder (US Military Attaché in China), "Miscellaneous notes on military activities in China," 18 September 1929, *USMIR*, reel 8.

5.　《大公報》，1928年12月12日，第1版；《中央週報》，第30期（1928），頁45；J. L. R. Weir (British Political officer in Sikkim) to GOI, 8 January 1929, IOR, L/P&S/10/1088.

6.　June Teufel Dreyer, *China's Forty Millions: Minority Nationalities and National Integration in the People's Republic of China* (Cambridge, MA: Harvard University Press, 1976), pp. 15–18.

7.　「外蒙古」此詞有點以漢人為中心，與「內蒙古」對比使用。內蒙古位於外蒙古東南邊境，居民為蒙古人，但在行政上被併入中國。見Svat Soucek, *A History of Inner Asia*, p. 297.

8.　關於1914至1915年中俄有關外蒙古的Khiakhta談判，見Gerard M. Friters, *Outer Mongolia and Its International Position* (1951; reprint, New York: Octagon Books, 1974), pp. 151–216; Thomas Ewing, *Between the Hammer and the Anvil: Chinese and Russian Policies in Outer Mongolia, 1911–1921* (Bloomington, IN: Research Institute for Inner Asian Studies, Indiana University, 1980). 關於中英有關西藏的談判，見下文討論。

9.　Julia C. Strauss, *Strong Institutions in Weak Polities: State Building in Republican China, 1927–1940* (Oxford: Oxford University Press, 1998), p. 23.

10. Chinese Ministry of Information (Chongqing), *China Handbook, 1937–1943* (New York: Macmillan, 1943), pp. 32–35.

11. 這樣的思想反映在 1920 年代晚期和 1930 年早期政府官員的講話和國民黨刊物中。見《中央週報》,第 33 期 (1929),頁 11–14;《中央週報》,第 95 期 (1930),頁 11–13。

12. Edwin E. Moise, *Modern China: A History* (London and New York: Longman, 1986), pp. 87–89; 黃道炫:〈蔣介石攘外必先安內方針研究〉,《抗日戰爭研究》(北京),第 2 期 (2000),頁 28–58。

13. Robert Bedeski, *State Building in Modern China: The Kuomintang in the Pre-War Period*, pp. 22–29. 另見劉維開:《國難期間應變圖存問題之研究》(台北:國史館,1995),頁 179–243。

14. 1934 年冬天,由蔣介石口述並以徐道鄰名義所發表的一篇文章曾明確指出,當瀋陽事變發生時,中國東北僅在南京名義的掌管之下,其軍事、財政和政治事務皆獨立運行,中國東北在當時並未在國民黨的革命範圍之內。見徐道鄰:〈敵乎?友乎?〉,秦孝儀編:《總統蔣公思想言論總集》(台北:中國國民黨中央委員會黨史委員會,1984),第 4 卷,頁 135–149。

15. 此處「軍閥」意指通過個人軍隊來建立並維持對某個地區統治的個人,這個地區是一個軍事基地,可用來防衛和進攻,是食物和其他物資的來源,也是稅收的來源。在中華民國時期,軍閥的權力依賴於這樣的事實:他們擁有唯一的、可以尋求政治權力的組織或政權。然而,這些組織或政權並未跟可以清晰地表達在政治目標中的理想價值結合在一起。關於中國近代史上「軍閥」一詞的定義與使用,參見 James E. Sheridan, *Chinese Warlord: The Career of Feng Yu-hsiang* (Stanford: Stanford University Press, 1966), pp. 16–18; Lucian W. Pye, *Warlord Politics: Conflict and Coalition in the Modernization of Republican China* (New York: Praeger Publishers, 1971), pp. 8–9.

16. Strauss, *Strong Institutions in Weak Politics*, 25. See also *Donald Jordan, The Northern Expedition: China's National Revolution of 1926–1928* (Honolulu: University of Hawaii Press, 1976).

17. US Military Attaché in China, "Feng Yu-hsiang and his Administration of Honan [Henan]," memorandum, 14 June 1928, *USMIR*, reel 12. 關於馮玉祥及其軍事與政治生涯,參見 Sheridan, *Chinese Warlord*.

18. US Military attaché, memorandum, 25 October 1929, *USMIR*, reel 4; War

Department, China (Military): Situation report, 4 February 1930, USMIR, reel 8. 關於閻錫山在中華民國時期的活動，參見Donald G. Gillin, *Warlord: Yen His-shan in Shansi Province 1911–1949* (Princeton: Princeton University Press, 1967).

19. China (Military): Situation report, War Department, 1 January 1929, *USMIR*, reel 8.

20. Sheridan, *China in Disintegration*, pp. 183–185. See also Diana Lary, *Region and Nation: The Kwangsi Clique in Chinese Politics, 1925–1937* (New York: Cambridge University Press, 1974).

21. 至1920年代中期，四川的主要軍閥是楊森、劉文輝、田頌堯、鄧錫侯。見War Department, "Report Szechuan," memorandum, 2 May 1924, *USMIR*, reel 4. 有關民國時期四川的詳細討論，參見Robert A. Kapp, *Szechwan and the Chinese Republic: Provincial Militarism and Central Power, 1911–1938* (New Haven: Yale University Press, 1973).

22. 關於龍雲、他和國民黨的關係以及他治理下的雲南，參見J. C. S. Hall, *The Yunnan Provincial Faction, 1927–1937* (Canberra: Department of Far Eastern History, Australian National University, 1976); 謝本書：《龍雲傳》（成都：四川人民出版社，1988）。

23. Kapp, *Szechwan and the Chinese Republic*, pp. 25–35.

24. 關於中國西北地區馬氏家族的歷史，見Jonathan N. Lipman, *Familiar Strangers: A History of Muslims in Northwest China* (Seattle: University of Washington Press, 1997), especially Chapters 4 and 5; A. Doak Barnet, *China's Far West: Four Decades of Change* (Boulder, CO: Westview Press, 1993), pp. 104–105; 青海省政府：《青海三馬》（北京：中國文史出版社，1988）。

25. 見Allen S. Whiting and General Sheng Shih-ts'ai, *Sinkiang: Pawn or Pivot?* (East Lansing, MI: Michigan State University Press, 1958), pp. 3–20; Colin Mackerras, *China's Minorities: Integration and Modernization in the Twentieth Century* (Hong Kong: Oxford University Press, 1994), especially Chapter 4.

26. 有關民國時期新疆歷史的全面研究，見Andrew D. W. Forbes, *Warlords and Muslims in Chinese Central Asia: A Political History of Republican Sinkiang, 1911–1949* (Cambridge: Cambridge University Press, 1986).

27. 見Nakami Tatsuo, "Russian Diplomats and Mongol Independence, 1911–

1915," in *Mongolia in the Twentieth Century: Landlocked Cosmopolitan*, ed. Stephen Kotkin and Bruce A. Elleman (London: M. E. Sharpe, 1999), pp. 67–78; Robert A. Rupen, *How Mongolia Is Really Ruled: A Political History of the Mongolian People's Republic, 1900–1978* (Stanford: Hoover Institution Press, 1979), pp. 25–45.

28. Owen Lattimore, "The Historical Setting of Inner Mongolian Nationalism," in *Studies in Frontier History: Collected Papers, 1928–1958* (Paris: Mouton and Company, 1959), pp. 440–455; Morris Rossabi, *China and Inner Asia: From 1368 to the Present Day*, pp. 207–212.

29. Melvyn C. Goldstein, *A History of Modern Tibet, 1913–1951: The Demise of the Lamaist State*, pp. xix–xx.

30. 隨後各章將就此做進一步討論。

31. Melvyn C. Goldstein, *The Snow Lion and the Dragon: China, Tibet and the Dalai Lama* (Berkeley: University of California Press, 1997), pp. x–xi.

32. 有關1930年代內蒙古貴族如何管理其旗和盟的一個富有意趣的、目擊者的敘述，可見Evangeline French, Mildred Cable, and Francesca French, *A Desert Journey: Letters from Central Asia* (London: Constable and Company, 1934). 關於蒙古盟、旗制度的起源，見Sechin Jagchid and Paul Hyer, *Mongolia's Culture and Society* (Boulder CO: Westview Press, 1979), pp. 245–296; Evelyn S. Rawski, *The Last Emperors: A Social History of Qing Imperial Institutions* (Berkeley: University of California Press, 1998), especially Chapter 2.

33. Mildred Cable and Francesca French, *The Gobi Desert* (London: Hodder and Stoughton, 1945), pp. 132–145.

34. 見Justin Jon Rudelson, *Oasis Identities: Uyghur Nationalism along China's Silk Road* (New York: Columbia University Press, 1997), pp. 6–7; Eric Teichman's wartime report on Hami, British Embassy (Chongqing) to Foreign Office (London), 24 September 1945, FO 436/16605. 關於哈密和吐魯番突厥世襲統治的歷史，見蘇北海、黃建華：《哈密、吐魯番維吾爾王歷史》(烏魯木齊：新疆大學出版社，1993)。

35. "Tribes of Sinkiang," 2 October 1929, Box 4, Ethel John Lindgren-Utsi Papers, Hoover Institution Archives, Stanford University.

36. British Embassy in Nanking to Foreign Office, 30 July 1948, FO 953/296.

37. Joseph R. Rock, "Konka Risumgongba, Holy Mountain of the Outlaws," *National Geographic* 60, 1 (1931): pp. 1–14, as quoted in Mackerras, *China's Minorities*, p. 71.

38. 張興唐:《邊疆政治》(台北:蒙藏委員會,1962),頁156–158。

39. 這種思想不斷地出現在1920年代晚期蔣介石的公開演講中。參見如蔣介石:〈北伐成功後最緊要的工作〉,載秦孝儀編:《總統蔣公思想言論總集》,第16冊,頁332–340。又見 War Department, memorandum on China, February 1929, *USMIR*, reel 4.

40. Lioyd Eastman et al., *The Nationalist Era in China, 1927–1949* (Cambridge: Cambridge University Press, 1991), pp. 9–13.

41. 這些衝突包括1933年末福建的反國民黨軍事運動,以及1936年夏廣東—廣西軍隊發起的流產叛亂。

42. China (Military): Situation report, War Department, received 10 September 1935, *USMIR*, reel 9.

43. Eastman, *The Nationalist Era in China*, pp. 13–15; Sheridan, *China in Disintegration*, pp. 184–187.

第二章

邊疆政策與想像的主權

且邊疆之被佔或離析甚至大部領土之喪失，亦為各國所常見，……各該國之革命黨因一時實力不及，只好放棄，實為不得不採之斷然的革命策略。……可知國家之能否復興並不在失地之多少，但看革命中心力量之能否充實與革命根據地之能否鞏固。[1]

1934年4月，日本支持的滿洲國成立兩年之後，美國的外交政策協會（Foreign Policy Association）刊登了一篇文章，討論中國的邊疆危機及「中國領土分裂新時期」的可能前奏。這篇文章描述了中國內地的十八省，如同被周邊地區的「雙環」（double ring）所包圍，外環包括滿洲里、外蒙古、新疆和西藏，內環包括北部的內蒙古、西部的所謂內藏（Inner Tibet），兩者之間為狹窄的甘肅走廊所分隔。文章認為，在當時（1930年代初），外環的三個地區滿洲里、外蒙古和西藏各自受日本、蘇俄和英國的影響，新疆則正經歷着嚴重的政治動亂。至於內環，文章稱，至1932至1933年，日本已經佔領了內蒙古的東部——一個具有戰略意義的邊緣，控制着通往更遙遠的蒙古地區，大部分內藏則被裝備好英國彈藥的西藏軍隊所佔領。最後，文章評論道：「中國領土的外環已幾乎全部喪失，內環則部分地被外國佔領，並有全面脫離的重大危險。」[2]

　　但是，自1927年4月成立，南京國民政府從未控制過任何中國
之所謂邊疆地區，因此，國民黨是否確實「喪失」過領土給外國勢
力，值得進一步闡釋。實際情形是，當蔣介石在寧漢分裂後於南京
成立國民政府時，其政權不過控制了江蘇、浙江和部分安徽地區。
國民政府作為一個地方政權出現，宣稱代表全中國唯一合法的中央
政權，但其對廣大邊疆地區的權威實際並不存在。這樣，在1934
年，南京既未控制也未失去過任何一片當時在外國控制下的中國邊
疆的領土。

　　在抗戰爆發前十年，國民政府的首要目標是國家建構與政權鞏
固，邊疆與少數民族議題究竟扮演何種角色，甚少為學者所關注。
那些討論到此問題的研究常常以後見之明指出，國民政府未能實施
有效政策，以鞏固其政治地位或通過同化而將邊疆少數民族整合到
中國去。[3]這種判斷並不令人驚訝，因為如同前章所論，國民黨如此
專注於自身的生存問題，從而無法對他們控制以外的地區事務傾注
太多精力。不過，前述學者也許忽略了去探究1930年代的南京官員
對這個問題的真實想法。在中國的邊疆與少數民族議題方面，中國
高層官方所宣傳的訊息與他們實際的想法，存在實質差別。更有意
思的是，1920年代末和1930年代初發生的幾起事件揭示，在跟政治
對手及地方分裂主義打交道時，蔣介石通常是利用邊疆問題作為槓
桿：例如，以加強邊防為藉口，派部隊至地方軍閥的領地之內。同
樣，在某些情況下，地方軍閥和政客也顯然利用邊疆與民族問題去
批評與反對他們南京的政敵。結果，「邊疆政策」和「治邊」等詞彙的
含義，可能比他們原本的意思更為微妙與複雜，因此，中國當局如
何真正處理邊疆整合的問題，需要仔細的再考察與評價。

決策機構與決策者

我們首先來看一下負責邊疆與少數民族事務的政府機構。1912年，清廷的理藩院被廢除，改由民國政府領導下的蒙藏局所取代。1914年，蒙藏局重組為蒙藏院，受民國總統直接管轄。由於當時中國形勢混亂，蒙藏院沒有做出甚麼實質的突破來，只不過在北京處理邊疆及少數民族事務時，扮演着一個邊緣和禮儀性的角色。[4]國民政府在南京成立後，蒙藏院再次重組，更名為蒙藏委員會，隸屬於行政院，部級。[5]

由於國民政府時期嚴峻的政治與軍事局勢，以及撥給蒙藏委員會的有限經費預算 (見表2.1)，蒙藏委員會的機能被評為一個「諮詢組織」而已，如同美籍學者本森 (Linda Benson) 教授所指出的那樣。[6]誠然，蒙藏委員會佔據着南京市中心行政院大樓一個舒適的角落，大多數新任命的蒙藏委員會參事與顧問着手處理有關千里之外的西藏與蒙古地方事務，他們多數人從未見過、也不太可能有機會去見過這些地區。事實上，早在1928年，中國媒體在期望國民黨政權有能力加強中國對邊疆地區的權威的同時，也質疑這個重組的部級機構的存在，除了從表面上證明國民政府對廣大邊疆地區的宣示仍然存在之外，似乎甚麼也不是。[7]

但是，過去與最近的批評都沒有注意到，這個機構在蔣介石網羅和處理鄰近邊疆地區的諸省軍閥時所扮演的角色。南京蒙藏委員會的第一任委員長是閻錫山，他對中國北方的山西省有着至高無上的影響力，而山西省不論地理上還是戰略上皆對內蒙古西部相當重要。第二和第三位委員長是馬福祥與石青陽，分別來自甘肅與四川這兩個邊疆省份，在任職蒙藏委員會的同時，他們仍與家鄉省份的地方軍閥及少數民族群體有重要聯繫。[8]舉例而言，石青陽在1931年末被任命為蒙藏委員會委員長時，已經是一位著名的國民黨元老。1920年代他一度是中國西南地區的軍閥，更是極少數全心全意

表2.1　國民政府年度財政預算（1931–1936，單位：百萬元）

歲出	1931 數目	1931 %	1932 數目	1932 %	1933 數目	1933 %	1934 數目	1934 %	1935 數目	1935 %	1936 數目	1936 %
黨務費	6.24	0.67	6.24	0.79	5.49	0.66	5.72	0.62	5.87	0.61	5.42	0.55
國務費	12.24	1.4	13.64	1.7	9.71	1.8	12.79	1.4	12.58	1.3	15.54	1.57
軍務費	296.57	33.2	335.11	42.5	415.6	50.1	332.99	36.7	321.00	33.51	322.02	32.5
內務費	5.80	0.64	6.21	0.79	4.07	0.49	4.54	0.49	4.37	0.46	8.84	0.9
外交費	10.06	1.1	11.06	1.4	10.66	1.3	8.83	0.96	9.40	0.98	9.69	0.98
財務費	78.75	8.8	76.69	9.7	64.97	7.8	68.19	7.4	66.01	6.9	64.52	6.5
教育文化費	18.66	2.0	19.04	2.4	16.62	2.0	33.89	3.7	37.21	3.9	44.34	4.5
實業費	7.43	0.8	6.17	0.78	4.23	0.51	4.13	0.5	4.39	0.46	4.23	0.43
司法費	1.51	0.17	2.49	0.31	2.68	0.32	2.96	0.3	2.83	0.29	3.24	0.33
交通費	3.99	0.45	5.89	0.75	5.08	0.61	5.20	0.56	4.93	0.5	4.84	0.49
建設費	2.20	0.25	7.09	0.9	7.15	0.86	35.99	3.92	36.37	3.8	53.11	5.4
蒙藏費	1.25	0.14	1.82	0.23	1.34	0.16	1.44	0.16	1.72	0.18	2.32	0.23
其他費	448.63	40.73	296.90	37.75	281.32	33.39	401.44	43.29	450.47	47.11	452.55	45.62
總數	893.33		788.35		828.92		918.11		957.15		990.66	

資料來源：中國第二歷史檔案館編：《中華民國史檔案資料匯編》第五輯第一編《財政經濟》（一）（南京：江蘇古籍出版社，1994），頁443–451及461–462。

支持孫中山在廣東政治生涯的四川軍人。石青陽很快成為孫中山信任的盟友,當孫中山於1924年逝世,他繼續影響着中國西南地區的事務。[9]

至於馬福祥,他在南京十年的最初階段扮演了特別重要的角色,當時蔣介石的統治仍然不穩定。1929年末,河南軍閥石友三出其不意地背叛南京。當時僅有小部分國民黨軍隊駐紮在長江下游,防衞南京,當石友三的部隊準備向南京進軍時,情況變得極為嚴峻。在此情況下,正是馬福祥代表蔣介石前去跟河南叛軍談判,並成功地制止了一場潛在內戰。[10]還值得注意的是,馬福祥的長子即馬鴻逵,統治寧夏長達16年以上,在整個國民政府時期,對中國西北地區具有相當的影響力。[11]

趙丕廉是1932至1947年蒙藏委員會副委員長,屬於晉系的重要人物。此系為閻錫山與綏遠軍閥傅作義所領導,在內蒙古地區有強大影響。趙丕廉就任此職之前,是北京任命的察哈爾特別區的軍主席,對處理複雜的蒙古事務具有豐富經驗。在南京十年的早期,蒙藏委員會的其他委員實際上是四川、西康、雲南各省重要軍閥如劉湘、楊森、劉文輝、龍雲等人的個人代表。通過這種官方任命的方式,南京和地理上與邊疆接近的半獨立軍閥地區之間,得以建立直接的聯繫。[12]如此,蒙藏委員會為南京中央與邊疆省份之間提供了一個討價還價的平台,雙方可以藉此尋求解決或創造與邊疆事務完全無關的議題。舉例而言,冷融既是蒙藏委員會委員,又是劉文輝在南京的個人代表,據說後來他為劉本人所暗殺,原因是蔣介石為削弱劉在四川與西康的地位而收買了冷融。[13]

如果我們繼續考察蒙藏委員會的各位委員長(表2.2),則可更明確地看出,這個機構絕非如同某些學者所描述,是國民黨的一個無足輕重的冷衙門。閻錫山、馬福祥與石青陽皆是強勢的地區領袖,在各自影響範圍內的權威不容南京忽視。1935至1936年的蒙藏委員會委員長黃慕松,是南京十年蔣介石最信任的軍事幕僚之一。黃是

在1934年完成艱難而看起來頗為成功的出使西藏任務之後，獲委任
為蒙藏委員會委員長，而這當然不是其政治生涯的最後一個篇章。
1936年夏，就在南京平定兩廣叛變，並自1928年以來首次將其權威
伸延至這個半獨立省份之後不久，黃慕松獲任命為廣東省主席。[14]
吳忠信則是蔣介石的另一個忠誠密友，繼黃慕松之後，於1936年擔
任蒙藏委員會委員長。1944年秋，他再被蔣介石委任另一同樣重要
的工作，即去治理遼闊的中亞省份新疆，當時盛世才被撤離，新疆
剛剛回歸國民政府的管治之下。[15]

表2.2　蒙藏委員會歷任委員長（1928–1949）

姓名	任期	民族（省籍）	曾任職
閻錫山	1928.12–1930.4	漢族（山西）	山西省主席和督軍
馬福祥	1930.9–1931.12	回民（甘肅）	甘肅與寧夏司令
石青陽	1931.12–1935.3	回民（四川）	北京國會議員
黃慕松	1935.3–1936.7	漢族（廣東）	陸軍大學（北京）校長；參謀本部次長
林雲陔	1936.7–8	漢族（廣東）	財政部次長；廣東省主席
吳忠信	1936.8–1944.12	漢族（安徽）	貴州省主席；安徽省主席
羅良鑑	1944.12–1947.4	漢族（湖南）	安徽—江蘇省諮議局議員
許世英	1947.4–1948.12	漢族（安徽）	賑濟委員會委員長
白雲梯	1948.12–1949.6	內蒙古	蒙古地方自治政務委員會委員
關吉玉	1949.6–12	漢族（遼寧）	松江省主席；糧食部長

資料來源：劉紹林、萬仁元、王玉文、孔慶泰編：《民國職官年表》（北京：中華書局，
1995），頁616–622。

　　在國民政府邊疆與民族政策的形成與制定方面，外交部扮演着
一個重要而又尷尬的角色。正如劉曉原所指出，在中華民國的國政
議題上，西藏、蒙古和內亞邊疆構成一個灰色地區。也就是說，雖
然從法理上西藏和外蒙古沒有完全脫離中國，但實際上卻不受中央
政權控制。中國政府一向宣稱這兩個邊疆地區的地位為其內政，努
力避免這些地區「異化」（foreignness）。但是在實際處理時，中國在

這些邊疆地區想像的主權難免導致中國與外國勢力衝突，從而在外交舞台上發生糾紛。此外，由於中國邊境獨特的地理環境，很難避免外國涉及邊疆問題。[16]

　　舉例而言，由於西藏地理險阻，且缺少現代交通，使得中國與西藏之間的陸路旅行成為世界上最艱難和危險的道路之一。對於中國人來說，從海路通過英屬印度前往西藏是最容易又最安全的途徑。這樣，獲取英屬印度的簽證便成為到達西藏的先決條件，因此，對於中國人是否能夠進入這個理論上為其治地的地區，英國當局擁有相當程度的控制權。[17]

　　在國民政府的權力架構中，有關中國對西藏或其他不受控制的邊疆地區的政策制定方面，外交部與蒙藏委員會通常意見不一。一般來說，外交部高層寧願對邊疆糾紛採取務實立場。換言之，當面對來自外國列強的外交壓力，國民黨外交政策的制定者經常傾向將中國的處境，放在一個更廣大的國際環境之中，寧願把與其他外國（主要是英國與俄國）糾纏在一起的邊疆問題擱置一旁，等待更為有利的環境出現。相反，蒙藏委員會的官員則傾向採取更激進和理想化的措施，以便向世人宣示國民政府收回邊疆地區的決心。

　　1937年3月就發生過一起跨部門意見分歧的事件，當時有三個來自錫林郭勒盟的內蒙古王公，要代表前一年去世的盟長前往拉薩朝聖。出發前夕，三個蒙古貴族的入境簽證卻被英印官員拒絕，後者顯然受到西藏政府的旨意。拉薩當局指控此三名蒙古人和蒙藏委員會官員有不尋常的親密關係，懷疑他們到西藏可能從事政治活動。對此，蒙藏委員會堅持要外交部立即與英國協商，還主張外交部應向倫敦重申西藏是中國的一部分，英國無權拒絕中國公民進入中國領土之內；而採取務實主義的外交部明白當時中國的權威在西藏有名無實，故極不願意為此「看似微末」的問題而向英國施壓，從而惡化南京與倫敦的關係。[18]的確，在國民政府時期，邊疆與少數民族議題常因模稜兩可與政治盤算而蒙上陰影。由於國民黨的領導

層試圖達致自身之特定目的,因此,在執行與革命修辭一致、政治
正確的政策,與製造微妙、模糊卻適用於中國現實的邊疆問題之外
的政策之間,難免令外交部官員進退失據。[19]

　　國民政府的軍事部門,例如參謀本部的邊務組、軍事委員會的
侍從室、最高國防委員會(1939年後),均在中國的邊疆與少數民族
事務上起到部分重要作用。由於中國的邊疆局勢常與國防安全緊密
聯繫在一起,因此,蔣介石的軍事顧問常在邊疆問題的處理中擁有
話語權。黃慕松出使西藏,可能是戰前十年中最為人所知的例子,
此次使命當然要委任參謀本部資深的軍人,而非任何邊疆或內務部
官員。

　　1937年抗日戰爭發生後,國民政府軍事部門涉足邊疆議題變得
更為尋常。戰時,遷移到四川的國民政府不得不日益依賴軍事與情
報工作人員所收集有關中國邊疆前線的社會和政治實況,以及日本
在這些地區活動的第一手情報。相應地,無數秘密情報人員被派到
西康、西藏、內蒙古、青海和新疆去。雖然這些情報人員名義上是
蒙藏委員會的「特派員」或「專員」,但實際受軍事委員會的直接指
揮。這些情報人員發回重慶的報告會被仔細評估,並影響蔣介石及
其軍事與政治幕僚如何看待戰時與戰後的中國邊疆與地區局勢。[20]
有意思的是,重慶的外國外交官在戰時由於無法獲得中國邊疆與民
族政治局勢的第一手資料,有時亦不得不依賴這些情報人員的敘
述,以分析中國被日本步步進逼下的邊疆形勢。[21]

國民政府的邊疆政策:一種不同的視角

　　在南京十年,除了標準的革命修辭,國民黨無一例外地宣稱會
保護中國的領土完整和從帝國主義的壓迫中拯救中國的少數民族,
政府在國防與中央執行委員會會議等各種重要場合,亦提議在邊疆
地區進行一系列重建計劃。特別是經濟發展得到較多關注,國民政

府承諾會資助各部門有關未發展的邊疆地區的調查和報告工作，以期確定大量的自然資源及對其未來的發展計劃。學校建設和對交通、通訊、初級教育、公共衛生的投資，也被認為對改善邊疆少數民族及當地居民的社會福利密切相關。[22]

此外，教育被認為是在邊疆地區實施同化政策的主要工具。1931年，教育部成立蒙藏教育司，同年9月瀋陽事變後，蒙藏委員會提議撥出一部分英國庚子賠款基金，用於蒙古和西藏的教育，希望以此贏得少數民族的支持。政府還制定了其他教育計劃，旨在給所有邊疆地區提供較為現代化教育與公民訓練，以及語言、職業與公共衛生設施。同時，這些計劃亦用來促進對中華民族、國家、三民主義政治理想之清晰理解。[23]

由於瀋陽事變後，日本不斷增加對少數民族的利誘，國民政府為贏得少數民族的支持，提出了幾項建議。為加強與邊疆地區的聯繫，南京一直討論派員去安撫邊疆居民及宣慰中央政府的善意。國民政府相信通過跟少數民族精神和封建領袖的個人接觸，並巧妙地處理與他們的關係，有望促進在中國和少數民族群體之間的親密友善關係。[24]另有計劃鼓勵漢族的農業居民向少數民族地區移民，政府允諾給予援助。[25]如同美籍學者本森指出，漢族居民向邊疆地區移民，不僅被視作改變本地區民族平衡的一種手段，也是鼓勵非漢族人口最終同化的方式。[26]

然而，這些提案幾乎沒有一項得到實現。有關南京十年的文獻充滿了對國民政府邊疆政策「紙上談兵」的描述。正如英國駐華公使館在一份1930年代早期的觀察報告中所預測，「由於嚴峻的財政困難與相關地方的（複雜）局勢，（這些）重要改革的執行將困難重重」。[27]這當然是事實。然而實際情形是，自國民政府時代的最初階段，南京並沒有表現出要實施強烈的、積極的、有效的邊疆計劃的意圖，以將邊疆地區納入掌控之內。曾為蒙藏委員會委員長的閻錫山坦言，對一個力量仍然薄弱的中央政府來說，最重要的是「保持邊區之

現狀」，暫時不要推動任何改革計劃。[28] 戴傳賢也持相似觀點，他是一位資深的國民黨人，且在邊疆事務方面是蔣介石依賴的顧問。早在1928年，戴傳賢即清楚表示反對在當時處理中國與西藏的關係，而應以較務實的態度，先處理四川問題。他曾言，「中央對川，應先由中央飭令停戰，再組織省府，整理軍隊，統計數字，實現縣組織法，開發川邊，川邊開發之後，將來對西藏問題亦可貫通」。他續稱，「現在來謀劃西藏問題，而將能解決西藏問題之四川，捨之不顧，則深為可慮」。[29]

　　最重要的是，在1930年代初期，甚至蔣介石本人也對邊疆事務採取無為而非積極的政策。1934年3月，當蔣介石在江西南昌的官邸給高級軍事和政治顧問做私人講話時，坦率承認，政府在當時無法執行有效的邊疆政策以保障領土完整，或說服少數民族參與到中華民國之中。他進一步指出，由於悲慘的國內與國際局勢，持續宣稱中國對邊疆地區具有虛設的主權，是南京唯一可用的政治態度。他甚至準備面對中國領土被外國勢力佔領的現實：

> 我革命黨凡事要講實在，有多少力量做多少事業，尤其是國家大事，絕對無任何表面形勢可講，完全為一實際力量之問題，應從此着眼決定百年大計。吾人既實力不夠，便應認清環境，窮人作窮人之計算，不可以為邊疆被佔，或呈離析之狀，即認為國已不國而喪失復興之勇氣，或為邊疆離析而為種種保存體面之徒勞無益的努力。須知國家的體面固不可不爭，但爭體面必有實力，故不可不先打算實力，然後爭體面也。……簡言之，即在乎復興基礎之能否奠定。如此革命基礎能堅穩確立固定不搖，則任何失地皆可隨時收復。[30]

　　此為蔣介石觀點的進一步證明，被吳鶴齡記錄下來。吳鶴齡是1930年代早期蒙藏委員會的成員之一，在內蒙古自治運動中起過重要作用。根據吳鶴齡所言，蔣介石在1935年中期舉行的一次國民黨

中央政治會議上宣稱，當前我們實力仍弱，甚至無法保護自身，因此是否失去黃河以北之土地對我們並不重要。[31]何應欽也表達過類似觀點，何也是在邊疆事務方面為蔣所依賴的顧問之一。吳鶴齡後來將這些觀點報告給內蒙古錫林郭勒盟的德王，德王因而認定南京並不真正在意內蒙古的局勢。據德王本人表示，這些和其他諸如此類的信息是促使他在1936年以後決定跟日本人進一步合作的原因。[32]

除此之外，在1930年代早期，蔣介石進一步倡議國民政府應該仿效蘇俄的民族政策，允許中國疆界內的所有民族有自決與自治的自由，如此可能會產生一個聯邦制的國家：

> 在今日（困難）情勢之下，雖欲不放任，事實上也只能放任。放任自治，則邊民樂於自由，習於傳統，猶有羈縻籠絡之餘地，外強中乾，則諸族隔於感情，惑於大勢，絕無把握統治之可能。……予意除本部應為整個的一體以外，邊疆皆可許其自治而組織五族聯邦之國家。[33]

可以想見，蔣介石、閻錫山、戴傳賢在南京十年早期階段的觀點，不僅反映出國民政府在面對尚未解決之問題時的現實主義態度，也揭示了他們在有關邊疆和領土問題方面無所損失的哲學。顯然，南京領袖主要關心的是建立一個影響遍及中國內地的穩固政權。因此無須驚訝，1930年初在實質性的邊疆計劃能夠有效執行以前，南京認為有必要在西康和青海的首府康定（打箭爐）和西寧成立兩個蒙藏委員會「通訊處」。表面上，這些通訊處是聯繫邊疆地區與南京之間交流的媒介，然而，如同閻錫山所言，其主要目的是監視青海和西康邊境軍閥的政治活動。[34]

中國國家與領土的脆弱也用作政治槓桿以對付南京的對手。1929年春，當馮玉祥與蔣介石首次發生衝突時，南京官員發表有關馮玉祥「七大罪狀」的訴狀，控訴馮玉祥1925年擔任西北國民軍總司令時，「居然願將外蒙送給俄人」。[35]國民政府還將馮玉祥沒法恢復中

國在蒙古的權利與1915年袁世凱接受日本《二十一條》進行比較，馮玉祥因此而被貼上「反革命」的標籤，南京呼籲中國人民應推翻他。[36]

　　一年之後，當馮玉祥與閻錫山聯合反蔣時，南京再次利用邊疆問題作為笞責敵人的鞭子。1930年6月，南京舉行全國蒙古會議，本意是為制定一個可行的邊疆政策，以促進蒙古福利，參加會議的有來自內蒙古的一百多名代表。蔣介石的南京派系對會議的時間做了細心安排，從而製造出他們已獲得蒙古人支持的印象，而且蒙古人將從北面抓拿叛徒，迫使後者腹背受敵。[37]關於南京與中國北方的分裂，國民政府預測，為保證他們的自治地位和排除漢人影響的可能干擾，中國西北的穆斯林最終會向東攻擊山西和陝西的閻錫山與馮玉祥部隊。[38]諷刺的是，從南京的立場而言，分崩離析的邊疆局勢，在軍事和戰略上對蔣介石集團獲得最後勝利反而是有利的因素。因此，在內戰的最後階段，南京公開呼籲新疆部隊與中國中亞的穆斯林「解我西北數千萬生靈倒懸之苦」，對北方叛徒發起進攻。[39]

　　日本創建滿洲國傀儡政權及隨後蒙古人直接統治下新的興安省在中國東北的成立，迫使南京面臨雙重威脅，一是難以預測的中國領土的分裂，二是為贏得中國少數民族的支持而與日本抗爭。然而，國民政府在面對惡化的邊疆局勢時，仍然利用邊疆與少數民族政策作為削弱地方軍閥影響的手段，而非用來處理邊疆問題。自1932年始，內蒙古即在德王領導下進行大規模自治運動，明顯是利用了瀋陽事變造成的局勢所帶來的有利條件，蒙古人向南京提出要求，包括一個蒙古自治區域、擴大自治權力、退回被漢人佔領的蒙古人的牧場。[40]蒙古王子與南京官員之間最終達成一項協議，同意成立「蒙古地方自治政務委員會」，以德王為秘書長。在蔣介石的首肯下，蒙古人不僅從制度上獲得認可，在自治區內還有徵稅的權利。[41]

　　表面上，國民政府為滿足蒙古人的要求做出很大讓步，但是，南京不過進一步以邊疆安排為掩飾，再次密謀削弱內蒙古的軍閥政

權。例如，當內蒙古政治機構剛成立時，南京只給蒙古人很少資源，向其組織提供有限的營運資金。據德王與其他相關人士回憶，當這個巨大的政治機構成立時，僅從南京收到20,000元。蔣介石及其南京高級顧問有意忽視內蒙古的要求。後來德王向蔣介石報告了因日本對內蒙古西部的蠶食而導致內蒙古日益複雜的局勢，1934年底蔣介石訪問綏遠，此後南京逐漸給予內蒙古更多軍事和財政支援。[42]

另外，蒙古人想通過徵收地方稅來增加財政收入，促使他們與山西軍閥閻錫山及綏遠軍閥傅作義發生嚴重衝突。最嚴重的一次發生在1935年，當時在內蒙古與綏遠當局之間發生了武裝糾紛，雙方均遣兵堵截從甘肅運來的貨物，並宣稱對這些貨物有徵稅的權利。[43]

再者，由於內蒙古省政府與傳統的蒙古盟旗制度並存，省政府之行政由半獨立軍閥正式控制，而蒙古人則獲准運作自己的政治機構，無可避免地導致蒙古人與當地漢人軍閥之間發生衝突，在如此政治僵局中，沒有一方會成為國民政府的重大威脅，而國民政府則已巧妙地設法執行在中國北方所謂分而治之的政策。[44]最顯著的例子發生在1935年夏，當時西公旗世襲王公石王的名號被地位較高的烏蘭察布盟的盟長雲王所廢除。石王認為，其王子地位已獲中國中央政權承認，故不應被另一個蒙古貴族所廢，因此決定無視雲王的舉措。雲王既惱且羞，突然下令烏蘭察布盟的武裝衛隊進攻石王在西公旗的駐地，後者轉向綏遠省主席傅作義要求保護。當時傅作義與雲王的武裝衝突一觸即發。由於綏遠省府與雲王的盟當局無法達成滿意的結果，南京扮演了最後仲裁者的角色，制定出令雙方皆保住面子的解決辦法。[45]

操縱着邊疆議題來處理與邊疆無關之事，絕非國民政府的唯一專利。當1930至1932年西康與西藏發生邊疆衝突時，四川軍閥劉文輝就試圖利用危機（儘管他不一定認為此次衝突為「危機」）來鞏固其在中國西南地區的地位。不過，最著名的操縱事件可能是在瀋陽

事變之後，當時蔣介石的所有對手皆藉此機會來達到自己的政治目
的，他們抨擊蔣介石拒絕對日本採取強烈的軍事行動以保護中國的
東北邊境。最後，蔣介石辭去所有重要職位，改由主要政治對手粵
系控制國民政府。與此同時，地方軍閥如閻錫山和馮玉祥則藉此機
會重掌權力。[46]

國民政府時期中國想像的主權

顯然，蔣介石在統治的最初階段，由於缺少對邊疆地區的實質
權威，他及南京政權處於弱勢，無法有效控制邊疆地區。然而，實
際上分裂的領土與政治上的不統一，並沒有妨礙國民政府與地方實
體之間的互動。只要還存在一個模糊的、被廣泛共享的、想像的主
權，並能提供一個概念場所，使中央 (南京) 與周邊 (各省政權) 通過
它來進行互動，則南京缺少權力便不成問題。

如同以下各章所示，現代通訊技術特別是電報在這種中央／周
邊的互動中起到重要作用。例如1932年秋，西藏與青海發生邊疆衝
突。蔣介石得到消息後，即指示雙方達成停戰協議。直至此時，蔣
介石既與青海省代理主席馬麟從未謀面，也沒有見過統治遙遠內亞
的十三世達賴喇嘛。在給青海省主席準備一通停止與藏人戰爭的電
令時，蔣介石混淆了馬麟與另一位同樣出自西北馬氏回族將領的名
字。蔣把這位將軍的字錯誤地寫在急件草稿上。不過在函電發出之
前，這個失誤被侍從室高級顧問及時發現並訂正，從而避免了不必
要的政治尷尬局面。[47]

我們難以想像，美國總統會將某州州長的名字弄錯。然而，在
1930年代早期，蔣介石不知道青海省主席的名字，並不影響新生
的國民黨政權對遙遠的青海地區名義上的主權，根據南京公佈的憲
法，青海省是中華民國的一個行省。這種看起來不可理喻的無知，
也不妨礙國民政府與西寧省府高級官員之間的信息往來，儘管後者

繼續自由地管理其省之行政事務，並經常無視於數千里之外的「中央政府」。

　　1933 至 1934 年發生的一次事件，再次證明國民政府對邊疆地區的主權形同虛設，當時南京的政策設計者正努力制定一套規章，以加強國民黨與內亞世襲的蒙古與西藏貴族之間薄弱的聯繫。當獲得權力後，國民政府的官員即急於宣佈廢除非漢族貴族所享有的特權，因為他們確信舊帝制時期的濫用特權與新的革命精神不符，而且會妨礙建設一個進步的、五族共和的中華民國。[48]因此毫不奇怪，1929 年 9 月，當鄂爾多斯地區伊克昭盟具有影響力的領袖的長子，向蔣介石呈請將帝制時期授予他的貝子爵位，依照傳統晉升為郡王時，被南京直接拒絕。[49]

　　然而，當瀋陽事變發生，且次年一個傀儡政權於滿洲里出現以後，國民政府很快意識到，只要他們在遙遠邊地的權威形同虛設且脆弱不堪，任何改變現狀的作法只會讓競爭對手日本有機可乘。因此，國民政府出於實際考慮，在蒙古事務方面立即改變其革命性的立場，傳統的盟旗制度獲准在內蒙古保持不變。[50]

　　在蔣介石的堅持下，南京處理邊疆事務的官員開始編製一份包括統治邊疆地區內非漢族少數民族的精英人名錄。這個計劃被稱作「瞻覲」，其目的是為邀請這些著名人物前往南京首都，待之以盛大的禮儀，賜予豐厚的禮物，並據他們的職銜與等級安排晉見蔣介石或其他南京高官。雄心壯志的國民黨邊疆官員不僅決定邀請世襲盟旗的領袖，還有維族部落民的領袖、著名的穆斯林阿訇，以及富有威望的藏族喇嘛高僧與呼圖克圖。[51]

　　然而漢文檔案資料顯示，就在計劃進行之中，南京的邊疆顧問卻發現他們缺少有關這些貴賓的名字、稱號及級別等準確資料，更別提他們也不了解這些精英人物的政治傾向，這對於南京與日本競爭中國邊疆可是一個關鍵的先決條件。[52]由於資料不足，這份國民黨版本的、類似前清「年班」的想法不得不推遲至 1934 年再予考慮。

不過兩年以後，由於抗日戰爭爆發，整個想法不得不取消。[53]

　　但是，今天看來，我們可以説，這次誇張的民族政治表演最終是否實現，對於南京的高層戰略家而言並不重要。不可否認，國民政府最終沒有跟中國內亞的世襲統治貴族建立更為親密的關係。然而，這種華麗的、形式性的計劃使國民黨官員可以向中國媒體宣稱，他們的確致力實施「有效的」邊疆政策，因為不同的少數民族領袖會獲邀前來參觀中國內地，這清楚地表明他們不是與日本人、而是與漢人在政治上具有密切關係。[54]諷刺的是，儘管南京對廣大邊地主權的想像與矯飾本質上不切實際，但這種想像的主權卻無處不在，包括革命的修辭、官方授權的地圖、公共的聲明和宣傳，以及政黨的決議，也存在於大多數漢族人民的共同記憶之中。如同下一章所示，在戰前南京十年(1928–1937)中，這種中國中央對周邊的想像主權，進一步給蔣介石及其南京政權提供了急需的政治上的權宜之計——如果不是合法性的話——去處理與國民黨的邊疆及少數民族議題完全無關的事務。

　　反過來，這種想像的主權與領土的假象，也給南京理論上擁有主權的、中國邊疆地區的各個政治集團提供了方便，為他們的軍事與政治動機進行辯護。1933年，新疆南部的維族起兵反抗盛世才的省政權。天山南北地區爆發大規模內戰，衝突更逐漸演變成僵局。由於盛世才明顯地會向蘇俄尋求軍事援助，而英印則不可能給予反抗者實質的軍事支持，南疆的穆斯林反對派決定把希望押注在遙遠的國民政府「中央」上面。據報道，他們派員通過印度前往南京，試圖從當時與盛世才關係不好的蔣介石那裏尋求支援。在維族要員尚未到達中國內地並會見南京高官，南疆(Altishahr)的穆斯林反抗者即公開宣稱，已從中央政府那裏獲得政治上的「合法」地位，並獲中央政府「授權」去跟「非正義的」省府勢力作戰。[55]由於蘇俄的軍事援助，盛世才最終鎮壓了這起叛變。

　　既有意趣而又諷刺的是，這些南疆綠洲的維族反抗者其實極不

了解中國內地的真正政局。他們對於剛成立的國民政府的認知極為貧乏，對於這個政權如何運作更是不甚了了。這些穆斯林不知道國民政府中誰是誰，並完全混淆了南京高層比如蔣介石與汪精衛等人的名字與稱號。[56]不過，中亞維族反抗者的無知似乎沒有妨礙他們與敵人作戰。他們知道地球上某處有一個中央政府，知道有一個法律上被承認、包含南疆在內的中國主權，穆斯林反抗者能利用這些政治圖騰以取得他們的目的。不過，他們是否關心困難重重（從漢人的角度來看）的中國邊疆問題如何或何時能夠得到真正解決，實在值得懷疑。

國民黨是中國民族主義與革命運動的英雄這種由來已久的定論，造成了這樣的一種印象，即國民政府致力實行有效且前景光明的邊疆政策，以及創造一個繁榮的五族共和的中華民國。然而，政治上的不統一、財政上的困難和地方分裂主義，很好地解釋了為甚麼國民政府長期沒有推行建設計劃，以保障中國的邊疆利益，並將邊疆地區帶入其政治與財政軌道上去。從南京十年的開始至結束，國民黨政權既未對邊疆民族實施過行政管治，也沒有損失過任何一片邊疆領土。它在廣大邊疆地區的主權及對無數少數民族群體的權威，很大程度上是政治想像的結果，只存在於公開的聲明、地圖及官方的文書工作中。那麼，我們為何要相信，當國民政府在中國本部依然面對着更為致命問題時，卻有決心在遠離南京有效控制的地區推行高代價的計劃？

由於國民政府的主要目的是加強權力並伸展其影響至其他半獨立省份，在整個南京十年中，西藏問題是否有可能僅作為達到這種目的的槓桿？在1930年代，南京高層是否有可能寧願讓邊界糾紛得不到解決，如此則中央政府那些僅有微弱控制的邊疆省份的軍閥政權便會互相傾軋，而不太可能對南京構成威脅？

本書第二部分會考察西藏的情況。筆者論證南京如何操縱着它對西藏想像的主權以達致國家建設的目的，以及軍閥政權如何操縱

着相同問題以抵抗中央政府削弱其統治的企圖。在這個過程中，過
去人們往往簡單地視作「漢藏關係」的問題，可能揭示出一些不尋常
的特徵，揭示出一種與傳統上被人接受的、「中央」(中國) 對「周邊」
(西藏) 的研究框架很大不同的處理問題的新視角。西藏如何成為近
代中國邊疆與民族政治紛爭的焦點，值得進一步研究。

注　釋

1. 蔣介石：〈東亞大事與中國復興之道〉，載秦孝儀編：《總統蔣公思想言
   論總集》，第12卷，頁98–99。
2. 見T. A. Bisson, "The Dismemberment of China," in *Foreign Reports* 5, 4
   (1934): pp. 41–52.
3. 有關對民國時期邊疆政策的批評，參見如，June Teufel Dreyer, *China's
   Forty Millions: Minority Nationalities and National Integration in the
   People's Republic of China*, pp. 39–41; Linda Benson, *The Ili Rebellion: The
   Moslem Challenge to Chinese Authority in Xinjiang, 1944–1949* (London:
   M. E. Sharpe, 1990), pp. 10–18; Wolfram Eberhard, *China's Minorities:
   Yesterday and Today* (Belmont, CA: Wadsworth Publishing, 1982), pp. 151–
   155.
4. Benson, *The Ili Rebellion*, p. 15. 此事實可從1916年蒙藏院自己的出版
   刊物中窺其一斑，其中揭示儀式與政治象徵功能是這個機構的主要工
   作。見《蒙藏院統計表：民國五年》(北京，1916)。
5. 劉學銚：《蒙藏委員會簡史續編》(台北：蒙藏委員會，1996)，頁2–9。
6. Benson, *The Ili Rebellion*, pp. 15–16.
7. 《大公報》，1928年12月18日，第1版。有關這一類批評，亦見歐陽無
   畏：《大旺調查記》(1938；重印，台北：蒙藏委員會，1954)。
8. 劉學銚：《蒙藏委員會簡史續編》，頁311；Min-chieh Tyau, *Two Years of
   Nationalist China* (Shanghai: Kelly and Walsh, 1930), pp. 297–299.
9. 關於石青陽及其與孫中山的關係，見四川省文史研究館《四川軍閥史
   料》(成都：四川人民出版社，1983)，卷2，特別是第2部分；隗瀛
   濤、李有明、李潤蒼《四川近代史》(成都：四川省社會科學出版社，
   1985)，頁625–631。

10. Report on Central China, US Military Attaché in China, 27 November 1929, *USMIR*, reel 8; China (Military): Situation reports, War Department, 16 and 31 December 1929, *USMIR*, reel 8.

11. 胡平生：《民國時期的寧夏省》（台北：學生書局，1988），頁97–104。

12. 金紹先：〈憶述國民黨元老吳忠信〉，*WZX*，第118輯（1989），頁75–76；劉紹林等：《民國職官年表》（北京：中華書局，1995），頁616–622。

13. 金紹先：〈憶述國民黨元老吳忠信〉，頁76。

14. 黃慕松：《黃慕松自述》（台北，1964），頁3–4。1934年，黃慕松率領官方使團前往拉薩，這是自1911年以來的第一次，對國民政府的西藏議題有重要影響。詳見本書第四章。

15. 劉慕燕：〈吳忠信傳略〉，載趙銘忠、張興唐編：《民國史與民國檔案論文集》（北京：檔案出版社，1991），頁357–366。

16. Xiaoyuan Liu, "China's Central Asian Identity in Recent History: Across the Boundary between Domestic and Foreign Affairs," *The Woodrow Wilson Center Occasional Paper*, no. 78, 25 February 1998, p. 2.

17. 中國官員甚至在其內部備忘錄或紀要中也承認，在1930年的前半部分，是英印政府而非南京政府最後決定對前往拉薩的中國官員或前往南京的西藏代表，是否給予所需的簽證。見蒙藏委員會致外交部，1936年4月17日，外交部之答覆，1936年4月23日，AMFA-1，172-1/0013。

18. 見蒙藏委員會致外交部，1937年3月2日；加爾各答中國總領事致外交部，1937年5月17日；蒙藏委員會致外交部，1937年6月11日；外交部致蒙藏委員會，1937年10月19日，皆見AMFA-1，172-1/0013。

19. 外交部對邊疆政策過於模糊及邊疆問題被其他目的所操縱的抱怨，可見其內部流通之備忘錄與相關文件。參見如外交部機要文件，1945年11月8日，AMFA-1，172-1/0017。

20. 抗日戰爭期間及其後國民政府的軍事部門對中國邊疆及少數民族事務的參與，可見下述未刊之檔案材料：〈蒙藏委員會戰時第二階段行政計劃〉，1939年4月，ASNDC，003/103；軍令部致外交部，1945年11月16日，AMFA-2，120/2；〈關於派遣軍事委員去阿拉善與額濟納旗的臨時規定〉，見國防部致外交部，1946年12月3日，AMFA-2，120/2。

21. 這並不意味着基於這類報告的外國對中國邊疆局勢的觀察完全正確。例如，1945年5月，美國大使向美國國務院提交了一份分析報告。這

份報告主要基於一位國民黨軍事委員會派駐伊克昭盟（Ikchao League）的情報人員的描述，它大膽地預測，二戰後內蒙古和外蒙古會很快統一，因為中國共產黨在促進這種統一方面起到關鍵和領導作用。然而這並沒有發生。見 memorandum on Inner Mongolian, enclosed in the US Embassy in China to the State Department, 21 May 1945, in *FRUS* 7 (1945), pp. 390–391.

22. 見〈蒙古與西藏事務章程〉，1929年6月14日，ANG，200000000A，213/0206–213/0215；Tyau, *Two Years of Nationalist China*, pp. 299–304.

23. 〈關於蒙藏政治教育等問題十則請予決定施行案〉，1932年3月5日，ZMDZH，第5輯，第1編，政治（二），1994年，頁365–366；〈邊疆教育方案〉，1929年7月1日，ANG，200000000A，330/0676–330/0693；report from Sir Miles Lampson (British Minister to China) to Foreign Office, 25 October 1933, IOR/ L/P&S/12/2287.

24. 為此目的，國民政府將顯赫的稱號與政府職位授予一些著名的非漢族精神領袖，如班禪喇嘛、章嘉呼圖克圖、諾那呼圖克圖。見黃英傑：《民國密宗年鑒》（台北：全佛出版社，1995），頁234–235。

25. 〈國民黨第四次全國代表大會所採之重要方案〉，1931年11月19日，ZMDZH，第5輯，第1編，政治（二），1994年，頁335–337。

26. Benson, *The Ili Rebellion*, pp. 16–17.

27. Lampson to Foreign Office, 23 October 1933, IOR, L/P&S/12/2287.

28. 《中央週報》，民國19年1月新年增刊（1930），頁81–86。

29. 《中央週報》，第17期（1928），頁4–5。

30. 蔣介石：〈東亞大事與中國復興之道〉，頁98。

31. 見德王：〈抗戰前我勾結日寇的罪惡活動〉，*WZX*，第63輯（1979），頁25。

32. 同上，頁25–26。

33. 蔣介石：〈中國之邊疆問題〉，卷12（1934），載秦孝儀編：《總統蔣公思想言論總集》，頁108–109。

34. 《中央週報》，民國19年1月新年增刊（1930），頁81–86。

35. 《中央週報》，第51期（1929），頁18。

36. China (Military): Situation reports, War Department, 8 and 21 May and 5 June 1929, *USMIR*, reel 8；《中央週報》，第51期（1929），頁18–20；《中央週報》，第54期（1929），頁14–17。

37. 蔣星德：〈蒙藏問題與蒙藏會議〉，《東方雜誌》，第27卷，第6號（1930），頁21–31；《中央週報》，第104期（1930），頁24。

38. Observation report by the Office of Military Attaché, US Legation in China, 1 July 1930, *USMIR*, reel 8; China (Military): Situation reports, War Department, received 23 June and 14 July 1930, *USMIR*, reel 8;《中央週報》,第103期(1930),頁5–7。

39. 《中央週報》,第103期(1930),頁7–8;《中央週報》,第104期(1930年),頁46。

40. 關於內蒙古自治運動,見Owen Lattimore, "The Eclipse of Inner Mongolian Nationalism" and "The Historical Setting if Inner Mongolian Nationalism," in *Studies in Frontier History*, pp. 427–455.

41. 見Reports from N. Johnson (US Minister to China) to the State Department, 3 and 24 October 1933, USFR, 893.01 Inner Mongolia/2 and 3, in *USDS 1930–1939*, reel 55; De Wang to the Nationalist Government, 28 October 1933, in *USDS 1930–1939*, reel 55;黃紹鴻(內務部長)致蒙藏委員會,*ZMDZH*,第5輯,第1編(1994),政治(五),頁108–119。

42. 德王:〈抗戰期間我勾結日寇的罪惡活動〉,頁16–17;陳紹武:〈內蒙德王與蔣介石的關係〉,*WZX*,第39輯(1977),頁120–126。

43. 見US Legation in China to the State Department, 14 March and 9 April 1935, USFR, 893.01 Inner Mongolia/36 and 38; and US Consulate-General in Tientsin (Tianjin) to the State Department, 5 April and 9 May 1935, both in *USDS 1930–1939*, reel 55;《中央週報》,第352期(1935),頁15–16;《中央週報》,第354期(1935),頁16–17。

44. 陳紹武:〈內蒙德王與蔣介石的關係〉,頁122;Sechin Jagchid, *The Last Mongol Prince: The Life and Times of Demchugdongrob, 1920–1966* (Bellingham, WA: Western Washington University, 1999), pp. 78–99; James Cotton, *Asian Frontier Nationalism: Owen Lattimore and the American Policy Debate* (Manchester: Manchester University Press, 1989), pp. 24–26.

45. 參謀部致蔣介石,1935年9月27日,蔣忠正總統檔案:特交檔案/蒙古邊區,編號41828;孔祥熙致蔣介石,1935年11月13日,編號41842;《モンゴル年鑑・昭和十一年》(東京:三菱協會,1936),頁353–355;US Consulate-General in Tientsin to the US Embassy in China, 7 December 1935, USFR, 893.01 Inner Mongolia/51, in *USDS 1930–1939*, reel 55.

46. Lloyd Eastman, *The Nationalist Era in China, 1927–1949*, pp. 13–15.

47. 應當注意的是,在近代以前或近代中國的政壇上,政治家通常以字而

非名來進行交流。關於蔣介石致馬麟的電報草稿，見蔣介石致馬麟，1932年10月13日，TJWD，卷2，編號21031976。

48. 〈國民黨中央執行委員會關於蒙藏新疆事務政治決議案〉，1929年3月27日，ZMDZH，第5輯，第1編 (1994)，政治 (二)，頁84–85。

49. 見閻錫山致南京報告，1929年9月25日；南京對閻錫山的指示，1929年9月27日，YXSP，微卷90/1307–90/1307。

50. 閻天靈：〈試論抗戰前十年國民政府對內蒙古的政策〉，《中國邊疆史地研究》，第1期 (2001)，頁46–57。

51. 國民政府致行政院，1933年12月29日，ANG，200000000A，213/0062–213/0070。

52. 蒙藏委員會致行政院呈，1934年8月21日，ANG，200000000A，213/0078–213/0123。

53. 吳忠信 (蒙藏委員會委員長) 致行政院，1937年11月2日，1937年11月6日，ANG，200000000A，213/0182–213/0190

54. 參見如《申報》，1934年2月20日，頁4；The People's Tribune (Shanghai) 7, 8 (1934), pp. 357–360.

55. M. C. Gillett (British Vice Consul-General at Kashgar), memorandum, January 1937, IOR, L/P&S/12/2336; War Department, China (Military): Situation report, 6 September 1934, USMIR, reel 10.

56. 在南疆維族反抗者首領麻木提 (Mahmud Muhiti) 致南京的信函中，他稱呼蔣介石為「國會會長」。他也幾乎無法正確拼寫行政院院長汪精衛與其他著名國民黨人物如外交部長羅文幹的名字。麻木提的無知成為1930年代中期漢族知識分子眼中的一個政治鬧劇與公開的玩笑。見蔣君章：《新疆經營論》(南京：正中書局，1936)，頁123–124。

第二部分

戰前十年

1928–1937

第三章

動盪的西南邊疆

我軍遠道攻堅，艱苦萬狀，……糧秣子彈既感萬分缺乏，而
前線愈進愈遠，轉運尤為困難，非及時有充分之補充，何以為
繼。除依照原定計劃督飭所部勉力支掌靜待後命外，並曉諭前
線官兵，宣揚中央威德……。惟念事關國防，中外具瞻，殊
非文輝一人及區區一隅之力所能獨任，究應如何處置，以固國
防，伏候睿裁。[1]

至1929年，自清朝崩潰後，西藏與蔣介石所領導的中央政府之
間，在不受外來干涉的情況下，首次接觸。[2]幾乎同時，漢藏邊界爆
發戰爭，造成1917至1918年川邊和西藏邊界衝突以來最嚴重的軍事
糾紛。這種矛盾情形不僅使中國人迷惑，也令其他國家之外交官（比
如英國）不解。在中國內地，媒體與公共輿論對於西南爆發的邊界戰
爭所帶來的嚴峻局勢，深感震驚，並批評南京政府的官員沒有利用
已有改善的漢藏關係，去恢復中國在西藏喪失的主權。[3]另一方面，
英國政府雖然意識到1930年國民政府與西藏之間的關係呈現出「某
些令人費解的矛盾特徵」，但是他們確信國民黨革命者決不會放棄重
申對西藏主權的嘗試。[4]

然而，南京政府是否如1920年代晚期和1930年代早期的媒體所
指，未能抓住時機，在中國西南邊陲推行國家建構或政權鞏固的政

策？或者，蔣介石及其政權是否如1930年代早期英國的官方文件所宣稱，真的決心重申對西藏的主權？要知道，當時蔣介石政權在中國內地正面對着更為致命的問題，並從其政敵那裏遇到更為嚴峻的挑戰。本章探討國民政府在政權建設的最初階段的西藏議題以及漢藏關係的實況。南京此時是否真的願意處理困難重重的西藏事務以及國民政府如何看待邊界糾紛的問題，值得仔細考察。

南京與拉薩的親善關係（1929–1930）

自1880年代以來，西藏在中亞的戰略性地位，成為了國際爭端——主要是在清朝、英國和俄國之間——的焦點。1904年，英國遠征軍在榮赫鵬上校（Colonel Younghusband）率領下入侵西藏，以抵銷日益增長的俄國的影響。而後從1908至1911年，清朝在康區採取積極行動，部分抵銷了英印政府對西藏事務日益增長的影響。處境困難的清廷試圖將康區納入其穩固掌控之下，包括堅持康區的所有居民為清朝皇帝的屬民並受清朝任命的封疆大吏所管轄，所有稅收皆呈交中央政府，取消交給康人或藏族土司和寺院的傳統賦稅，以及所有居民皆受中國法律制裁。這些改革措施大大觸怒了十三世達賴喇嘛，隨後他出逃印度，並受到英國人的熱烈歡迎。[5]

1911年的辛亥革命結束了滿清在西藏推行的一系列新政計劃的努力。1912年，在英印政府的支持下，十三世達賴喇嘛恢復了在西藏的權力，而中國中央之影響卻幾乎被消失殆盡。北京的中國政府忙於內部事務，無暇對西藏進行實質控制。在1928年以前，最後一次解決西藏問題的全面努力，是包括中國、英國和西藏代表在內的1913至1914年的西姆拉三邊會議。英國建議劃分「內藏」和「外藏」，內藏包括四川西部、西康和青海的大部，北京政府於此可保持其傳統地位。外藏包括康區西部、西藏中部與西部，北京承認西藏的自治地位，並承諾不將之改成行省。西藏初步同意，西姆拉的中國代

表亦同意有關行政區域的安排，並在協議草約上劃押。但是，大概由於北京政府無法承受來自公眾、國會以及四川百姓的巨大反對意見，最後拒絕接受協議。四川百姓堅稱所有康區土地皆為四川省之一部分。[6]

西姆拉會議無法達成一致意見，象徵着一個嚴峻且令人擔憂的局面：它意味着漢藏之間無法明確劃定合法而又為雙方接受的邊界。西姆拉會談之後，中國沒有放棄對整個西藏的權利，儘管他們勢孤力弱，無法採取任何實際行動以重建中國對西藏的主權。西藏也沒有放棄建立一個大西藏國家（great Tibetan Nation）的夢想，這個大西藏包括康區（西康）和安多（青海）的所有藏族地區，這些地區當時受中國漢人和穆斯林所管轄。由於這種緊張形勢，邊境地區不時發生爭端與軍事衝突。最大的一場軍事糾紛發生在1917至1918年，當時西藏軍隊與一支四川將軍率領的中國駐軍發生衝突。中國駐軍被全面擊潰，就在西藏軍隊將奪回全部康區之際，英國駐康定的領事台克滿（Eric Teickman）介入並協商停戰。據此停戰協定，沿長江上游保持一條事實上的邊界，不過北京政府從未承認。[7]

至1920年，十三世達賴喇嘛一直考慮發展一支裝備精良的藏軍，並對西藏內部進行現代化改革，此是其尋求獨立自主至關重要的一步。這樣的一支軍隊耗費不菲，比如強大軍力的維持，包括在漢藏軍界駐軍15,000名，從印度購買軍需品和電動機械，以及水電和道路修築計劃等大型項目的實現，皆需重大開支。[8]西藏政府因此被迫向傳統的莊園領主和貴族徵收新賦稅。更重要的是，達賴喇嘛第一次要求扎什倫布寺——班禪喇嘛駐錫的寺院，承擔軍隊財政支出的四分之一。班禪喇嘛及其追隨者拒絕，在扎什倫布寺幾次不成功的抗議之後，1923年12月26日，班禪喇嘛通過青海、內蒙秘密出逃中國內地。[9]

至1928至1929年，西藏的經濟和財政狀況進一步惡化，這正好與全球經濟大蕭條時間相吻合。自1920年代中期以來，世界市場上

的羊毛價格大幅下跌，由於羊毛是西藏主要的出口商品，藏政府因缺錢而束手無策，根本無可能滿足政府提出的「新項目」所要求的資金，比如布達拉宮和夏宮羅布林卡的修建工程，特別是維持一支裝備武器與彈藥的龐大藏軍。[10]

再者，至1929年，拉薩政府急需印度銀幣，因為當時西藏充斥着偽造的銅錢，也就是西藏唯一流通的錢幣。為防止貨幣危機，西藏政府不得不收回貶值的銅幣，改用銀幣。[11]由於西藏沒有白銀儲存，只能從印度進口。因此，達賴喇嘛宣佈西藏最富裕又最有影響力的商業家族之一的邦達倉 (Pangda Tsang)[12]——也是唯一能夠向拉薩提供金條和銀條的家族——將壟斷羊毛貿易，以換取印度的盧比和銀幣。[13]這項新舉措引起藏人廣泛的不滿。由於羊毛被一個商人所壟斷，大量藏商幾乎沒有辦法獲得印度白銀或換取印度商品以解日常需要。從長遠來看，西藏勢必面臨災難性的通貨膨脹和商品緊絀。[14]據英方報告，至1930年代中期，印度和中國商品的價格比平常高出數倍，而在拉薩，印度貨幣的交換率大增了15倍。舊時中國帝制時期用過的錢幣 (藏洋) 又在拉薩重新流通，並被西藏商人收藏，他們相信印度貨幣很快會短缺。儘管徒勞無功，絕望的西藏人仍然向拉薩政府提出呈請，呼籲取消羊毛壟斷。[15]

面對如此嚴峻的經濟和財政狀況，達賴喇嘛幾乎無選擇餘地。他首先尋找英國的幫助。但是印度政府只「願意考慮」允許藏人建立海關，以徵收從印度和尼泊爾進口的商品稅，還準備讓拉薩以優惠的匯率購買白銀，以應對貨幣危機。[16]為確保西藏的長期福祉，達賴喇嘛急需尋找新市場，以增加收入來源；減少政府開支，比如推遲大型項目的實施，而最重要的是縮減藏軍的規模。

基於這些考慮，十三世達賴喇嘛向南京新成立的國民政府示好。1929年，蔣介石剛完成北伐，在名義上統一了全中國，因此達賴喇嘛把他看作中國政治的新強人。達賴喇嘛預料，他的善意將使蔣對四川和西康軍閥施加影響，從而緩解邊界長期的軍事緊張

局勢，而且漢藏之間將可劃分一條令人滿意的明確界線。[17]達賴喇嘛期望，改善漢藏關係將同時有利於西藏商品如羊毛、皮貨、牦牛尾和西藏藥材等出口中國內地市場，從而為西藏賺取收入，以滿足政府的財政需要。[18]達賴喇嘛甚至考慮從國民政府獲取軍事和技術支持的可能性，前者包括從南京購買武器，後者包括紡織機和製革器，以及來自中國內地的熟練工人。[19]

1929年8月，達賴喇嘛指示他於1922年任命的北京雍和宮堪布貢覺仲尼 (Koncho Chungnay) 聯繫南京官員。[20]達賴喇嘛知道，中國政府樂於傾聽西藏可能回歸民國的甜言蜜語，此誘惑正好用來討價還價。因此，於各種場合上，貢覺仲尼與其代表努力營造出西藏和中國在政治上重新結合並非不可能的印象。[21]當在北京會見閻錫山時，貢覺仲尼解釋說，達賴喇嘛絕無親英之事；西藏因與英印地理接近，達賴喇嘛才「不能不與之略事敷衍」。[22]後來當貢覺仲尼晉見蔣介石時，他再次表示，達賴喇嘛及其政府珍視與中國的傳統友誼，並願意進一步加強西藏與國民政府的聯繫。貢覺仲尼也沒有忘記向南京尋求更多的支持。他特別向蔣介石提及中國邊茶的價格，這可是藏人日常必需之物。西康與西藏的邊界緊張局勢已使茶價比平常上漲十倍，成為藏人的沉重負擔。因此達賴喇嘛的使者請求南京幫助，以改善拉薩和中國西南軍閥之間冰封的關係。[23]

不出所料，達賴喇嘛代表的善意受到國民政府的歡迎。在1929至1930年間，雙方關係迅速得到改善，特別當兩位「使者」——貢覺仲尼本人和具有漢藏血統的國府文吏劉曼卿後來到拉薩，並受到達賴喇嘛的友善接待。南京與拉薩之間在這些信使的往返之後不久，一個常駐西藏辦事處在南京開設，部分經費獲國民政府資助。[24]雙方的交通渠道中斷了近二十年，現在看來似又將重建起來。

就在十三世達賴喇嘛仔細地操縱着西藏問題作為政治槓桿，以為西藏取得最大利益之時，他也無意間給當時有效控制不出長江三角洲的國民政府，提供了一個黃金契機。達賴喇嘛可能沒有意識

到，雖然國民黨從未停止向全世界宣佈他們對領土完整與國家統一
的承諾，但卻巧妙地避開處理當時仍未解決的邊疆問題。1928年11
月，南京外交部長王正廷向北京的英國公使館遞交一份備忘，要求
中英簽訂新的通商協議。[25]對南京而言，將西藏的通商市場是否包
括在討論之中，是一個關鍵且敏感的問題。一旦這些通商市場如江
孜 (Gyantse)、噶大克 (Gartok) 包括在新的中英通商協議的適用條
款之中，中國對西藏的主權則自然地同時為倫敦所承認。[26]另一方
面，此具爭議的話題在倫敦的外交部與印度事務部 (India Office) 之
間引起激烈的討論，問題主要集中於，在中國新政權成立之際，應
否對西藏的政治地位採取一種更為溫和的態度。[27]

令倫敦驚訝的是，國民政府最終巧妙地決定避免提及西藏通商
市場。他們寧願不觸及西藏問題，以免妨礙最終協議的達成，這
份協議將是一種外交成就，可以向中國人民炫耀，且必將提升政府
的威望。[28]國民政府對邊疆問題靈活務實的態度於此表露無遺。自
1891年第一個通商市場亞東 (Yatung) 開關，不論是清廷還是民國政
府皆無法從西藏的通商市場收稅。換言之，從南京的角度來看，即
使與英國達成包括遙遠的西藏通商市場在內的新的通商協議，從那
裏也沒有得到任何經濟收益或者損失。這或許可以解釋為何國民政
府寧願不去討論實際上不那麼重要的西藏通商權益。[29]

對南京官員來說，要決定他們應對邊疆問題傾注多少精力恐怕
很難，邊疆問題的解決與他們在中國內地更為迫切的問題相比，似
無關要緊，不如製造宣傳，好像他們真的關心中國的邊疆和少數
族問題，來得更為容易。在此方面，南京確實取得相當程度的成
功。貢覺仲尼和劉曼卿的拉薩之行，以及南京和北京西藏辦事處的
成立，在國內外皆引起相當關注。中國媒體迅即讚揚「漢藏兄弟關
係」，[30]而英印政府的官員對於中國突然加強在西藏的影響也極表
驚詫。[31]

即使一直無力干預西藏事務，國民政府仍然樂此不疲地誇大宣

傳他們在邊疆事務方面的成就，以及他們作為理想的五族共和國家
的「捍衛者」地位。最好的例證，是在1930年春尼藏軍事糾紛的危機
發生之時。事件起因是拉薩粗暴對待一位名為傑波（S. Gyalpo）的尼
藏混血兒，傑波因走私和製造西藏假銅幣而被拉薩逮捕。尼泊爾稱
傑波是尼泊爾人，而西藏則對爭論置諸不理。傑波從監視中逃脫，
跑到拉薩的尼泊爾代表處躲藏起來。西藏警察進入尼泊爾代表處，
並帶走傑波，此舉激怒了尼泊爾首相，1930年2月，他命令動員軍
隊，準備向西藏開戰。[32] 雙方的緊張局勢必然給西藏的軍事防衛增
加沉重的負擔。南京得知此消息後，旋即向十三世達賴喇嘛表示願
意派遣部隊和官員前往協助藏人抵抗尼泊爾。達賴喇嘛表示感激，
但巧妙地駁回漢人軍隊和官員進入西藏境內的建議；而南京則繼續
展示善意，允諾會就尼藏糾紛而向英印和尼泊爾施加外交壓力。[33]
回顧此事，國民政府的所作所為顯然只是口惠而實不至，但在1930
年，此類信息確實令人印象深刻，似乎國民政府的確關心中國邊疆
地區的福祉利益。[34]

　　如果我們以尼藏危機為例，此次邊界事件很明顯不過是依照國
民政府的需要而修飾的一扇窗戶。南京是否真的打算處理此問題，
頗值得懷疑。由於英國的調停，尼藏糾紛最後得到和平解決，其後
兩位南京來的官員秘密喬裝成商人，經過印度，於1930年9月抵達
尼京加德滿都（Kathmandu）。他們告訴尼泊爾官員，他們前來是為
了「提供中國政府之幫助以解決爭端」。[35] 雖然尼泊爾首相薩瑪謝爾
（Bhim Shamsher）非常樂意接受南京的禮物，但卻拒絕讓中國政府介
入尼藏問題。[36] 不過在南京看來，此亦非嚴重的打擊。派遣兩位官
員去尼泊爾的花費不多，尼泊爾對漢藏關係的態度對國民政府而言
也不太重要。但就宣傳的效益來看，其結果不僅僅是高調的宣言，
讓中國人民相信國民政府保護中國主權的決心；它還是聰明的策
略，暗示尼藏糾紛的和平解決乃由蔣介石和南京的努力所促成。[37]

邊界衝突：三方博弈

困擾西藏的內部困難給國民政府提供了重建漢藏關係的契機。然而，南京派遣使者前往拉薩，邀請藏人在首都成立正式辦事處，在官方水平上與西藏互換禮物與信息，製造宣傳、誇大中國解決西藏問題的外交努力等，國民政府的所作所為，不過是鞏固政權和提高威望的工作，而非着眼於對西藏實行有效的控制。換言之，當時蔣介石的所謂「中央政府」的權威與影響在西南地區實際並不存在，故邊疆問題被當作一種手段，以促進南京自身的威望建設與政權鞏固，而非真正有意解決邊疆問題。就在以上所謂漢藏「親善」關係出現之後不久，1931至1932年，西藏和中國西南的半獨立軍閥之間發生戰爭，彼時南京的這種處理手法變得更加明顯。

從1930年末至1932年底，西藏與西康、隨後又與青海斷斷續續地發生了數次戰爭。在民國時期，戰爭乃平常事，如同美國學者白魯恂(Lucian W. Pye)所言，戰爭通常在公共事務中起決定性作用。在中國社會中，戰爭與軍事行動往往成為最後的主宰，並且是取得政治與經濟目的的一種手段。[38] 因此，我們沒有必要深究金沙江——漢藏之間的實際邊界——兩邊的哪一方要為某場衝突而受責難。事實上，重要的是南京、拉薩與西南軍閥並不排斥戰爭，因為他們或可從戰爭中各取所得。另外，在三方博弈的過程中，每一方都利用當時的流行話語如「邊疆事務」、「國家主權」與「邊防」作為微妙的策略，以獲取支持。更具重要意義的是，探討此邊界衝突使我們得以重新思考1930年代早期中國邊疆問題的實況，而這或可揭示國民政府對西藏的真實態度。

在進入詳細討論以前，我們有必要先研究西康和青海南部的兩個重要特徵。這兩個特徵，即商貿中心和藏傳佛教寺院系統，對於軍閥政權和西藏政府的維持十分重要。商貿中心在當地扮演關鍵角色。西康首府康定長期以來都是川邊的政治與經濟中心，位於通

向四川、雲南和西藏中部的三條大道的交匯點，具有相當的戰略意義。從經濟角度講，自宋代以來，中國茶葉即成為西藏經濟中不可或缺的一部分。康定是茶商匯聚、運輸並銷售成百上千的磚茶茶包往拉薩和青海南部的中心。據一項研究，在1920年代，轉運至康定的邊茶總數每年達一千萬斤，價值兩億銀元。[39]除了茶業貿易，西藏、雲南、青海和中國內地之間的交易和商業價值也極高，而主要貿易皆在康定達成。國民政府成立後，頒佈《全國商會條例》，由於康定是漢藏貿易集散的重鎮，其和上海、武漢在「條例」中被並列為「總商會」的城市。據記錄，在沒有軍事衝突的年頭，該地區的平均商業總值每年可達四百萬銀元。[40]顯然，任誰控制了康定，都有可能壟斷大部分當地稅收。

當地另外兩個重要中心是昌都和玉樹。昌都位於西藏控制的金沙江西岸，在西康與青海邊界中一個具有戰略意義的會合點，也是駐紮和部署大量西藏部隊與彈藥的重要軍事基地。滿清王朝崩潰後，川軍仍佔領此據點數年，但在1917至1918年的邊界衝突中，川軍被藏軍擊敗，被迫撤離。另一方面，自從西藏佔領昌都，即將此地視為與中國作戰的前線。從戰略上而言，昌都陷落即意味着打開了通往西藏中部腹地的大道，如同大約20年後中國人民解放軍於1950年開進昌都一樣。[41]玉樹是青海南部商品發送與轉運的中心，其重要性在民國早期劉文輝的四川政權和拉薩之間的緊張局勢增加之後大大地提高：商業往來的直接渠道被截斷，來自中國內地的邊茶和其他產品不得不先運到玉樹，然後發送到拉薩或青海南部的其他蒙古族或藏族牧區。當印度或西藏的商品運往中國內地時，也經歷同樣過程。[42]此外，玉樹商業樞紐的位置也招來四川和青海軍閥長期以來的虎視眈眈，欲據為己有，從而徵取大量稅收與當地資源。1931年，回民馬氏家族在玉樹建立軍事基地，強化了在該地區本已牢固的控制。[43]

另一值得注意的重要特徵是藏傳佛教寺院系統。若我們對寺院

制度沒有基本了解，則難以理解近代西藏史上的事件。寺院系統對
於大乘佛教與南傳佛教的哲學體系皆為關鍵，有佛教處即有寺院。
藏傳佛教的寺院體系與其他寺院體系有重要的區別。藏傳佛教寺院
不僅在宗教與文化層面上扮演重要角色，也在政治、經濟和金融等
方面具有重要影響。在康區，寺院通常為自給自足的單位，擁有數
百僧侶，由具有較高聲望與地位的活佛或「呼圖克圖」(hutuktu) 主
持。大寺院常坐擁巨大財產，包括奴隸、莊園、牧區和牧民。他們
有自己的法庭與監獄，組織自己的衛隊，擁有上千的槍枝與馬匹，
以作防衛之用。[44]

　　當康區的寺院和特定土司制度相互結合時，一種緊密的施主與
僧侶之間「檀越」關係即得以發展。[45]大寺院常派高級喇嘛加入當地
土司和部落頭人管理的政治機構中，這種政治機構的地位由朝廷授
予，在當地事務上享有一定的自治權。同樣，當地土司和部落頭人
常送他們的親屬 (有時為其子之一) 到寺院為僧，以便在寺院事務中
施加影響。此外，作為寺院的施主，當地土司和部落頭人會將資產
贈予寺院，以換取後者在他們所控制的地區的宗教支持，從而鞏固
其統治。[46]

　　除了參與地方政治事務，康區的寺院也涉足貿易與商業活動。
據一項資料顯示，在民國早期，「寺廟商」控制了康區50%以上的商
業活動。同時，有超過14,000名僧人為「僧商」。在548所寺院中，
有一半同時涉及貿易壟斷，比如茶葉、布匹、鹽，所涉資本總額達
一千萬銀元之多。[47]顯然，不論是中國西南的軍閥還是達賴喇嘛，
皆不願失去這些重要商貿中心，或由他們支持的藏傳佛教寺院，因
為這是政權財政收入的重要來源。

　　在1930至1931年，南京的蔣介石政權面對來自全國多個棘手的
問題。1930年春，內戰爆發，所有內地主要軍閥皆起兵反蔣，戰事
持續了數月。南京平定叛亂後不久，由於對時為立法院長的粵系領
袖胡漢民的非法拘捕，政府分裂為寧系與粵系，最終導致另一個國

民政府於1931年5月在廣州成立。中國內地紛擾不斷的局面，難免使拉薩的達賴喇嘛懷疑蔣介石是否有能力號令西南地區。在跟西南中國軍閥打交道時，他越來越只能選擇依靠西藏自身的實力了。[48]

1930年夏，在漢人控制的甘孜地區，白利寺和大金寺之間發生了一起爭端。曾於大金寺出家的白利寺住持，想把白利寺的財產併入大金寺。這想法遭到跟白利寺住持關係欠佳的白利土司強烈反對。白利寺住持召來大金寺僧人，佔領了白利村。當時駐紮甘孜的劉文輝部隊出面干預，並與武裝僧侶發生衝突，大金寺要求拉薩派兵至康區增援。達賴喇嘛立即派遣藏軍抵禦漢人，把劉文輝部隊驅逐出白利、甚至甘孜的大部分地區。[49]劉文輝與拉薩皆聲稱對方應對此次武裝衝突事件負責。在指控與反指控之中，達賴喇嘛要求蔣介石派調解人員前往協商停戰。蔣介石同意，但南京官員尚未抵達康區，藏軍卻已繼續東進，佔據了金沙江東岸包括瞻對與甘孜在內的大量地區，還一度逼近至距康定不遠的地方。[50]

不難斷言，白利寺擁有劉文輝的支持，而大金寺則與達賴喇嘛政權有着不尋常的緊密關係。然而，為何一個地方衝突最後會演變成大規模的漢藏邊界戰爭？事實是，雙方皆期待一場戰爭能滿足各自的需要。對於西藏政府來說，失去對康區如此重要的寺院據點的控制，將意味着失去對本地區的政教影響力，以及當時迫切需要的經濟利益。此外，西藏也希望藉由一場軍事上的勝利，獲得更多土地，並有可能確定漢藏邊界至金沙江以東地區。另一方面，至1930年底，當時仍控制四川大部分地區的劉文輝，其獨特地位也受到四川其他軍閥的嚴重挑戰，特別是田頌堯將軍與劉文輝之侄劉湘。1931年初，有關田頌堯和劉湘聯合軍事行動以對付劉文輝的謠傳，就一直沸沸揚揚，因此，我們可以合理推論，劉文輝很可能故意在邊界地區製造緊張局勢或武裝衝突，以吸引注意。這樣，他便有極為正當的理由，以「邊防」的名義向南京政府要求更多資源。除此之外，一旦邊疆出現緊張局勢，而劉被公為中國領土完整的捍衛者，

準備與西藏開戰，則令敵方不得不重新考量是否發動攻擊。[51]

南京方面卻有不同想法。從現實的角度來看，不論是劉文輝還是拉薩最後贏得戰事，國民政府皆不可能實際獲益。國民政府從未有效控制過康區的任何地方，也從沒有在其商貿活動中抽取過豐厚稅收，更從未對西康或青海部隊下達過那怕最輕微的命令，儘管他們名義上已改編為國民革命軍的一部分。諷刺的是，對於一個沒有甚麼可以損失的政權而言，一場戰事反而提供了一個契機，讓其可以進行一定程度的政治與軍事滲透。[52]

1931年11月，經過冗長而艱難的談判，南京來的調解人唐柯三終於與西藏代表達成共識，簽訂了一份臨時協議，允許拉薩佔有金沙江以東包括甘孜和瞻對在內的重要據點。[53]由於在西南地區無所損失，南京並不擔心邊界的實際劃分。由於實質利益受到了威脅，劉文輝對此結果完全不可接受。劉文輝於是指示他在康定的媒體向全國散佈西康局勢惡化的新聞，宣稱西藏部隊在英帝國主義支持下，正在中國西南地區發動大規模軍事進攻。他還煽動地方團體、商會、同學會組織遊行，攻擊唐柯三「割地賠款，喪權辱國」。[54]面對如此政治僵局，國民政府只得決定不再介入，任由康藏糾紛得不到解決。[55]

在避免調解工作的同時，南京卻利用如此混亂的局勢，派自己的勢力前往西康，以削弱劉文輝的影響，並在當地建立可能的據點。就在漢藏協商進行的同時，蒙藏委員會委員格桑澤仁以負責國民黨黨務，宣傳孫中山三民主義精神，造福邊疆的名義前往西康。[56]1932年2月，格桑澤仁在宣稱已獲得南京授權之後，先招募當地匪徒與逃犯組織武裝衞隊，然後解除了駐紮在巴安的劉文輝部隊，收繳其武器與軍事裝備，隨後宣佈成立「西康省防軍司令部」，並自任司令。他又任命政府官員，發出招募當地男子當兵的命令，還豎起了「康人治康」的旗幟，以反對劉文輝的統治。[57]據劉文輝的指控，格桑澤仁甚至暗地裏與藏軍合作，藏軍指揮官允諾給他更多軍事支

持。從1932年4月底至夏季，格桑澤仁與其西藏盟軍對劉文輝在四川西南的部隊發動進攻，一度佔領康區南部與雲南北部邊境著名的產鹽地鹽井，在四川、西康和雲南等西南省份引起恐慌。[58]不過，格桑澤仁的部隊不久之後被劉文輝鎮壓，劉聲稱制服了一起地方叛亂。這樣，南京想在西康建立據點的嘗試，以失敗告終。

1932年4月，類似事件再次發生。青海南部的兩所寺，一由拉薩支持，一由當地青海部隊支持，因在糧食收獲與農產品的分配上意見不一，發生糾紛。一場地方爭端最終演變成兩所寺院之間的武裝衝突，雙方皆號召支持者增援。[59]1932年4月，藏軍進攻青海南部，佔領玉樹；另一支藏軍則向康定方向東進，目的大概是要佔領此重要城市。

新一輪的邊界衝突給國民政府提供了另一個擴大其影響至中國內亞的契機。1932年初，蔣介石的軍事影響甫伸延至甘肅南部，正試圖對中國西北的其他部分施加更多控制。一位南京分部的軍官奉命前往會見時為回民地區軍事強人的馬步芳，討論可能的軍事新部署，以鞏固「邊防」。[60]馬步芳明白南京旨在削弱其在青海的影響，故有意誇大玉樹戰事的惡化局面，向南京索求更多的彈藥、物資與金錢。事實上，蔣介石的部隊既無意亦無法在3,000米以上的高原與西藏人開戰，南京只好暫時打消這種念頭。[61]

馬步芳不僅巧妙地迫使蔣介石放棄干預其地盤的意圖，還積極地準備佔領昌都，那裏儲存有大量彈藥、糧食與物資。[62]1932年5月，馬步芳與劉文輝採取聯合行動，他們皆願意為各自的利益作戰。西藏軍隊逐漸失去優勢，至7月，被驅逐出甘孜地區，並被迫進一步退回金沙江以西。但劉文輝和馬步芳卻依然不斷地向南京發送告急函電，強調戰況危急以及與藏人作戰的艱難，為捍衛領土完整而要求更多的援助和支持。以青海主席馬麟的電報為例，儘管部隊已將藏軍驅逐出境，他卻透過西安楊虎城給南京寫道：「謹請轉呈中央，第一對西南問題作整個之籌劃，青康事件，同一背景，應

圖3.1　馬步芳部隊準備與藏人作戰（1932年2月）。《玉樹近事記》（1933）

付辦法宜取一致態度，時示機宜，俾有遵循；第二對軍用品及汽車
電機等物質上之必需品，非由中央直接接濟，不足以顧危局。」[63]然
而，如前所論，由於在這些邊界衝突中沒有實質獲益或失利，蔣介
石及其政府並不關心在這些不時發生的衝突中誰勝誰敗。在外交層
面，當面對來自英國政府有關漢藏邊界危機的壓力時，南京拒絕任
何的外交干預，而僅僅答覆英國，彼衝突乃「中國內部事務，政府將
會合適處理」。[64]

　　另一方面，在國內，南京政府則利用他們作為「中央政府」的地
位，增進他們對軍閥的軍事和政治權威。1932年9月，參謀本部召
集西防會議，在會議上，南京第一次有合法理由去調查——如果不
是干涉的話——西南和內陸地區的事務。[65]參加此次會議的有來自
陝西、甘肅、青海、四川、西康和雲南各地軍閥的代表，雖然有關
此次會議的細節尚需研究，但可以肯定的是「邊疆問題」、「邊防」與

圖3.2　青海部隊與西康部隊在玉樹慶祝擊敗藏軍（1932年5月）。《玉樹近事記》（1933）

「國家完整」等詞匯給各方提供了一個獲取利益的理想話語。例如，
南京聲稱，召開這樣的會議旨在促進中國西南邊陲之和平，但就在
會議剛剛結束，青海當局即宣佈成立一個省委員會，以為「財政整
理」，用以抽取更多的稅收來源，其成立的官方理由是漢藏邊界的局
勢惡化而導致的軍事開支。此外，甘肅南部富裕且具有戰略意義的
拉卜楞寺時為國民黨控制，為收回它，青海政府甚至催促南京中央
重劃省界。代理主席馬麟所提出的理由，是這所格魯派寺院和拉薩
秘密合作，使軍隊面臨雙重威脅。[66]

西康建省：一種邊疆與少數民族的視角

　　1932年10月，劉文輝與西藏簽署停戰協定，其原因，與其說是
南京當局在中國西南地區的影響的結果，不如說是由於四川軍閥之
間新起的內戰。劉湘的部隊最終發動進攻，使得劉文輝不得不與撤

退的藏軍協商停戰,以免腹背受敵。劉文輝勢力保持金沙江以東作
為他們的邊界,西藏則佔有金沙江以西的土地。數月後,馬步芳與
西藏在青海南部簽署類似停戰協定。雙方劃定了一個非軍事區,以
避免衝突,藏軍由於戰敗,被迫撤出本地區,而穆斯林的影響則進
一步向南推進,到達西藏控制的康區的北部。[67]

　　對劉文輝而言,四川內戰是一場災難。劉文輝在1933年被其
侄擊敗,被迫將殘兵餘部從富饒的「天府糧倉」撤退到貧瘠、蒼涼且
多山的荒地。劉湘成為四川的新強人,隨後被南京任命為四川省主
席。然而,劉文輝在四川的潰敗卻加速了西康省的建立。西康建省
自晚清以來即被倡議,但在軍閥年代卻被四川軍閥忽略。劉文輝被
擊敗後,急於通過製造省一級的影響而重新獲得在中國政治舞台上
的地位。南京的蔣介石當然也不願看到另一個增長的勢力完全控制
四川,於是急於在中國西南地區建立新的權力平衡。1934年2月成
立的西康建省委員會,可說是這些考量的結果。[68]這種政治態度可
看作是蔣介石設計、對付邊疆軍閥的分而治之的政策。但此發展卻
提供了另一契機,使我們得以重新思考1930年代中華民國的邊疆與
少數民族議題。

　　自滿清王朝崩潰,十三世達賴喇嘛的最大願望是建立一個包括
康區和安多的所有藏族在內的國家,儘管漢人從未放棄對這些地區
的主權。據漢文資料顯示,在英國於1913至1914年的西姆拉會議上
提出將西藏劃分為內藏與外藏後,雖然建議最後被中國拒絕,但北
京實際上準備承認以劃分內、外藏的怒江來作為漢藏邊界,儘管那
時中國仍然牢固地控制着具有戰略意義的昌都要地。北京願意對這
塊地區作出讓步,被認為是中國預感外藏可能永遠地不受中國控制
的反映。[69]

　　和民國早期中國所控制之地相比,1934年劉文輝能夠有效控制
的只有五分之二的西康土地,以金沙江為漢藏實際界線。但是,令

拉薩既驚且怒的是，現在南京不僅宣佈西康省的設立，還進一步宣稱這個新省份的西部邊界直達晚清官員曾經聲明過的太昭（江達），而非金沙江。[70] 國民政府的一些官員確實警告過，如此敏感的政治舉措可能嚴重損害漢藏之間本就脆弱的雙邊信任。[71] 然而，儘管形同虛設，南京還是向全世界宣佈這個新的行政單位的成立，其轄地包括西藏長期管治的地區。

　　通過比較西康省的成立與南京對內蒙古自治運動的政策，我們或可獲得更為清晰的畫面。這兩起事件幾乎同時發生。如同前章所述，蔣介石慷慨地同意內蒙古人民運作自己的政治機構，但卻沒有給他們多少援助。同樣，儘管南京表面上支持劉文輝在西南地區的政治地位，但是政府並沒有給他提供任何實質的幫助，不論是為促進邊疆福祉，還是為最終解決漢藏邊界爭端。[72] 這可能解釋了為甚麼在1932至1939年之間，劉文輝不斷地利用西藏問題作為手段，來拒絕南京或吸引全國人民的注意。有關西藏進攻西康的新聞經常被報道，最後甚至媒體也開始懷疑，劉文輝是否在利用邊疆危機向中央政府索求資源。[73]

　　另一值得注意之處，是西南地區的土司制度的恢復。據喬荷曼（John E. Herman）的研究，早在雍正時期（1723–1735），清廷已經積極地着手一系列計劃，以加強在西南民族中的政治正統與文化威望。[74] 1904年英國入侵拉薩，進一步刺激衰落的清朝發動全面改革，尤其是在自治的邊疆地區進行「改土歸流」。在清朝崩潰前夕，當地土司和頭人的名號悉數被廢除，所有部落成員在理論上皆為中國政府治下的臣民。

　　1931年，國民政府頒佈命令，強調政府不允許土司制度的存在。然而，中央政府法律的制定不一定能下達地方。在西康，以前的土司或頭人的影響力超過政府官員，實屬相當常見。[75] 此外，本土康巴人雖從種族上講是藏民，但亦絕非無條件地接受拉薩的政治

統治，儘管他們對達賴喇嘛的宗教忠誠可能無可改變。例如，以雲南—西康邊界的藏傳佛教寺院為例：當格桑澤仁在康區向劉文輝進攻時，康區的寺院精英先是支持格桑澤仁反對劉文輝。當格桑澤仁被擊敗後，他們又轉而支持劉文輝。但在1930至1931年，當西藏軍隊入侵邊界地區並佔領了當地的鹽井時，他們立即對拉薩表示忠誠並幫助藏人攻擊劉文輝的西康部隊。換言之，當地康巴的政治忠誠隨時可以改變，主要取決於他們對自身利益的評估。[76]

當劉文輝最後認識到，所謂的省政權對西康本土人而言不過是一個外來軀殼，在基礎結構上影響有限時，他決定和本土精英共享權力。於是傳統的土司和部落頭人再度復興，各種官方稱號如「區長」、「村長」、「聯防主任」被採用，以方便並合理化其統治。本土精英需交納賦稅，作為回報，他們擁有對當地事務的全部自治權利。[77]這種合作使得劉文輝和略為改頭換面的土司制度產生了結盟的可能，以應對不論來自西藏政府還是南京政府的挑戰。其結果，是南京以「民族問題」或「邊疆福祉」為藉口，嘗試不惜一切去削弱劉文輝的統治。這個問題將在下章討論。

作者想再次強調，在1920年代晚期，由於西藏的內部困難，才最終導致西藏和南京政權之間發展出一種官方聯繫。1920年代晚期和1930年代早期的英國官方文件以及一些學術著作，常把國民黨描述為熱衷於將西藏整合進中華民國版圖的沙文主義者。[78]然而，在國民政府建政的最初階段，它既沒有能力也沒有足夠的進取動力可以展開行動，而令一個他們宣稱擁有主權的地區回歸中國。不可否認的是，國民黨確實立刻創造出一種令人印象深刻的形象，表明他們會致力於邊疆的保衞、領土的完整以及創造一個五族共和的國家。此外，在南京政府統治的早期，這種形象的創造其實有其必要性，因為當時其政權的合法性和合理性仍備受質疑。[79]舉例而言，據德王敘述，當1931年蔣介石與粵系分裂，相當一部分內蒙古人強烈希望承認廣東政權，並和胡漢民、陳濟棠以及西南地區南京的其

他政治對手合作。可以理解，只要有另一個「中央政府」存在，讓內蒙古人可以為他們的自治運動尋找支持，則他們便有可能將其政治效忠的對象從南京換成廣東了。[80]

　　然而，就西藏而言，南京政府實際沒有領土可以損失，沒有藏傳佛教子民可以治理，從漢藏邊界的商貿活動中沒有稅收或財政資源可以抽取，從西南地區特定的寺院系統中也沒有實際利益可以產生。最重要的是，國民政府從來沒有支配或有效影響過西藏的內部或外部事務，正如1929至1930年的寺產危機所反映的那樣。此種事實在南京對邊疆事務的反應中，不可避免地起了作用，特別當真正危機的確在邊境發生時。在各種有關西藏的問題中，南京採取不同的話語、邊疆政策或民族問題來處理和各省軍閥的內部事務，其目的主要是在中國內地取得宣傳效果、提高合法性、鞏固政權，或有時削弱鄰近邊疆地區、半獨立軍閥政權的統治。

　　同樣地，邊疆軍閥甚至十三世達賴喇嘛，也毫不猶豫地採取相似話語作為掩飾，以達到自身之目的。換言之，官方聲明與理由、政府命令所用的修辭和各方發起的運動中所反映的實際目的之間，存在落差。據青海南部拉薩控制地區的一位前當地政府官員扎娃的敘述，不論拉薩還是軍閥，皆無法在西康、青海或西藏邊區的部落社會進行深層的管治。部落或邊界之間的衝突經常是由當地土司或部落頭人而非地方官員根據傳統部落規則來解決。儘管外部世界通常對這些衝突一無所知，但有時拉薩或各種軍閥政權可能故意誇大，甚或過濾信息以符合其政治或軍事目的。[81]這樣，1920年代晚期和1930年代早期的西藏問題和邊疆與少數民族問題便涉及三方衝突，其含義值得進一步分析。

　　1934年初，南京對一個幾近虛設的西康省的宣告，表明國民政府的領導層是如何看待西藏問題。如此一個省級的政治機構是否正式成立，其實不過橡皮圖章的事，與南京的實質利益並無關聯，因為蔣介石在那裏沒有甚麼可以獲取或者損失。但是，不管拉薩的激

烈反對或可能損害脆弱的漢藏關係，南京正式批准劉文輝的建議。在蔣介石及其追隨者看來，抗衡四川的政治新強人劉湘，比和藏人打交道更重要。因此，很難論斷在南京十年中，國民政府曾經嚴肅地計劃過解決中國西南地區的邊界和少數民族問題。

國家建構是一個國家謀求增加並深化其對社會控制的過程。此外，如同杜贊奇 (Prasenjit Duara) 所指出，近代中國的國家建構包括致力於延伸官僚體制、合理化其運作、通過新行政機構 (包括警察) 增加國家對社區的監督、通過現代學校建立新的文化，還有更重要的是增加其稅收。[82] 由於國民政府在有效控制西藏方面遇到巨大的困難，因此更加努力地去維護他們自以為是的西藏權利，這可能是真的。但是喬荷曼的研究表示，早在康熙、雍正時期已在中國西南地區開始一系列計劃的貫徹實施，包括著名的土司制度的廢除，表明清朝中央政府消除諸多政治與文化障礙和進一步加強對本地區的國家控制的決心。以此為背景，本章所討論的事件，包括1930年代中國西康土司制度的實際復興，讓人不得不懷疑當時南京是否願意或有能力把康區或更遙遠的西藏地方併入其掌控之中。

注　釋

1.　劉文輝 (四川省主席) 致蔣介石，1932年8月18日，YXZG (1993)，第 6冊，頁2577–2579。

2.　這些緊密聯繫包括十三世達賴喇嘛與蔣介互派「特使」、在南京成立永久性的西藏辦事處、官方的禮物和信息互換。參見Foreign Office Annual Report: China 1929, 18, IOL, L/P&S/10/1016; Hugh E. Richardson, *Tibetan Précis*, pp. 36–57, in IOR, L/P&S/20/D222。

3.　姚少華：〈西藏現況與康藏糾紛〉，《新中華》，1930年6月；《大公報》，1930年4月1日，第2版；1930年4月13日，第2版；1930年4月21日，第7版。

4.　Foreign Office Annual Report: China 1930, 13, IOL, L/P&S/10/1016; Foreign Office Annual Report: China 1931, 12, IOR, L/P&S/12/2279.

5. 有關清朝在康區的活動，參見Tatiana Shaumian, *Tibet: The Great Game and Tsarist Russia* (Oxford: Oxford University Press, 2001), pp. 141–168; Elliot Sperling, "The Chinese Venture in K'am," *The Tibet Journal* 1, 2 (1976): pp. 10–36.

6. 關於西姆拉會議的詳細討論，參見Alastair Lamb, *The McMahon Line: A Study in the Relations between India, China and Tibet, 1904–1914* (London: Routledge and Kegan Paul, 1966); Parshotam Mehra, *The McMahon Line and After: A Study of the Triangular Contest on India's North-eastern Frontier Between Britain, China and Tibet, 1904–47* (London: Macmillan, 1974), Part 3.

7. Eric Teichman, *Travels of a Consular Officer in Eastern Tibet* (Cambridge, MA: Cambridge University Press, 1922), pp. 52–59.

8. Charles Bell (British Political Officer in Sikkim) to GOI, 26 May 1921, IOR, MS. Eur. F.80.5d. 關於西藏的現代化改革，見 IOR, L/P&S/10/97 File 1263/1921.

9. Richardson, *Tibetan Précis*, pp. 50–51.

10. Colonel Weir to GOI, 25 August 1930, IOR, L/P&S/12/4163.

11. 肖懷遠：《西藏地方貨幣史》(北京：民族出版社，1987)，頁59–62；N. G. Rhodes, "The Development of Currency in Tibet," in *Tibetan Studies*, ed. Michael Aris and Aung San Suu Kyi (Wiltshire, UK: Aris and Phillips, 1980), p. 267; Weir to GOI, 3 August 1930, IOR, L/P&S/12/4163.

12. 邦達倉家族的興起，源於1910年清朝佔領拉薩後十三世達賴喇嘛給予他們的特權。數年之後，邦達倉所建立的商業帝國不僅延伸至西藏的每一個角落，還擴張到中國的主要城市。關於邦達倉家族，參見Charles Bell, *The People of Tibet* (1928; reprint, Oxford: Oxford University Press, 1968), pp. 128–132; J. W. Gregory and G. J. Gregory, *To the Alps of Chinese Tibet* (London: Seeley Service and Company, 1925), pp. 111–113.

13. 大多數藏商將他們的羊毛出售到印度噶倫堡 (Kalimpong)，但是，由於貨幣上的優勢，印商牢牢地控制了藏商，藏商被迫以羊毛換取棉製品、銅和鐵，而非銀錠或銀錢。這是偽造錢幣危機之後，達賴喇嘛必須依賴邦達倉的原因，邦達倉是當時唯一一個完全獨立於印商，並可與印度人平等交易的藏商。他可能是唯一可以給拉薩政府提供金條和銀條的商人。參見 Weir to GOI, 5 August 1930, IOR, L/P&S/12/4165.

14. Weir to GOI, 20 August 1930, IOR, L/P&S/12/4163.

15. Weir to GOI, 25 and 30 August 1930, IOR, L/P&S/12/4163. 1920年代晚期西藏混亂的貨幣情況也反映在漢文資料中。見頌華：〈藏民反對英人的經濟侵略〉，《東方雜誌》，第26卷，第10號（1929），頁8–10。

16. Weir to GOI, 24 August 1930, IOR, L/P&S/12/4163.

17. 1930年南京的國府文史劉曼卿作為「特使」前往西藏時，達賴喇嘛向她表示了這些想法。見劉曼卿：《國民政府女密使赴藏紀實》（1932年；重印本，北京：民族出版社，1998），頁111–112。

18. 蔣介石與貢覺仲尼（Koncho Chungnay）談話紀要，1929年9月10日，YXSP，微卷，90/1266–90/1267。

19. 石青陽（蒙藏委員會委員長）致蔣介石計劃，1933年，TJDA/XW，卷58；劉曼卿：《國民政府女密使赴藏紀實》，頁112–113.

20. 據漢文資料，是貢覺仲尼首先去拜訪身處北京的蒙藏委員會委員長閻錫山。貢覺仲尼表達了他想向蔣介石傳達達賴喇嘛消息的意願。他的主動拜訪頗使閻驚訝。見閻致南京電報，1929年，YXZG（1993），第6冊，頁2473–2474。

21. 當在拉薩會見劉曼卿時，達賴喇嘛聲明道：「吾知主權不可失，性質習慣不兩容，故彼來均虛與周旋，未嘗與以分釐權利。」見劉曼卿：《國民政府女密使赴藏紀實》，頁113。

22. 閻錫山致南京，1929年，YXZG（1993），第6冊，頁2473。

23. 貢覺仲尼與蔣介石談話紀要，1929年9月14日，YXSP，微卷，90/1280–90/1281；國史館編：《蔣中正總統檔案：事略稿本》（台北：國史館，2003），第5冊，頁146–147。

24. 黃奮生：《蒙藏新誌》（南京：中華書局，1936），頁234。

25. Lampson to Foreign Office, 13 November 1928, FO 371/13218.

26. Foreign Office to Lampson, 31 May 1929, IOR, L/P&S/12/4171.

27. 有關英國政府是否應對國民政府讓步的爭論，反映在下述文件中：India Office to Foreign Office, 29 December 1928, FO 371/13218; India Office to Foreign Office, 17 May 1929, IOR, L/P&S/12/4171.

28. India Office to Foreign Office, 17 May 1929, IOR, L/P&S/12/4171; Foreign Office to Lampson, 31 May 1929, IOR, L/P&S/12/4171; Lampson to Foreign Office, 9 July 1929, IOR, L/P&S/12/4171.

29. 多傑才旦等：《西藏經濟簡史》（北京：中國藏學出版社，1995），頁45–46。

30. 有關這方面的報道，參見 *China Weekly Review* (Shanghai), 6 September

1930, p. 6;《大公報》，1930年4月21日，第7版；*Daily Mail* (Delhi), 29 July and 7 October 1930, p. 6.

31. 參見如，Report from Laden La (British special agent in Lhasa), enclosed in GOI to India Office, 7 May 1930, IOR, L/P&S/10/1088; Weir to GOI, 25 May 1930, IOR, L/P&S/10/1088.

32. "Political and Related Conditions in Yunnan during April, 1930," enclosed in Culver B. Chamberlain (US Consul in Yunnanfu) to the State Department, 25 July 1930, USFR, 893.00 PR Yunnan/19, in *USDS 1930–1939*, reel 45. See also Prem R. Uprety, *Nepal-Tibet Relations, 1850–1930: Years of Hopes, Challenges and Frustrations*, pp. 141–145.

33. Weir to GOI, 30 April 1930, IOR, L/P&S/10/1088.

34. 參見頌華：〈尼泊爾犯藏〉，《東方雜誌》，第27卷，第5號（1930），頁4–6；"National China Re-established Relations with the Kingdom of Nepal," *The China Weekly Review* (Shanghai), 20 December 1930, pp. 4–5.

35. British envoy in Nepal to GOI, 9 September 1930, IOR, L/P&S/10/1078.

36. British envoy in Nepal to GOI, 15 September 1930, IOR, L/P&S/10/1078.

37. 關於這方面的正面評價，參見頌華：〈尼泊爾犯藏〉，頁7；《大公報》，1930年4月1日，第13版。

38. Lucian W. Pye, *Warlord Politics: Conflict and Coalition in the Modernization of Republican China*, pp. 3–7. 關於中國的戰爭及其在民國時期國家建設中的作用，參見Hans van de Ven, "The Military in the Republic," in *Reappraising Republican China*, ed. Frederic Wakeman Jr. and Richard Louis Edmonds (Oxford: Oxford University Press, 2000), pp. 98–120.

39. 賈大全：〈川藏道的興起與川藏關係的發展〉，載洪泉湖編：《兩岸少數民族問題》（台北：文史哲出版社，1996），頁83–84。

40. 同上，頁84；《康定鄉誌》（成都：四川人民出版社，1995），頁168–169。

41. A. Tom Grunfeld, *The Making of Modern Tibet*, pp. 107–109.

42. 《玉樹藏族自治州概況》（西寧：青海人民出版社，1985），頁24、136–137。

43. 同上，頁33–34。

44. 冉光榮：《中國藏傳佛教史》（台北：文津出版社，1996），頁238–283；扎西央宗：〈淺談康區德格土司與改土歸流〉，《藏學研究論叢》，第7輯（1995），頁180–193。

45. 土司制度創立於明代早期，是一種特別的半官僚制度，目的是為擴大中國對北京政府鞭長莫及的當地非漢族群的名義上的控制。參見John E. Herman, "Empire in the Southwest: Early Qing Reforms to the Native Chieftain System," *The Journal of Asian Studies* 56, 1 (1997), pp. 47–74.

46. 《甘孜藏族自治州概況》(成都：四川人民出版社，1986)，頁86–89。

47. 冉光榮：《中國藏傳佛教史》，頁284–327；《甘孜州誌》(成都：四川人民出版社，1997)，頁1246–1247。

48. 1932年9月，在和英國的錫金行政長官(British political officer in Sikkim) Colonel Weir交談時，達賴喇嘛表示他懷疑蔣介石和他的南京政權是否有能力指揮四川軍閥及其部隊。見GOI to India Office, 13 September 1932, IOR, L/P&S/12/4170.

49. 見白利村民致南京書函，1930年6月，YXZG (1993)，第6冊，頁2541–2542；Harry E. Stevens (US Consul at Yunnanfu) to N. Johnson, 7 April 1931, USFR, 890.00 PR Yunnan/30, in *USDS 1910–1939*, reel 44.

50. 石青陽關於西藏事務的未發表的手稿，1933年，第5章，TJDA/XW, vol. 58; 孔慶宗：〈西藏插手西康大金白利糾紛的真相〉，*WZX*，第93輯 (1986)，頁98–115。

51. 南京官員懷疑劉文輝將自己塑造成中國邊疆危機中的英雄形象，這反映在當時國民黨的出版物中。見《中央週報》，第219期(1932)，頁35–36；《中央週報》，第226期(1932)，頁21–22。有關1930年初期四川的混亂局勢及其內戰，參見Robert A. Kapp, *Szechuan and the Chinese Republic: Provincial Militarism and Central Power, 1911–1938* (New Haven: Yale University Press, 1973), pp. 87–92.

52. 美國駐昆明領事的一份報告表示，1931年春，南京曾要求雲南軍閥龍雲代表中央政府，派兵調停康藏邊界衝突。儘管雲南當局不反對這項建議，南京最後決定不讓龍雲涉足這場邊界博弈。見Harry Stevens to the State Department, 7 May 1931, USFR, 893.00 PR Yunnan/31, in *USDS 1930–1939*, reel 44. 今天看來，南京可能想利用西南的混亂局勢而獲取政治利益，儘管最好別讓龍雲之影響伸延至康區。

53. 在談判中，西藏堅持他們對甘孜和瞻對的領土權。問題顯然已不再限於一所寺院爭端，而是拉薩方面試圖通過軍事行動而與中國內地確立一條邊界線。見唐柯三(蒙藏委員會特派員)致南京，1931年11月7日，及其對大金—白利衝突事件的報告，1932年5月28日，*YXZG* (1993)，第6冊，頁2568、2573–2574。

54. 馬福祥致康柯三，1931年12月23日，*YXZG* (1993)，第6冊，頁2570。

55. 行政院指令，1932年3月1日，*YXZG* (1993)，第6冊，頁2571。蒙藏委員會委員長馬福祥在其致唐柯三(蒙藏委員會特派員)的電報中，也令唐從與藏人的協議中退出，因馬覺得南京的一些政敵正利用此事以達政治目的。見馬福祥致康柯三令，1931年12月23日，*YXZG* (1993)，第6冊，頁2570。

56. 《中央日報》(南京)，1932年10月18日，第2版；《中央週報》，第227期(1932)，頁20–22。

57. 見China (Military): Situation reports, War Department, 10 and 25 May and 9 June 1932, *USMIR*, reel 9；《康定鄉誌》，頁333–336。

58. 《中央週報》，第203期(1932)，頁11–13；Charles S. Reed, II (US Vice Consul in Yunnan) to the State Department, 4 August 1932, USFR, 893.0 PR Yunnan/46, in *USDS 1930–1939*, reel 44; Reed's dispatch to the State Department, 2 September 1932, 893.00 PR Yunnan/47, in *USDS 1930–1939*, reel 44.

59. 蔡作禎：〈青藏戰役中我的經歷〉，*QWZX*，第2輯(1964)，頁41–50；編輯組：〈青藏戰爭的內幕〉，*QWZX*，第14輯(1985)，頁128–129。

60. 編輯組：〈青藏戰爭的內幕〉，頁129。這位軍官試圖勸服馬步芳，讓國民黨軍隊與國民黨的政治影響進入青海，以便他們可以共同發展邊境地區。

61. 同上，頁129–130。

62. 據姚鈞將軍(率領青海部隊抗擊藏軍的馬步芳部屬)回憶，馬步芳與藏人作戰主要有三個原因。首先是想奪取昌都的大量資源；其次是藉口「邊疆危機」而從南京索求更多的資源；第三是為他在這場戰爭中的軍事成功而從蔣介石那裏積攢信譽和獎勵。同上，頁134。

63. 馬麟(青海省代理主席)致蔣介石，1932年8月26日，TJWD，卷2，號21013642。類似電報可見於劉文輝和陝西省主席楊虎城致南京的報告。見楊虎城致蔣介石，1932年5月18日，TJWD，卷2，號21006613號；劉文輝致南京，1932年8月18日，YXZG (1993)，第6冊，頁2577–2579。

64. 見Foreign Office Annual Report: China 1933, 21, IOR, L/P&S/12/2279; 羅文幹(外交部長)致蔣介石，1932年10月18日，*YXZG* (1993)，第6冊，頁2580–581。

65. 如果説1929年有關裁軍的會議主要針對中國內地的軍閥，那麼此次

會議可看作是南京解除中國內亞和西南地區的軍閥的首次努力。見賀耀祖(參謀本部次長)致蔣介石，1932年9月20日，TJWD，卷2，號21051479；蔣介石致國民政府，1932年10月3日，ANG，200000000A，121/317–121/320。

66. 陳秉淵：〈馬麟在青海封建割據局面的形成及其建制〉，QWZX，第9輯(1982)，頁27–34。

67. 編輯組：〈青藏戰爭的內幕〉，頁134–135；Richardson, *Tibetan Précis*, pp. 42-43.

68. 劉君：〈簡論西康建省〉，載《民國檔案與民國史學術討論會論文集》(北京：檔案出版社，1988)，頁321–331。

69. 〈蒙藏委員會關於英帝國主義侵略西藏的資料(1905–1915)〉，*YXZG*(1993)，第6冊，頁2419–2422；Parshotam Mehra, *The Northeastern Frontier: A Documentary Study of the International Rivalry between India, Tibet and China* (Delhi: Oxford University Press, 1979, vol. 1, p. 184.

70. 這個嶄新而虛幻的行政版圖描繪在1934年4月於上海出版的一冊地圖集上。它亦被中國的英國官員承認，並發表在英國的地圖集中。見《中華民國新地圖》(上海：申報出版社，1934)；*Philip's Commercial Map of China: Based on Map Originally Edited by the Late Sir Alexander Hosie, Formerly HBM Consul General, China* (London: George Philip and Son, 1948).

71. 有關對西康建省的反對意見，見蔣致余(國府駐拉薩代表)呈蔣介石函，1935年4月11日，TJDA/XW，卷60，編號42355；〈林東海(外交部參事)隨黃慕松專使入藏呈蔣委員長報告書〉，1935年，TJDA/XW，卷61，編號42520。

72. 劉文輝反對正式宣佈西康建省的主要理由是缺少財政來源，而寧願保留「籌備委員會」直至1939年，至此原屬四川的兩個富饒地區被併入西康。見劉君：〈簡論西康建省〉，頁324。

73. 參見允恭：〈藏軍何又侵康〉，《東方雜誌》，第31卷，第7號(1934)，頁4–5。事實上，駐在西南的外交官員也頗疑劉文輝對西藏入侵的聲明。參見Reed II to the State Department, 1 June 1934, USFR, 893.00 PR Yunnan/68, in *USDS 1930–1939*, reel 44.

74. 最著名的是把中國公共教育系統引進邊疆本地的精英中。見Herman, "Empire in the Southwest," p. 48.

75. 張興唐：《邊疆政治》，頁156–158。

76. Reed II to the State Department, 2 September 1932, USFR, 893.00 PR Yunnan/47, in *USDS 1930–1939*, reel 44;《中央週報》，第 217 期（1932），頁 15。康巴不願被拉薩統治的一個原因是後者稅收繁重，見 *XWZX*，第 16 輯（1995），頁 58–61。

77. 《甘孜藏族自治區概況》，頁 88–89；《甘孜州誌》，頁 831–835。

78. 參見如，Tsering Shakya, *The Dragon in the Land of Snows: A History of Modern Tibet since 1947* (London: Pimlico, 1999), 2; Hugh E. Richardson, *Tibet and Its History*, pp. 134–138; Wang Jiawei and Nyima Gyaincain, *The Historical Status of China's Tibet* (Beijing: China Intercontinental Press, 1997), especially Chapter 6; Warren W. Smith, Jr., *The Tibetan Nation: A History of Tibetan Nationalism and Sino-Tibetan Relations* (Boulder, CO: Westview Press, 1998), pp. 228–230. 相似論點可見於英國檔案材料，見 Foreign Office Annual Report: China 1929, IOR, L/P&S/10/1016; Foreign Office Annual Report: China 1930, IOR, L/P&S/12/2279; India Office to Foreign Office, 29 December 1928, FO 371/13218.

79. 從 1928 年至 1933 年，南京不斷面對另一個「中央政府」出現的挑戰：北京國民政府（1930 年 9 月）、廣東國民政府（1931 年 5 月）、福建中華人民共和國（1933 年 11 月）。1931 年 11 月，南京、廣東和上海分別存在三個國民黨中央委員會，都宣稱其合法性。參見郭廷義編：《中華民國史事日誌》（台北：中央研究院近代史研究所，1979–1986），第 2 冊，頁 597–598、615；第 3 冊，頁 39、104、109–110。

80. 參見德王：〈抗戰前我勾結日寇的罪惡活動〉，*WZX*，第 63 輯（1979），頁 20。

81. 扎娃：〈西藏噶廈政府統治下的霍爾措三十九部族〉，*XWZX*，第 5 輯（1985），頁 114–123。達賴喇嘛政權無法統治一個強大有力的、中央集權的國家，導致有些學者認為西藏是一個「無國家狀態的社會」（stateless society），與中亞內陸的伊斯蘭社會類似。參見如 Geoffrey Samuel, *Civilized Shamans: Buddhism in Tibetan Societies* (Washington: Smithsonian Institution Press, 1993), especially Part One.

82. Prasenjit Duara, *Culture, Power, and the State: Rural North China, 1900–1942* (Stanford: Stanford University Press, 1988), pp. 59–64.

第四章

黃慕松使團

「查中藏關係其始本不應由我方先提出討論，今既提出，彼方必
不承認西藏為中國之領土，似當設法善處，以免弄成僵局也。」

「弟意慕松在藏勿必強求藏方表明中藏之政治關係，如萬不得
已可於臨行時送一説帖，與藏方述明漢藏向來親洽之歷史，必
須同心協力以應付環境，與西藏為整個中國之一部，以為將來
交涉之地步，不審兄意謂然否?」[1]

十三世達賴喇嘛在其喇嘛國度做了38年至高無上的領袖之後，
1933年12月17日在布達拉宮圓寂。九世班禪喇嘛因與拉薩當局關
係欠佳，已於1923至1924年從扎什倫布寺出逃，當時仍身處中國內
地而無法立即返回故里，西藏遂成為一個沒有神王的神權政體。不
久，24歲的熱振寺活佛被選為新的攝政，成為這個政教合一政體過
渡時期的領袖。[2]當收到達賴喇嘛圓寂的消息，南京政府立即派遣
使團前往拉薩，官方的聲明稱是向已故達賴喇嘛致祭並授予他封號
與玉冊。過去人們認為，拉薩政府並不樂意聽到國民政府派遣使團
前來的消息，只不過在西藏僧俗大會的壓力之下，最後勉強同意接
待。[3]但是國府官方史料顯示，拉薩當局實際上頗期待這樣一個使團
的到來，以便漢藏雙方可以面對面地嚴肅討論長期的邊界糾紛。[4]不

論西藏政府起初是否歡迎漢人入境，1934年4月，一個由80人組成
的使團，包括官員、隨員、衛兵、轎夫，由參謀本部次長黃慕松將
軍率領，已準備就緒，將途經四川與西康前往拉薩。1934年8月28
日，使團抵達拉薩，並在當地停留了整整三個月，於11月28日離
開。一小部分先遣隊員則在早些時候攜帶黃慕松之禮物由海路經印
度於5月到達拉薩。[5]

　　在黃慕松使團準備出發前往西藏時，有關英國支持的西藏分裂
活動的謠言已在中國廣泛流傳。報紙不僅對英國支持的西藏與日本
佔領的滿洲國政權進行比較，還報道倫敦與東京正商討秘密協定，
其中英國政府將保障日本在滿洲里的權利，以換取英國在西藏的特
殊利益。[6]儘管英國很快向南京澄清謠傳，但這些報道在中國引起不
少反英敵對情緒。舉例而言，由於中國反英的愛國主義與有關西藏
事務信息在四川的幾個縣城傳得沸沸揚揚，當地官員被勒令停止發

圖4.1　黃慕松隨從攜帶貴重禮品進入布達拉宮（1934年9月）。
　　　　《黃專使奉使西藏紀念照片》（1935）

佈此類報道。[7]在上海，新聞報道把所有漢藏衝突歸咎於英國的挑釁而予以譴責，還以諷刺之口吻，將英國代表團未有在國際聯盟為中國在滿洲里的權利進行辯護，跟西藏和英國實際串通聯繫在一起。[8]在致白廳的報告中，英國公使藍浦生 (Sir Miles Lampson) 承認這些事件已在政治與商業上造成影響，儘管他竭力向倫敦解釋，他已設法遏止中國日益高漲的反英情緒。[9]

當清朝顛覆後第一個中國內地的官方使團即將前往西藏之時，中國的邊疆局勢看起來岌岌可危。在東北，滿洲國已經成立兩年多，主政者為清朝末代皇帝溥儀。儘管國聯調查團的結論對中國有利，但未能改變中國的東北地區為日本佔領的事實。隨着滿洲里傀儡政權的成立，中國北方的熱河省與察哈爾省東部又受到1932至1933年日本軍事入侵而進一步落入日本手中。[10]在內蒙古，蒙古地方自治政務委員會在內蒙王公德王的領導下於1934年初正式成立，人們普遍相信德王暗中與日本有密切聯繫。[11]當時另有謠傳說，內蒙古與滿洲里鄰近的幾個小旗也將受日本控制。與此同時，有報道稱，一些具有影響力的蒙古王公獲邀會見北京的日本外交官，討論將內蒙古產品出口到滿洲國的可能性。[12]新疆方面的局勢也不容樂觀。1933年4月，盛世才將軍發動一起政變，此後南京與烏魯木齊之間本已冰封的關係進一步惡化。政變之後，南京派遣政府使團前去烏魯木齊，但盛世才對南京的動機懷有戒心，於是仿效其前任的做法，疏遠南京，日漸靠攏蘇俄，尋求援助。[13]

在黃慕松使團出發之前，諸如此類有關邊疆局勢惡化的新聞報道不一而足，在在讓媒體與輿論熱切期待國民政府願意採取積極行動，以保障邊陲領土。[14]的確，1930年代的中國人民如此期盼頗為合理。不過，當我們把注意力聚焦於使團，則難免懷疑：為何選擇由黃慕松率領這個肩負重任的使團？而非其他重要官員如蒙藏委員會委員長或內政部長？

黃慕松1885年出生於廣東，曾就讀於北京陸軍大學，具有專業的地理測繪技術，這使他在袁世凱時期即備受賞識並得到高度信賴。[15]除了軍事才能，黃氏處理邊疆事務的經歷亦令人印象深刻。這種經歷可追溯至1913年，當時庫倫將爆發反北京的政治騷亂，黃慕松被袁世凱總統任命為國防考察委員而前往外蒙古。此外，黃氏在1925年返回廣東任職於新國民政府以前，曾參與中俄會議，處理過中國東北與蘇俄之間邊界勘分等具爭議性問題。[16]

1927年蔣介石的右派政權在南京成立後，黃慕松深受蔣介石器重，從黃氏一連串職銜可見一斑：國民革命軍總司令部軍官團副團長、北京陸軍大學代理校長、日內瓦世界裁軍大會中國全權代表、國民政府參謀本部次長。[17]更重要的是，黃氏是新疆新軍閥盛世才所聲稱、涉及一次陰謀未遂的主要官員。1933年6月，黃慕松受命為蔣介石政府的「宣慰使」而抵達烏魯木齊。表面上，他是負責調解省府當局與馬仲英之間的糾紛並達成長久和平協議，後者當時正率領東干回民與盛世才部隊作戰。[18]但是，盛世才明顯感覺到南京可能支持東干勢力甚或削弱他在新疆剛取得的地位，於是突然軟禁黃慕松。不久，盛世才更指控新疆政府的三位主要官員參與黃慕松推翻他的陰謀活動而遭逮捕並處死。[19]最後，蔣介石向盛世才妥協，並保證南京將很快承認他在新疆的地位，黃慕松才得以返回南京，未有受傷。但是，在新疆的不愉快經歷使黃慕松相信，中國欲保衛脆弱的邊陲地區，便需採取更為積極主動的政策。[20]這種觀念清晰反映於於他後來在拉薩的活動中。

據一份漢文材料顯示，黃慕松處理邊疆事務的經歷及作為蔣介石親密盟友的地位，使他成為這次出使西藏的不二人選。[21]儘管英印政府同意讓中國使團經過英國領土抵達拉薩，南京卻選擇艱險且耗時的陸路前往，其中途經中國西南地區瘧疾滋生的低地。除了從邊疆與少數民族角度解釋，黃慕松出使西藏在宣傳並提高國民黨在西南省份之威信上，對南京意義重大。

　　黃慕松是1928年以後首位來自蔣介石陣營而進入四川和西康的高級軍官，南京在這兩個地方幾近沒有實際的控制權。這次西藏使命給黃慕松，或更準確地說，給蔣介石提供了一個極好的契機，得以觀察中國西南地區的真實局勢，以獲取有關軍閥政權的第一手資料，聯絡甚至收買當地康巴精英，他們在當地的影響不容忽視。在使團經過四川和西康時，黃慕松向地方官員及居民進行無數次演說，並忙於與藏族及康巴精英聯絡。他接見地方土司、商人與宗教領袖，包括寺院堪布和地位崇高的轉世活佛，也非常樂意接見劉文輝二十四軍的軍官們。[22]黃慕松還給地方要人及寺院送贈大量禮物，這對於蔣介石及國民黨政權可謂出色的政治宣傳。此外，為了評估軍閥的軍事能力，黃慕松甚至要求地方官員安排一次軍事操練。黃慕松作為地理測繪方面的專家，還特別留意途經的城市有否修建軍事機場。[23]

　　人們普遍認為，1934年黃慕松使團關注的純粹是西藏事務。然而，從南京角度來看，黃慕松的使命還包括跟四川與西康的折衷應對，而黃慕松在這兩個地區的活動可謂取得某種程度上的成功。舉例而言，當使團抵達康區，一些當地人認為黃慕松是傳世活佛；而大多數人，包括漢人、康巴和藏人，則把他當成「中國皇帝」派來的「安班」。[24]此外，隨着使團的到來，南京重建威信的政策隨之而來，由於政策以中國的「邊疆福祉」與「五族共和」做幌子，令軍閥難以招架。至於國民政府的西藏議題，可能最重要的一點是，黃慕松在抵達拉薩以前，通過與當地藏人、土司及金沙江以西拉薩任命的官員之間的個人接觸，得悉西藏與英印之間的關係並沒想像中那麼親密，雙方只不過是「彼此利用」而已。[25]

　　經過西南之旅，黃慕松對於採取激進措施以取得立竿見影的結果，信心倍增。舉例，8月15日，在抵達拉薩數日之前，黃慕松在日記上寫道：「歷來觀感所及，深覺……政府對於邊將，尤宜慎重擇人，事之小者，應予邊將以處理全權，萬不能遙制，免因睽隔而

誤權宜，至於和平政策，無可非議，但遇邊釁將開，應責成前線將士確盡守土之責，輕易進攻固不可，棄防潛逃尤不赦，……余以為寧犧牲若干部隊，而不准輕易退防，殊關重要。」[26]

然而，如同下文所論，後來資料顯示，對於黃慕松積極主動解決西藏問題的想法，南京的蔣介石和行政院院長汪精衞卻完全不能接受。

漢藏協商之內情

1934年8月28日，國民政府使團抵達拉薩，受到西藏人熱烈歡迎。黃慕松意識到佛教是漢藏人民共同的信仰，是一股強而有力的團結力量，因此到埗後的首兩週，主要對拉薩周邊重要寺院進行禮節性拜訪。他參觀重要寺院，用前額碰觸前輩達賴喇嘛的法座，並在佛龕前鞠躬禮拜，以示虔誠。此外，他抓緊每個機會告訴藏人，

圖4.2　黃慕松在拉薩向已故達賴喇嘛致祭（1934年9月）。
《黃慕松奉使西藏紀念照片》(1935)

自己也是一個虔誠的佛教徒。每次參觀大寺院，也會派發大量禮
物，包括茶葉、絲綢和中國大洋。他為贏取藏人信任而營造的友好
氣氛很快得到回報：中國人獲准使用他們帶來的無線電台與南京進
行交流。[27]

　　儘管這些禮節性活動令人印象深刻，且看起來親睦友好，中國
使團與拉薩當局之分歧卻早已浮現出來。黃慕松要求拉薩政府安
排一個莊嚴的紀念儀式，讓他可以向已故達賴喇嘛致祭並公開獻上
封號與玉冊，但遭到西藏拒絕，西藏人堅持在進行任何有關政治活
動前，必須先討論關鍵問題，特別是邊界糾紛。[28]黃慕松的要求不
難理解，因為自王朝時代以來，北京朝廷即堅持認為，只有中國皇
帝、即天子擁有為臣屬賜授並頒發封號的權利，而給已故達賴喇嘛
頒發封號與玉冊則具有強烈的象徵意義，代表著西藏是受南京主權
控制的地區。西藏最後讓步，同意先接受封號與玉冊，然後再進行
政治協商，但是要求南京保證在封號與玉冊上沒有出現犧牲藏方權
益的句子或銘文。[29]

　　實際上，在黃慕松離開南京之前，國民政府的邊疆政策官員已
確定三項重要的談判立場。外交方面，西藏需接受歸入於中國國
境之內；政治關係方面，西藏附屬於中國，中國主權應予以恢復；
軍事方面，中國將派軍官訓練西藏部隊，而後者須受中國的統一指
揮。[30]這三項原則顯示，南京最初並不排除與西藏人進行政治談判
的可能。然而，正如前面各章所論，最關鍵的問題是，西藏希望解
決的是長期的漢藏邊界爭端，邊界爭端的解決與西藏的財政、經濟
及安全議題息息相關。在商談過程中，拉薩官員告訴黃慕松，由於
中國不願英國參與漢藏邊界衝突的討論，西藏願意另找別國作為擔
保，希望中國接受。西藏還要求南京設法歸還在1931年的邊界戰爭
中被青海部隊佔領的西藏土地，並承認1931年南京與西藏官員議定
的臨時停戰協定，其中規定金沙江東邊的兩個重要地區(瞻對和甘
孜)受拉薩的行政管轄。[31]

　　回應西藏要求解決邊界爭端上，黃慕松強調新中國的立場，邊
界糾紛與漢藏關係則息息相關，外國勢力無容置喙。[32]然而10月
初，在一份南京致黃慕松之密電中，蔣介石指示他需要極為小心處
理邊界問題，並強烈建議他，若有必要，應擱置協商。[33]蔣介石寧
願擱置邊界糾紛不議的意圖，值得仔細思考。一條固定而明確的界
線，不僅是西藏人，也是劉文輝的最大願望。當黃慕松前往拉薩途
中，經過康定會見劉文輝時，劉文輝已經清楚表明，他渴望邊界糾
紛立即得到解決。劉文輝明確無誤地指出，解決漢藏事務的關鍵在
於界務問題。為解決這個問題，劉文輝提出了一個詳細計劃，從當
時雙方的實際情形觀察，這份計劃的條款看似可行。[34]

　　黃慕松在考察了四川、康區和拉薩後，也希望看到漢藏關係得
到改善。當劉文輝、拉薩政府甚至黃慕松本人，皆期待西康、青海
和西藏的邊界能明確解決時，國民政府的兩個關鍵人物蔣介石與行

圖4.3　黃慕松在康定（打箭爐）（1934年5月），向當地官員與少數民族精英公開演講。
　　　　黃慕松是第一位進入軍閥控制的西南地區的國民政府大員。
　　　　《黃專使奉使西藏紀念照片》（1935）

政院長汪精衛，卻極不願意就此問題展開談判。在此關鍵時刻，蔣介石與汪精衛似乎有意提高解決漢藏邊界糾紛的難度，他們在致黃慕松的密電中指示道，除非西藏願意宣佈他們準備加入中華民國，否則不會討論邊界問題，但這個要求在1930年代初期極不可能實現。[35]事實上，從南京的角度來看，解決邊界糾紛並不一定比擱置問題更為有利。由於南京無法控制四川、青海和西康，軍閥政權可以利用國民政府制定並認可的邊界，以領土完整或邊防為藉口，向南京索取更多財政或軍事資源。此外，蔣介石可能根本無從了解邊疆之真正局勢。

黃慕松未能意識到蔣介石與汪精衛對漢藏協商的真實意圖，這可以從他給拉薩官員的覆函，要求他們釐清西藏想要建立的漢藏關係，得到證實。[36]從黃慕松的立場來看，為了就邊疆糾紛制定可能的解決方案，必須提出這個問題：只要拉薩願意承認西藏是中華民國不可分離的一部分，則邊界劃分不過是「內政事務」，並不難以解決。為說服西藏人加入五族共和的中華民國，以便輕易解決邊界糾紛，黃慕松使團總參議劉樸忱甚至軟硬兼施地問西藏人：「中藏……如非一家，則康、青軍之擊藏軍，直擊外國耳，中央何能加以制止？」[37]

10月17日，西藏的正式答覆，不僅令黃慕松、甚或使南京感到震驚。覆函聲言，西藏是一個佛教國，必須保存雙重的宗教—政治政府體制，若改為民國的政治體制，則與本身體制兩不相容。拉薩還宣稱，西藏是「自主之國」，中國沒有理由干涉其事務或派遣行政與軍事官員駐守拉薩。並再次要求歸還在軍閥控制之下的安多與康區之地。[38]據英國資料披露，西藏人還明確表示，願意為保護他們的宗教政府而戰鬥到底。[39]

黃慕松未經南京同意，要求西藏人表明他們跟中國關係的立場，這種做法使蔣介石與汪精衛大感驚詫。蔣介石認為，使團既不應提出這個問題，也無須要求拉薩官員對漢藏關係明確表態。[40]汪

精衞告訴蔣介石，他曾試圖阻止黃慕松，但是電報到達拉薩已太遲。然而，汪精衞相信，只要黃慕松立即停止與西藏談判，仍可避免僵局。[41]此外，蔣與汪一致同意，考慮到西藏人的負面反應，黃慕松與使團應盡快離開拉薩，返回中國內地，不要再作進一步政治討論，以免造成更難解決的僵局。[42]

然而，不論拉薩還是中國使團的立場，遙遠的南京官員都無法預料或控制。有關西藏傳統宗教—政治體制有可能改變的謠言在拉薩廣泛流傳，引起藏人不安與騷亂。拉薩的一些漢商受到攻擊，幾位中國使團的成員在街上遭到侮辱與威脅。[43]黃慕松與隨員試圖解釋，民國制度與西藏雙重的政府體制並不衝突，但無功而還。不過，當黃慕松告知拉薩官員決定離開時，西藏人才意識到從黃慕松的訪問中一無所獲，於是立即要求黃慕松多停留幾日，希望能夠繼續討論漢藏關係，並有所成果。

黃慕松不顧南京的指示與拉薩可能的反漢情緒，決定留下來。此外，11月初，他在未徵得南京同意下，送給藏人一份詳細的說帖，其要點如下：

一、傳統之政治體制將予保留，允許西藏自治。

二、在西藏自治之權限內，中國不會干涉任何行政舉措。

三、外交事務需聯合行動，所有全國行政事務由中國管理。

四、在西藏實施自治後，中國政府將派一名高級官員駐守西藏，作為中國之代表，對西藏行使主權。一方面他將執行全國行政舉措；另一方他會就地方自治事務提出建議。[44]

11月中，作為回應黃慕松的說帖，西藏提出另一個方案，試圖打破僵局，承認在完全自治的框架之內與有利於西藏領土完整之後，可附屬於中國。根據漢文資料披露，西藏的提案包括以下數點：

一、西藏將成為中國領土不可分離的一部分，但中國須承諾不
　　改變西藏的行政體制。

二、在不損害西藏雙重的宗教—政治政府體制之下，西藏將
　　遵守中國的權威、法律與規章。

三、西藏將保留雙重的政府體制，中國對西藏之內政與軍事不
　　予干涉。

四、西藏將與所有領國繼續保持友好關係。

五、西藏只駐守一位中國代表，其衛兵不超過25人。

六、達賴喇嘛轉世之認證與坐床、攝政之選擇與就職、官員之
　　任命，皆如當前一樣，由拉薩政府自行決定。

七、駐紮在西藏邊境以資防衛的部隊將如當前一樣，由西藏派
　　遣。

八、自1912年以來留在西藏當地的漢人，應繼續由西藏管理。

九、為避免發生進一步衝突，原屬西藏但被漢人佔領之安多與
　　康區的土地應盡快交還拉薩。

十、中國政府不應給任何背叛藏政府而逃到中國的西藏人提供
　　庇護，不論是宗教或是世俗人物。[45]

　　黃慕松認為西藏這份答覆較為溫和，有所「讓步」，或許可在此基礎上進一步協商；相反，南京高層仍認為西藏提出的想法不恰當，不能做為進一步討論的基礎。與此同時，汪精衛再次催促黃慕松與使團盡快回國。[46]南京拒絕對漢藏協商採取積極態度令黃慕松深感挫敗，失望之情在其日記中表露無遺。[47]

一個盛大使團的尾聲

　　離開前，黃慕松在拉薩留下了兩個官員與一套無線電設備，在拉薩成立了一個官方辦事處，這個辦事處一直維持運作至1949年

（見表4.1）。此結果被1934至1935年的中國媒體與當代著述一致公認為國民政府西藏政策的重大成就。舉例，1934年12月15日，具有影響力的《中國每週評論》（*China Weekly Review*，上海）報道說，一位類似清朝時期「駐藏大臣」的駐藏代表，將重新設立，以加強中央政府與西藏的關係，方便指導該地區的事務，報道還說，「據言將任命劉樸忱為駐藏長官，蔣致余為其副」。對於國民政府而言，此類報道可謂有用且大收宣傳之效。[48]

表4.1　國民政府駐拉薩機構負責人（1934–1949）

姓名	任期	曾任職	備註
劉樸忱	1934.11–1935.1	蒙藏委員會委員； 蒙藏委員會總務處處長	1935年1月於拉薩去世
蔣致余	1935.1–1938.1	參謀本部參議	
高長柱	1938.5	九世班禪喇嘛行署參軍	受阻於漢藏邊界，無法到任
張威白	1938.5–1940.3	拉薩無線電台工程師	代理駐藏辦事
孔慶宗	1940.3–1943.10	蒙藏委員會藏事處處長	
沈宗濂	1943.10–1947.7	國防最高委員會參事； 侍從室參事	
陳錫璋	1947.7–1949.7	外交部會計	自1947年7月代理處長； 1949年7月被逐出拉薩

註：西藏政府並未正式承認所有中國駐藏官員的地位。西藏人將這些中國人當作特別的、臨時性的官員，僅在有關協議方面諮詢他們的意見。

資料來源：劉紹林、萬任元、王玉文、孔慶泰編：《民國職官年表》（北京：中華書局，1995），頁982–983。喜饒尼瑪：《近代藏事研究》（拉薩：西藏人民出版社，2000），頁371–372。

　　然而，這並非政治場景背後的真實故事。十三世達賴喇嘛逝世後，新就任的拉薩當局極為憂心忡忡，擔心如果不能在漢藏邊界問題得到圓滿解決，便會動搖他們的統治或受到內部派系的嚴重威脅。這是他們允許中國使團前往西藏的初衷。同樣的考量促使拉薩同意黃慕松留下一兩位官員的提議，以便雙方繼續類似對話。換言

之，西藏人天真地把兩個中國官員當作黃慕松使團的延續，用以協商和解決中國與西藏之間的未來爭端。[49]

黃慕松返回上海後，受到國民黨高層與社會的熱烈歡迎。他舉行了幾次公開演說，並接受媒體採訪。黃慕松在不同場合上努力營造一種印象，那就是西藏不再受英國人影響，漢藏關係得到友好重建。他宣稱中國的影響已經伸延至西藏，清楚表明南京的邊疆與少數民族政策是成功的。[50]黃慕松不久之後被任命為蒙藏委員會委員長，以作為對他率領使團取得傑出成果的獎賞。

儘管黃慕松此行受到普遍讚賞，他在拉薩的表現卻受到使團成員的嚴厲批評。南京外交部參事林東海曾向蔣介石呈交一份秘密報告，強烈譴責黃慕松在拉薩無所作為，軟弱無能。據林東海說，黃慕松沒有採取積極的態度以解決漢藏問題，並對藏人讓步太多。[51]當黃慕松在拉薩時，權威的西藏專家黎丹亦正好率領一個非官方的佛教參訪團訪問當地，他指控黃慕松「辱國誤邊、貪污闇弱」。[52]蔣致余是黃慕松留在拉薩的兩個官員之一，儘管他較為溫和地表達對黃慕松的不滿，卻公開建議南京應派部隊前往西藏，相信使用武力是迫使西藏接受中國控制的唯一有效方法。[53]

諷刺的是，這些曾經如此密切地處理過西藏事務並提倡中國應採取更積極主動的邊疆政策的官員和專家，完全沒有意識到蔣介石與汪精衛的真正意圖。無疑，他們從來沒有想到，正是蔣介石與汪精衛這兩位被公認是中國革命和民族主義運動的繼承人，在關鍵時刻指示拉薩的黃慕松不要進一步與西藏交涉。歸根結柢，正是這兩個人寧願擱置長期的邊界問題不予解決。

打破一個歷史神話

圍繞着黃慕松西藏之行的神話，隨着時間的推移似乎越演越烈。自1913年西姆拉會談以來，黃慕松對拉薩的訪問成為漢藏關係

中最具政治象徵意義的事件，在相關研究領域的著述中，此次使命
的重要性也得到詳細的討論。從漢人觀點寫作的著述無一例外地認
為，黃慕松使團恢復了1911年以來業已喪失的中國對西藏的影響，
將中國當局在拉薩的存在，當成西藏並不排斥可能加入「五族共和之
中華民國」的鮮明證據，這個政治藍圖業經孫中山長期倡議，並為軍
閥時代的北京政府與國民政府所推崇。[54]另一方面，1930年代的外
國觀察報告則毫不猶豫地推斷，十三世達賴喇嘛的逝世給國民政府
一個解決西藏問題的契機，這個契機是「他們自1913年西姆拉會議
破裂以來即已翹首期待」的。[55]其他當代的西方著述儘管不願意，亦
不得不承認在十三世達賴喇嘛去世之後，中國在西藏的影響經此次
使團而得以加強。[56]

　　由於此次使團而讓中國影響得到加強，並使漢藏親密關係得以
重建的思想，不僅是這個領域著作的主流觀點，還成為國民黨（可能
還有共產黨）民族主義宣傳的一部分，並惠及教科書。在本章中，作
者除試圖解構圍繞着1934年黃慕松使團的神話，還將其放在國民政
府的國家建設與政策制定，以及此次使團對提升中央政權威望之貢
獻的背景下，重新評價其意義。表面上，黃慕松在四川和西康的活
動──實質是調查與禮節性拜訪──無疑令當地人民與民族精英
印象深刻，從而給南京政權帶來相當程度的威望。但是，不論黃慕
松對拉薩的訪問如何給1930年代或其後的人們留下鮮明印象，從國
民政府邊疆承諾的立場來看，此次使團很難說是成功的。這不僅因
為南京當局在最後並沒有執行任何實際政策，最為根本的是國民政
府高層領導人並不特別關心西藏問題是否得到解決。

　　在使團離開南京之前，國民政府官員曾制定行動方針，其原則
將用於在拉薩可能舉行的會談。換言之，南京從未認為黃慕松使團
之目的僅在致祭。然而，為何最後在有關使團是否繼續與西藏討論
政治問題時，黃慕松與蔣介石及汪精衛之間卻似乎存在如此巨大的

落差？一個可能是南京的政策制定者對西藏局勢一無所知，所以未能準確評估拉薩對漢藏關係的看法。當拉薩堅決拒絕西藏加入中華民國的提議時，南京高層才會如此震驚，無法提出另一個適當的提案。但更有可能的是，蔣介石與汪精衛有意對西藏事務採取一種模稜兩可的態度。也就是說，蔣介石仍然認為，於西南省份鞏固權力並應對其軍閥敵人，遠比掌控一個依然無法控制的西藏更為重要。蔣介石反對進一步與拉薩協商的態度顯示，在1930年代早期，國民政府高層仍不願落實中國在西藏想像的、虛設的主權。這不免使我們思考，蔣介石及其政權是否真的致力於解決各種漢藏問題，比如長期的邊界糾紛，甚至西藏的政治地位及其與中國的關係等更為基本的問題。1934年的黃慕松使團再一次證明，國民政府高層不過利用邊疆或少數民族議題來鞏固南京的權力與建立威望，而非純為戰略性思考。

　　如同本章所試圖闡釋，至1934年，中央政府的政策制定者與負責邊疆事務的官員之間，對如何處理惡化的邊疆局勢存在重大的差異。那些對邊疆地區有實際經歷的官員如黃慕松與劉文輝，不論動機如何，對邊疆與少數民族事務傾向採取積極主動的方式。但是，南京的國家領導人，比如蔣介石與行政院院長汪精衛，儘管他們在官方場合上堅持中國領土完整與國家統一，卻操縱着邊疆問題以取得其他政治或軍事目的。至於大多數中國人民對邊疆局勢的反應，不過因媒體對個別事件的膚淺報道而有所改變，事實真相永遠不得而知。

　　當然，一個只有兩個官員的辦事處不可能對西藏內部事務施加影響或進行監督，西藏可是一個龐大政體，擁有上百萬居民與無數的官員、職員與士兵。然而無可否認，黃慕松使團帶進的這個小小辦事處，無論在政治上還是心理層面皆引起巨大反響，讓國民政府可以向人民與廣大世界宣稱，他們已經在西藏重建正式辦事處與權

威。但更為重要的是以前被忽略的故事，也就是南京在西南地區威望建設的初步成功，以及1930年代初期中國官員在中國之邊疆與少數民族政策執行方面的意見分歧。無疑，黃慕松使團在這兩個方面皆有所揭示。

注 釋

1. 蔣介石致汪精衛密函，1934年10月27、28日，TJWD，卷3，編號23040418、23040423。

2. Tibetan Kashag to the British Political Officer in Sikkim, 24 January 1934, FO 371/18105.

3. Mylvyn C. Goldstein, *A History of Modern Tibet, 1913–1951: The Demise of the Lamaist State*, p. 144.

4. 見蔣介石致汪精衛，1934年3月7日，CB，05–1918；貢覺仲尼致國民政府，1934年1月8日，*SDYZSDZ*（1991），頁12–13。

5. 黃慕松：〈使藏紀程〉，《黃慕松自述》，頁49、105、136。

6. 見*Osaka Mainichi* (Osaka), 17 October 1932 (newsclip enclosed in the British Embassy in Tokyo to Foreign Office, 20 October 1932), IOR, L/P&S/12/4173; *The Daily Herald* (London), 1 February 1933, 1 (newsclip enclosed in Foreign Office to Lampson, 3 February 1933), IOR, L/P&S/12/4173.

7. W. S. Toller (British Acting Consul-General in Chongqing) to the British Legation in China, 15 December 1932, IOR, L/P&S/12/4173.

8. *The China Weekly Review* (Shanghai), 18 February and 15 April 1933.

9. Lampson to Foreign Office, February 1933, IOR, L/P&S/12/4173.

10. China (Political): Situation report on Inner Mongolia, War Department, 25 April 1933, *USMIR*, reel 12.

11. 見Johnson (US Minister in China) to the Chief of Staff of the United State Army (McArthur), 26 July 1934, in *FRUS* 3 (1934), pp. 76–77, 225–226.

12. China (Political): Situation report, War Department, 29 September and 21 November 1934, *USMIR*, reel 9; US Consulate-General at Mukden to the State Department, 10 January 1934, USFR, 893.01 Inner Mongolia/17, in *USDS 1930–1939*, reel 55.

13. Aichen K. Wu, *Turkistan Tumult* (1940; reprint, Hong Kong: Oxford University Press, 1984), pp. 100–115.

14. 見《申報》，1933年12月25日，頁5以及1934年4月5日，頁4；《世界日報》(北京)，1934年2月2日；《大公報》，1934年3月18日。

15. 黃慕松：《黃慕松自述》，頁1–2；*Who's Who in China: Biographies of Chinese Leaders*, 5th ed. (Shanghai: The China Weekly Review, 1932), p. 113.

16. 黃慕松：《黃慕松自述》，頁2。

17. 黃慕松：《黃慕松自述》，頁2–3；*Who's Who in China*, 5th ed., p. 113. 黃氏的地位還被拉薩官員認為「僅次於蔣介石」。見 "General Huang Mu-sung at Lhasa, 1934," in Hugh E. Richardson, *High Peaks, Pure Earth: Collected Writings on Tibetan History and Culture* (London: Serindia Publications, 1998), p. 432.

18. 關於馬仲英及其與盛世才之間的戰爭，參見 Andrew D. W. Forbes, *Warlords and Muslims in Chinese Central Asia: A Political History of Republican Sinkiang, 1911–1949* (Cambridge: Cambridge University Press, 1986), pp. 52–62; 楊效平：《馬步芳家族的興衰》(西寧：青海人民出版社，1986)，頁100–121。

19. 劉文龍、盛世才致南京報告，1933年6月27日，ZMDZH，第5輯，第1編 (1994)，政治 (五)，頁573–574；Wu, Turkistan Tumult, pp. 179–180; 宮碧澄：〈國民黨在新疆的活動點滴〉，*XinWZX*，第5輯 (1980)，頁36–70。

20. 為了南京能牢固掌控新疆，黃慕松甚至建議將英國影響滲入這個地區，以抗衡早已植根的蘇俄勢力。見黃慕松：〈新疆概述〉，載《黃慕松自述》，頁16。

21. 見孔慶宗回憶錄：〈黃慕松入藏紀實〉，*XWZX*，第5輯 (1985)，頁69–70。孔慶宗後來成為1944至1946年間中國駐拉薩代表，曾參與南京的最初討論。

22. Reed II to the State Department, 1 September 1934, USFR, 893.00 PR Yunnan/71, in *USDS 1930–1939*, reel 44.

23. 有關黃慕松在四川和西康活動的敘述，見其著〈使藏紀程〉，載《黃慕松自述》，頁49–105。

24. 同上，頁62–63、66。

25. 同上，頁78–79、86–87。

26. 黃慕松日記，1938年8月15日條。見黃慕松：〈使藏紀程〉，載《黃慕松自述》，頁98。
27. 同上，頁105–106；*FBZB*（1995），頁22–30；British Political Officer in Sikkim to GOI, 16 September 1934, IOR, L/P&S/12/4177.
28. 黃慕松致蔣介石與汪精衛，1934年9月16日，*SDYZSDZ*（1991），頁60–61。
29. 見黃慕松致蔣介石與汪精衛，1934年9月21日，石青陽致汪精衛，1934年9月22日，*SDYZSDZ*（1991），頁63–64；黃慕松：《黃慕松自述》，頁116–120；British Political Officer in Sikkim to GOI, 6 October 1934, IOR, L/P&S/12/4177.
30. 孔慶宗：〈黃慕松入藏紀實〉，頁77–78。這些原則主要基於1933年蒙藏委員會委員長石青陽致蔣介石的一份秘密報告。關於石青陽的報告，見TJDA/XW，卷58。
31. 見*FBZB*（1993），頁31–34；黃慕松致蔣介石與汪精衛密呈，1934年9月16日，*SDYZSDZ*（1991），頁61；黃慕松：《黃慕松自述》，頁116。
32. *FBZB*（1993），頁34–35。
33. 蔣介石致黃慕松，1934年10月10日，TJWD，卷3，編號23040431。
34. 在計劃中，劉文輝並不反對事實上的邊界線金沙江，他實際要求的只是南京的認可。見*FBZB*（1993），頁10；《中央週報》，第313期（1934），頁15–16。
35. 見蔣介石致汪精衛，1934年10月3日，TJWD，卷3，編號23040476；蔣介石致黃慕松，1934年10月10日，TJWD，卷3，編號23040431；汪精衛致蔣介石，1934年10月20日，TJWD，卷3，編號23040478。
36. 見黃慕松致蔣介石與汪精衛，1934年10月8日，*SDYZSDZ*（1991），頁81–82；黃慕松日記，1934年10月7日條，見黃慕松：《黃慕松自述》，頁124。
37. *FBZB*（1993），頁32–33。
38. 黃慕松致汪精衛，1934年10月17日，*SDYZSDZ*（1991），頁89；汪精衛致蔣介石，1934年10月20日，TJWD，卷3，編號23040478。
39. British Political Officer in Sikkim to GOI, 10 November 1934, IOR, L/P&S/12/4177.
40. 蔣介石致汪精衛，1934年10月27日，TJWD，卷3，編號23040419；蔣介石致汪精衛，1934年10月28日，TJWD，卷3，編號23040423。
41. 汪精衛致蔣介石，1934年10月20日，TJWD，卷3，編號23040478。

42. 蔣介石致黃慕松令，1934年10月28日，TJWD，卷3，編號23040424；
    汪精衞致蔣介石，1934年10月29日，TJWD，卷3，編號23040479。

43. 黃慕松日記，1934年10月16、21、24、29日條，見黃慕松：《黃慕松
    自述》，頁127–130。

44. *FBZB* (1993)，頁40–42；黃慕松日記，1934年11月10日條，見黃慕
    松：《黃慕松自述》，頁132–133。

45. 黃慕松致蔣介石與汪精衞，1934年11月16日，*SDYZSDZ* (1991)，
    頁103–104。

46. 見汪精衞致黃慕松與使團的指示，1934年11月21、22日，*SDYZSDZ*
    (1991)，頁107–108。

47. 11月13日，黃慕松在其日記中寫道：「奉行政院電令停止商詢中藏問
    題，着從速返京云云，邊事棘手，思之悚然。」見黃慕松：《黃慕松自
    述》，頁133。

48. *China Weekly Review* (Shanghai), 15 December 1934, pp. 2–4.

49. 在使團從南京出發以前，國民政府並沒有計劃在拉薩成立辦事處，那
    是黃慕松的臨時決定，他在離開拉薩前夕令劉樸忱與蔣致余留下來。
    此事見於黃慕松11月中旬致南京的最後報告中。見黃慕松致蔣介石與
    汪精衞，1934年11月18日，*SDYZSDZ* (1991)，頁105。

50. 《中央週報》，第347期 (1935)，頁13–14；第350期 (1935)，頁12–14；
    《申報》，1935年2月20日，頁4。

51. 林東海致蔣介石報告，1935年，TJDA/XW，卷61，編號42520。

52. 黎丹之報告，見孔祥熙致蔣介石，1935年8月22日，TJDA/XW，卷
    60，編號42420。

53. 關於蔣致余致南京的意見與建議，見TJDA/XW，卷60，編號42355、
    42356、42357、42358，1935年4月11–12日。

54. 下述著作為這類例子之一：Li Tieh-tseng, *Tibet: Today and Yesterday*,
    pp. 168–172; 楊公素：《中國反對外國侵略干涉西藏地方鬥爭史》(北
    京：中國藏學出版社，1992)，頁211–215；孫子和：《西藏研究論集》
    (台北：台灣商務印書館，1989)，頁169–174。

55. Foreign Office Annual Report: China 1934, 11, IOR, L/P&S/12/2279.

56. 參見如 Hugh E. Richardson, *Tibet and Its History*, pp. 141–143; Alastair
    Lamb, *Tibet, China & India, 1914–1950: A History of Imperial Diplomacy*
    (Hertfordshire, England: Roxford Books, 1989), pp. 232–236; Tsering
    Shakya, *The Dragon in the Land of Snows: A History of Modern Tibet since
    1947*, p. 6.

第五章

「宣慰使」政治

西寧馬主席轉班禪大師惠鑒。密查朱毛殘匪及川北徐匪企圖會
股川西，現正加緊圍剿務期殲滅完，其最後崩潰之末路，非橫
竄康青，即北走甘陝以冀還害邊陲肆其蹂躪。大師為佛教宗
主，康藏蒙青各地之民眾信仰有素，即以大師名義發一普通勸
告，促起各該當地民眾一致覺悟，嚴密地方組織，充實自衛力
量，勿為滅教覆宗之殘匪所欺騙，努力協助軍隊進剿護教，捍
禦危難。以大師聲光法力所被，民眾自必相率風從，實於剿匪
救國之前途，所裨甚大。[1]

　　1937年抗日戰爭的爆發，標誌着戰前十年的結束。結束之前，
國民政府與西藏關係中最重要的事件之一，是九世班禪喇嘛的返藏
問題。自17世紀中葉起，班禪喇嘛與達賴喇嘛在藏傳佛教傳統中，
即被尊為精神與世俗方面的最高領袖。然而，這兩位轉世大活佛之
間的關係，卻並非總是和諧與一致的。[2]在西藏近代史上，十三世
達賴喇嘛與九世班禪喇嘛的關係，由於在稅收方面的不同意見而於
1923至1924年嚴重決裂。他們的衝突最終導致班禪喇嘛出逃中國內
地，在那裏他跟隨從與漢人政權保持親密關係，並在少數民族地區
積極培植勢力。1933年12月，十三世達賴喇嘛圓寂，班禪喇嘛在理
論上遂成為西藏人唯一的最高領袖。班禪喇嘛將達賴喇嘛的去世，

視作他在中國支持下返回故里並肩負西藏之世俗與宗教權力的機
會。四年之後，得到南京的巨大支持與物質資助下，班禪喇嘛終於
抵達中國內亞的青藏邊界。然而，由於1937年夏抗日戰爭爆發，國
民政府指示班禪喇嘛不要繼續前行，官方的解釋是英國反對班禪喇
嘛帶着中國的武裝衛隊返藏，而隨着東亞局勢的惡化，中國不能失
去英國的支持。數月後，班禪喇嘛在青海去世，他返回西藏的願望
終究落空。

　　正如1934年黃慕松使團出使拉薩，長期以來，有關九世班禪
喇嘛返藏的討論同樣存在意見分歧。中國人的著作對此有標準的解
釋，通常揭示班禪喇嘛最後未能返藏，再一次證明了西方帝國主義
的干涉及阻撓中國對西藏行使主權的企圖。[3]另一方面，西方著作則
從一個更寬廣的角度分析事件，指出當時大權在握的拉薩勢力不擇
手段阻止班禪喇嘛返回西藏。[4]一些著作還指出，班禪喇嘛欲攜帶國
民政府的武裝衛隊與人員返藏，是促使西藏與英國反對中國計劃的
最關鍵因素。[5]有意思的是，學者們唯一一致同意的是，隨着1937
年底班禪喇嘛圓寂，暫時勉強解決了國民政府、西藏與英國的一道
難題。

　　問題在於，當1934至1937年之際，蔣介石是否真的樂意班禪
喇嘛返回西藏？由於班禪喇嘛素與南京關係親密，如果他留在中國
西部的內陸地區，對國民政府的政權鞏固、政治宣傳及威望建設有
莫大助益，那麼南京為何要將他送回遙遠的西藏？在其他與中央更
近、但幾乎不為漢人控制的地區，班禪喇嘛也可發揮相同作用。據
已公開的漢文與英文檔案披露，蔣介石及其志友打從最初已非常明
白，當時拉薩和英印政府極不可能接受中國的軍事與政治影響進入
西藏。如果南京確信班禪喇嘛返回西藏非常重要，國民政府為何
不同意拉薩提出的意見，打破僵局，讓班禪喇嘛從海路而非陸路回
藏，從而避免拉薩提出的主要反對理由之一？

本章試圖從新角度來分析此次事件。筆者不會詳細描述九世班禪喇嘛返藏的過程，而旨在調整傳統敘述，將此事放在國民政府試圖於邊陲地區進行國家建構、鞏固南京政權的威望以及推進國民黨的政治宣傳等背景之下，重新評價此次事件。本章還將揭示，班禪喇嘛及其返回西藏故里的願望，如何與國民政府複雜的邊疆與民族政治議題糾結在一起。

西藏兩大活佛的衝突

如同第三章所述，在1913至1914年的西姆拉會議之後，西藏需要建立一支強大的軍事力量並在漢藏邊界大量駐軍，這大大增加了拉薩政府的開支，導致要向包括班禪喇嘛駐錫的扎什倫布寺在內的大寺院徵收特別稅。事實上，拉薩與後藏兩方面之間相當程度的惡感可追溯自1910至1911年，當時康區由於遭受中國人的威脅，需要龐大的軍事開銷。十三世達賴喇嘛督促扎什倫布寺分擔四分之一的軍費，但遭到九世班禪喇嘛的激烈反對，後者只願承擔一小部分費用。[6]

達賴喇嘛與班禪喇嘛的關係在1917年進一步惡化，當時拉薩頒佈一項新法令，要求扎什倫布寺承擔更重的賦稅。由於扎什倫布擁有從前任達賴喇嘛獲得有關額外賦稅的書面豁免狀，班禪喇嘛將之視為對其特權的不合法廢除。1922至1923年，拉薩又給後藏增加一連串新規定，除了以前頒佈對所有扎什倫布寺屬區的命令，另添一道新命令，對扎什倫布寺額外徵收每年約30,000克青稞與10,000兩銀幣的賦稅。[7]班禪喇嘛及其隨從強烈抨擊這些舉措不合法。與此同時，拉薩政府的一些重要官員則向達賴喇嘛進言，稱班禪喇嘛拒絕稅收背後的真正動機，是對達賴喇嘛無上權威的蔑視。扎什倫布寺向英國人尋求調解，班禪喇嘛認為，英國是解決拉薩與扎什倫布寺之間問題的唯一希望。然而，英國出於與達賴喇嘛政府友好關係的

考慮，最終拒絕介入。[8]班禪喇嘛無法獲得英國的支持，加上對拉薩
的幾次抗議亦不成功，深感挫敗，遂於1923年12月26日通過青海
與內蒙古，秘密逃往中國內地。

　　隨後十年，班禪喇嘛踏遍中國各地，並受到歷屆中國政府及其
領袖的尊崇。另一方面，達賴喇嘛對於班禪出走事件深感憂慮，意
識到西藏地方的敵對局勢可能被漢人有機可乘。[9]班禪喇嘛的出走
也使達賴喇嘛甚為難堪，後者創建一個政治統一和中央集權的西藏
政府的意圖，遭受到嚴重影響。達賴喇嘛和漢人的關係冷如冰霜，
班禪喇嘛則剛好相反，他與歷屆北京政權或國民政府皆保持親密關
係，這頗令拉薩政府不安。拉薩與班禪喇嘛派系之間的相互不信任
如此之深，甚至當1930至1931年西藏與川康軍閥發生邊界衝突時，
達賴喇嘛還譴責班禪喇嘛的隨從介入，挑起爭端。[10]

九世班禪喇嘛的返藏問題

　　1933年底十三世達賴喇嘛去世，給了班禪喇嘛一個返回西藏並
繼承後者主持政教事務的極好機會。當聽到達賴喇嘛圓寂的消息，
班禪喇嘛立即向國民政府表達盡快返藏的意願，並向南京保證其返
藏將有利於漢藏關係的發展。1935年3月，班禪喇嘛向蔣介石呈交
一份返藏計劃。在這份報告中，班禪喇嘛展示對國民政府的忠誠，
表示會竭盡所能，在西藏推行政策，為五族共和而努力。他稱「班禪
此次回藏，擬先開闢青、康、衛、藏長途汽車公路以應急需；繼在
重要各縣架設電台、分置郵局；並飭各宗及興辦小學，教授藏文，
以養其讀書習慣，再進而加授中文及科學常識」。[11]與此同時，班禪
喇嘛駐北平代表與英國使館保持密切聯繫，以確保英印政府對班禪
喇嘛回藏的善意。[12]不僅班禪喇嘛及其隨從積極準備回程，中國內
地媒體與輿論在長期以來相信班禪喇嘛「親漢」的背景下，也盼望西
藏在他治理之下，可以徹底解決漢藏問題。一些中國內地報紙甚至

樂觀地期待，達賴既已圓寂，班禪喇嘛將可於數月內返回西藏。[13]

　　如果說南京對於班禪喇嘛返藏並不熱衷，那將是不合常理的；自國民政府時代開始的第一天起，班禪喇嘛即獲高規格的禮遇。國民政府不僅授予班禪喇嘛一連串尊貴的封號與政府職銜，班禪喇嘛正式派駐幾個大城市 (如南京和北平) 的辦事處也由國民政府慷慨資助。[14] 1932年，班禪喇嘛被任命為「西陲宣化使」，具有部會首長的地位。達賴喇嘛去世不久，他進一步成為國民政府委員，這大概是他在漢人政府體制內所能得到的最高榮譽。為協助他返回西藏，一個直屬行政院的「班禪行轅」正式成立，這個行轅配有一名漢人專使、300名護送官兵，以及大約700名包括班禪喇嘛及堪布會議廳成員在內的隨員。行轅並得到國民政府全面的財政、政治與軍事支持。[15]南京為班禪喇嘛、其隨從及行轅的全體職員設計了一條回藏路線，即自北平出發，經由內蒙古、甘肅、青海和西康返回拉薩。

　　在拉薩當局看來，九世班禪回藏極為危險，可能影響到自身利益，是一個棘手但又不可避免的問題。從宗教的角度講，在達賴喇嘛去世後，西藏政府自然沒有理由反對他們的最高佛教領袖回來；但在政治上，拉薩絕不願意放棄其世俗權力，也不願面對權力可能被一個流亡派系削弱的現實。這種權力掙扎鮮明地表現在拉薩與班禪喇嘛隨從的協商之中，爭端主要包括歸還班禪喇嘛1923年被沒收的莊園、他允許擁有的軍隊的數量，以及他應該為西藏的軍事費用支付多少等問題。[16]拉薩的恐懼，也表現在其對南京的反應上。最初，在表達願意歡迎班禪喇嘛回來的同時，西藏官員堅持他應該經印度回藏，這顯然是想把問題推給英國人，因為英國人擁有發給簽證的最終決定權，從而可以阻止任何不受歡迎的中國勢力進入西藏。[17]後來，當拉薩了解到班禪喇嘛建設西藏的鴻圖大計，並知悉他將由漢人官員與士兵護送從陸路進藏時，拉薩的態度變得敵對起來，甚至堅持除非漢藏問題得到令人滿意的結果，否則藏方不會歡

迎班禪回藏。顯然,拉薩當局把班禪喇嘛建設西藏計劃的實現,與中國支持班禪喇嘛派系控制西藏聯繫在一起,他們甚至決定,如果班禪喇嘛堅持前往青藏邊界,便會進行武裝抵抗。[18]

長期以來,倫敦與新德里皆希望看到一個和平自治的西藏,他們可以與之保持友好關係,這樣的一個西藏可以充當緩衝區,從而保護印度東北邊境不受外國影響。到了1935至1936年,新疆已經在蘇俄的強烈影響之下,甚至新疆獨裁者盛世才的對手馬仲英在被盛擊敗後,也逃亡蘇俄。在中國西南地區,當時共產黨正長征經過四川和西康,引起英國的深切關注,擔心共產黨的影響將從北部的新疆與東部的西康滲透入西藏、印度和緬甸。不過,在共產黨影響可能滲透前,英國必須面對國民政府勢力可能以追逐紅軍為名而從西南地區前來。[19]儘管英國在1923年拒絕介入拉薩與扎什倫布寺之間的派系糾紛,但1933年達賴喇嘛去世以及班禪喇嘛將在南京護送下返藏的可能性日益增加之下,迫使英國面對班禪喇嘛回藏的棘手問題。然而,英國的態度極為明確:他們歡迎班禪喇嘛和平返藏,如果有必要,他們將出面調停。但是,英國政府不同意南京以任何理由,將中國軍隊開進西藏。[20]因此,英國抗議南京派遣軍隊的意圖,認為這是對1914年西姆拉條約的破壞,並將他們的憂慮透過外交渠道清晰傳達給中國。[21]

不論西藏與英國如何直接表達他們對中國勢力進入西藏的反對,南京的態度卻堅定不移。國民政府宣稱,300名武裝部隊純為班禪的「私人護衛」,而且派遣衛隊的做法與清朝「前例」相同。[22]與此同時,南京對班禪喇嘛及其隨行人員的資助也令人印象深刻。儘管南京財政吃緊,並不願就班禪喇嘛建設西藏計劃所可能需要的財政支援做出保證,[23]1935年,國民政府給班禪行轅準備了240,000元費用的預算,1936年又增加額外的206,000元。[24]此外,班禪喇嘛「私人護衛」所擁有的武器包括2,200支來福槍、26門機關槍、2門山炮以及10,000枚手榴彈,全是從蔣介石直屬部隊撥出來。[25]南京對班

禪行轅給予如此強大的軍事與財政支持，我們當然不難理解西藏與
英國為何會如此焦慮，並反對班禪喇嘛返藏。事實上，在班禪喇嘛
返藏事件的最後階段，有關中國武器進入西藏的問題成為爭端的主
要原因，而且直至1937年12月1日班禪喇嘛去世，這個問題仍未能
解決。

國民政府的「宣慰使」政治

　　如果國民政府必須成功護送他們信任的盟友九世班禪喇嘛返回
他們一直宣稱擁有主權的土地，那麼為何南京不與西藏、甚或與英
國協商並有所讓步，從而達成和平協議？國民政府應該知道，如果
班禪喇嘛能夠成功返回西藏，意味着他們將在西藏取得強大立足點
與實際利益。即使班禪喇嘛不能立即完全控制西藏的政治事務，中
國仍然可以向世界宣稱，他們有足夠威信來解決西藏的派系之爭與
內部糾紛。這對於南京政府國家形象的塑造以及在邊疆地區進行主
權建設來説，無疑至關重要，並且是十分光彩的宣傳手段。所以，
儘管拉薩和英國提出反對意見，蔣介石為何仍然堅決支持班禪喇嘛
帶着中國衛隊從陸路返回西藏？為甚麼南京會為班禪行轅提供如此
大量的資源和支持，卻又拒絕對班禪喇嘛的西藏現代化構想提供財
政支持？作為比較，在1930至1932年的邊界衝突中，當劉文輝與馬
步芳向南京政府要求增撥資源以對抗西藏部隊時，為何蔣介石卻不
願提供必要援助？

　　事實上，南京政府不過是利用班禪喇嘛，把他當作一枚棋子，
以將他們的影響帶到邊疆地區，並對付蔣介石1930年代中期的政治
對手──主要是半獨立的軍閥政權與共產黨。儘管利用宗教、少數
民族與邊疆等議題來為自己的行動尋求正當理由，南京主要關注的
仍是在中國內亞擴大其權威並進行國家建設。雖然南京以不妥協的
堅定態度，公開支持班禪喇嘛返藏，但在政治煙幕彈的背後，蔣介
石的真正意圖如何，顯然有待進一步探討。

考試院院長戴傳賢於1935年3月寫給蔣介石一封私人信函,從中似可窺見端倪。戴在信中認同蔣的看法,即應盡速指導班禪喇嘛回到「青海」,但非「西藏」。戴傳賢相信,如果班禪喇嘛能夠在青海逗留一段日子,那麼以他在少數民族中的威望,以及他和國民政府的良好關係,將幫助南京贏得青海與內蒙古地區人民的信任,同時加強國民政府在這些地區的威望。戴傳賢認為,這對國民政府而言,將是軍事與政治上的雙贏局面。[26]戴傳賢在信中也贊成蔣介石親自為班禪喇嘛及其隨員設計的返藏路線,認為這是當時可行的最佳路線。作為蔣介石在邊疆與少數民族事務方面信賴的顧問,戴並進一步向蔣介石提議,應趁機在內蒙古推行軍事教育計劃,這至關重要。這項計劃將包括徵召少數民族士兵,讓他們直接受命於南京,並籠絡少數民族精英分子,為國民政府效力。[27]

事實上,1930年代初西藏本部即有謠傳稱,漢人將讓班禪喇嘛留駐在青海,而非將他送回國民政府全無影響力的西藏。1931年9月,在一份提交給新德里上司的觀察報告中,英國駐錫金行政長官威廉遜(F. W. Williamson)也注意到,班禪喇嘛的一些隨從最近被派往青海。表面上,這些僧官到那裏是為了處理與班禪喇嘛回藏相關的事務。但是威廉遜也透過情報管道掌握得知,國民政府方面的終極希望,並非想班禪喇嘛回到故鄉,而是讓他留駐在青海,代表南京管理這片遙遠與廣大的邊疆地區。[28]

要指出的是,班禪喇嘛並非是唯一一位被國民政府用來建構其與少數民族友好關係、或在邊疆地區取得政治與軍事目的的少數民族政教領袖。內蒙古地區傳統上最有權威的章嘉呼圖克圖便是另一例證。蔣介石不僅協助章嘉活佛設立私人的駐京辦事處,也同樣授予他一連串重要政府職銜。[29]1932年,章嘉被國民政府任命為「蒙旗宣化使」,表面上的任務是在內蒙古宣揚藏傳佛教,但他在很大程度上亦有參與當地政治事務。1932至1933年間,蔣介石提供給章嘉活佛大量武器,以幫助他在內蒙古的「宣化」事業。[30]在利用章嘉

活佛及其重要的宗教影響力之時，蔣介石希望鞏固南京在內蒙古的地位，並與東北軍閥及日本勢力相抗衡。據現存檔案材料披露，在1931至1934年南京、東北軍閥與蒙古貴族有關內蒙古自治運動的協商中，章嘉活佛對於最終達成一項和平協議起到重要作用。顯然，他的取態親南京。[31]

國民政府對七世諾那呼圖克圖的利用，是「宣慰使」政治的另一例證。晚清時期，諾那呼圖克圖曾是康區的世俗與宗教領袖。1909年，他幫助清廷鎮壓康區藏族貴族的叛亂。他在政治上反對十三世達賴喇嘛，並被後者囚禁多年。1923年，他逃離西藏，旅遊到北京，受到民國當局的善待。自那時起，他與漢人政權保持相當親密的關係。在國民政府當政的早期，他先成為蒙藏委員會委員，然後是立法院委員。[32]

1935年，南京任命這位著名的寧瑪派活佛為「西康宣慰使」，表面上是用藏傳佛教教化康區的藏人並宣揚中央政府的善意。然而，由於有南京政府暗中的軍事與財政支持，「西康宣慰使」實際上試圖擴展其影響範圍，同時削弱劉文輝在中國西南地區的統治。諾那先在南京組織了一支擁有300名士兵的武裝衛隊，後來又招募當地康巴匪徒，擴充軍隊。1935年底，諾那呼圖克圖及其「宣慰」使署進駐川康邊界。由於諾那呼圖克圖打着促進宗教與少數民族事務的旗號，劉文輝很難拒絕這位宗教領袖的到來。表面上，諾那呼圖克圖造訪康區的所有寺院，接見當地少數民族精英，代表南京政府賜予豐厚禮物。但暗地裏，諾那呼圖克圖經常秘密會見地方精英分子、土司與部落頭人，鼓勵他們向中國媒體揭發劉文輝政權的獨裁統治。[33]1936年初，諾那竟成功地解除劉文輝第二十四軍數個軍團的武裝，並將其編入私人衛隊組織，他與劉的關係急速惡化。隨後，諾那的衛隊在巴安、甘孜和德格等數地與劉文輝部隊發生武裝衝突，互相指責對方挑起事端。諾那呼圖克圖一度擊敗劉文輝駐紮在幾個縣份的軍隊，控制了相當部分的康區，任命親南京的官員管理當地行政事務。[34]

南京政府還利用七世諾那呼圖克圖來對付路經西南省份的長征紅軍。1936年2月，紅軍長征經過西康地區，南京下令諾那衛隊包圍並襲擊紅軍。當時劉文輝為保存實力，不願正面迎擊紅軍，於是七世諾那呼圖克圖的武裝衛隊成為對抗紅軍的主要部隊之一。[35]劉文輝政權與「西康宣慰使」的公開武裝對抗，雖令南京方面感到不安，但蔣介石仍繼續向諾那呼圖克圖提供大量軍事與財政支持。顯然，南京在很大程度上依賴諾那呼圖克圖在當地少數民族中的威信，以達致政治與軍事目的。[36]然而不幸的是，1936年春，當諾那在康藏邊界率領部隊對抗紅軍時，被共產黨逮捕。他後來被押送至紅軍控制的甘孜地區，並很快於5月去世。不久，整個宣慰使署及武裝衛隊也宣告瓦解。[37]

1933至1934年，國民政府的力量擴展至甘肅省南部，試圖進一步對內亞邊疆的其他省份宣示主權。1933年初，蔣介石的軍事與政治對手馮玉祥以對抗日本侵略與拯救中國做藉口，在察哈爾組織了一支聯合部隊。馮玉祥本想在華北建立反蔣領導的政客與軍閥聯盟，但由於南、北一系列政治操縱的結果，這個運動最後無疾而終。不過，在這個短命的聯盟結束以前，蔣介石陣營極為關心馮玉祥與孫殿英將軍是否會採取聯合行動，當時孫殿英佔領着具有戰略重要性的北京至綏遠鐵路，對國民政府構成重大威脅。蔣介石於是急忙任命孫為青海西北察達木盆地的屯墾督辦，共享馬氏穆斯林家族的政權。蔣介石之目的在於離間並削弱馬氏家族在穆斯林為主導的中國內亞地區日益增長的影響勢力。但是，馬氏家族激烈反對這個做法，鼓動青海的少數民族、宗教領袖及地方團體請願，要求撤銷對孫殿英的任命。[38]雖然蔣介石最後讓步，但南京從來沒有放棄尋找機會，以擴展其權威至中國內亞地區。

班禪喇嘛從陸路返藏，無疑提供了這樣的一個機會。舉例而言，在班禪喇嘛的行轅裏，不僅有來自蒙藏委員會處理西藏與少數民族事務的邊政官員，還有其他如國民黨中央委員會、軍事委員

會、參謀本部與國民政府各單位的大量工作人員。據行政院下達的一份密令，南京秘密地計劃利用班禪喇嘛返藏的機會，詳細調查甘肅、青海和西康等各省的軍事、政治、經濟、地理及文化情況。[39]

班禪喇嘛返藏議題另一個值得關注的部分，在於班禪喇嘛私人武裝軍事力量的組成。人們一直認為，達賴喇嘛去世而班禪喇嘛返藏之議題於1934年出現之後，才有組織中國衛隊的想法。[40]但事實並非如此。早在1929年間，國民政府甫成立不久，南京高層即盤算為班禪喇嘛建立一支規模相當於兩個團的武裝力量。蔣介石不但大力支持此項計劃，還同意給予必要的財政津貼，並有意將這支武裝衛隊與班禪喇嘛及其隨從部署在內蒙古。[41]另一方面，由於南京早以同樣方式利用過章嘉呼圖克圖與諾那呼圖克圖，各省軍閥對於南京方面的真實企圖亦不會不知情。這說明了為何當1935年班禪喇嘛的武裝衛隊正式成立時，不僅拉薩政府，甚至馬步芳與劉文輝也極為憂慮，擔心南京的軍事力量將可能侵入各自的勢力範圍。南京打著「護送班禪返藏」的幌子，命令每省提供必要協助與支援，同時禁止地方政府干涉班禪行轅與衛隊在該地區的任何事務。[42]地方軍閥們也絕不願等閒視之。舉例而言，馬步芳建議南京方面，班禪行轅衛隊的300名士兵從該省的穆斯林中來挑選出來，衛隊首長亦由青海省政府任命。馬步芳還向蔣介石暗示說，由南京中央來任命將長期留駐青海的班禪行轅長官，是極為「不合適的」的做法。[43]但是這一次，蔣介石不願妥協，他直接從南京調派整支衛隊，長官也由南京方面任命。[44]南京與地方軍閥之間的明爭暗鬥，由此可見一斑。

從國家建構的角度而言，班禪喇嘛經陸路返藏，不但能將南京政府的政治與軍事控制帶入內亞邊疆省份，還能夠將這些地區逐步納入國民政府的財政與經濟軌道去。1935年11月，國民政府推動幣制改革，正式宣佈使用新的法幣。當考慮班禪喇嘛及其行轅使用何種貨幣時，南京財政部起初打算用法幣，以便協助法幣在國民政府管轄之外的邊陲地區推行使用。但此建議遭到蒙藏委員會的反對，

蒙藏委員會擔心少數民族和半獨立的各省軍閥可能會拒絕使用法幣，故主張改用銀元。最後，南京決定讓這個人數達千餘人的龐大行轅使用銀元，輔以法幣。[45]結果導致大量法幣經班禪行轅帶入甘肅、青海及西康各省，此乃法幣正式在中國西部的內陸邊陲流通之始。根據內蒙偽政權的一份調查顯示，1937至1938年間，在內蒙和青海流通的法幣總額達1,400,000元。[46]

紅軍長征提供給我們另一個機會探討蔣介石對班禪喇嘛返藏的真實想法。1935年中，由毛澤東和朱德領導的第一方面軍，突然北行，越過金沙江，進入西康，將國軍遠遠地甩在雲南境內的昆明附近。此舉讓紅軍第一方面軍突破蔣介石的包圍，朝中國的西北方向挺進。[47]同年晚些時候，紅軍第二和第四方面軍從雲南與四川進入西康與青海。在張國燾和徐向前的領導下，這支部隊深入西康，設法切斷了康定至巴安的主要道路，攻佔了川康邊境的幾個小縣以及數月前毛澤東部隊飛渡的瀘定橋。這支部隊的先遣隊甚至前行至青海南部的玉樹周圍，與馬步芳部隊相對峙。[48]在西康停留期間，紅軍着手建立根據地，俯視四川盆地。在每個縣份與地區，他們力圖與當地少數民族建立良好關係，並取得一定的進展，好幾個藏族團體加入了長征隊伍。1936年5月，紅軍在甘孜正式宣告成立「博巴政府」，即藏族之蘇維埃政權。[49]從1935年10月至1936年6月，紅軍在西康其他縣份與地區如瀘定、丹巴、道浮和雅安各地，成立了至少十個類似的蘇維埃政權或農民社團，參加者包括共產黨與當地少數民族。此外，1936年康區最大的寺院白利寺，成為紅軍最忠誠的支持者。白利寺活佛甚至利用其宗教影響力，抵銷諾那呼圖克圖對國民黨的宣傳活動，並動員數千寺僧和大量當地人民，為紅軍提供援助。[50]

紅軍初步成功地在漢藏邊界建立起根據地並對四川造成威脅，引來國民政府即時反彈。由薛岳將軍領導的國軍部隊，對紅軍發起大規模追剿。此時此刻，相比於國民黨，西藏政府其實更害怕主張

無神論的中共。換言之，國民政府與西藏政府在對待中國西南地區的共產黨威脅上，實際站在同一陣營，此事實近年來由於一連串函電的公開而得以揭示。從1935年6月起，國民政府與拉薩之間函電往來頻仍，主要討論國軍與西藏部隊聯合軍事行動，從而圍殲毛澤東與朱德部隊的計劃。[51] 南京提議是否集中軍事行動以追剿紅軍時，西藏政府立即表示，願意在有需要時調派其駐守昌都的藏軍部隊，發動進攻。蔣介石對拉薩的合作態度極為欣賞，不僅向拉薩表示謝意，還特別電令馬步芳、劉文輝和國軍將領薛岳，在邊界地區保護藏民，並不惜任何代價避免漢藏衝突。[52] 蔣介石對拉薩的善意還表現在他致中國駐西藏代表蔣致余的指示中。蔣致余因與拉薩高層關係欠佳，建議南京應採取積極政策來解決西藏問題，他甚至認為應該考慮軍事行動。蔣介石指示蔣致余立即銷毀所有發給南京的電報，以免令西藏政府不安。蔣介石對蔣致余在西藏的行為極為憂慮，曾再三要求蒙藏委員會派更能幹的人到拉薩替代蔣致余。[53]

由此觀之，若南京想要獲得拉薩的軍事與政治支持，打擊逃到中國內亞的紅軍，並阻止西南地區的康區藏人進一步支援共產黨，蔣介石在此關鍵時刻斷無激怒西藏政府之任何可能。因此，可以合理地推論，一方面，蔣介石向拉薩提議，確保西藏不與共產黨站在同一陣營；另一方面，他繼續利用班禪喇嘛來鞏固國民政府在內陸地區岌岌可危的地位，而非急急地送他返藏，從而與拉薩當局對抗。1935年6月8日，蔣介石在一封致班禪喇嘛的私人函電裏，力勸他以其名義向內陸邊疆地區的少數民族發表公開聲明，詆毀共產黨，鞏固國民黨在當地的威望。[54] 班禪喇嘛立即照辦，展示了他長期以來對南京的親善態度，以及希望參與反共宣傳的意願。1935年夏，班禪喇嘛在青海各地舉行多場大規模佛教儀式，他不僅向廣大聽眾宣揚佛教教義，且抨擊共產黨為「邪惡」勢力。據其向南京的報告，這些宣傳極為成功，意義重大。[55]

試圖利用班禪喇嘛而達致自身政權目的的，豈止蔣介石一人。

事實上，軍閥們除憂慮南京可能的軍事與政治滲透，並小心翼翼地
對付南京來的官員，也利用班禪喇嘛在當地的留駐，盡可能地擴展
其自身利益。譬如1935至1936年間，馬步芳為了維持其青海部隊，
曾派部下前往南京，要求更多財政援助。南京一開始予以拒絕，但
當青海官員以協助班禪喇嘛返藏與維持行轅及衛隊開銷為由而再次
提出交涉時，南京才勉為其難，同意援助。[56]雖然馬步芳與其親屬
是穆斯林，但仍全力支持班禪喇嘛，從未缺席班禪喇嘛在青海境內
舉辦的各項法會。當班禪喇嘛駐錫於甘青邊界的拉卜楞寺時，甘肅
強人朱紹良也經常前去探望。當班禪喇嘛幫助南京對付共產黨並提
高國民黨的聲望時，軍閥們也利用這位活佛來加強統治的威信，以
及在他們與其勢力範圍內的少數民族之間鋪橋牽線。[57]

班禪喇嘛返藏之最後階段

1936年以後，蔣介石對班禪喇嘛返藏的真實意圖已十分明顯，
班禪喇嘛順利回到西藏的希望已漸趨渺茫。同年，英國曾提出願意
在拉薩與班禪喇嘛之間斡旋，但遭到西藏政府拒絕。另方面，西藏
卻不斷催促英國，希望英方向國民政府施加外交壓力，以撤銷班禪
喇嘛的護送衛隊。[58]西藏政府還重申反對中國人進入西藏，1936年7
月17日，拉薩當局在一份致南京的函電中稱，在漢藏問題尚未解決
之前，「不接受中國軍隊入藏」。[59]

顯然，當時班禪喇嘛返藏的主要癥結，在於行轅官員與衛隊是
否陪同班禪喇嘛一起入藏。儘管英國和西藏對中國之計劃表示抗
議，國民政府的立場卻沒有動搖。英國再次進行斡旋，提出先由中
國衛隊護送班禪喇嘛至漢藏邊界，然後由西藏部隊迎接並護送他回
藏，但遭南京強硬拒絕。[60]毫不奇怪，這種不妥協的態度常被視為
國民政府對外交事務、領土權利和五族共和之國家形象的「革命政
策」；若從另一角度來看，南京的強硬立場不過反映其並不認為有讓

步或妥協的必要：即使班禪喇嘛無法立即回到西藏，國民政府仍可繼續利用他於中國其他邊陲地區的影響力。

1936年間所發生的幾起事件，透露了個中玄機。首先該年3月間，在玉樹成立了一個班禪喇嘛的「西陲宣化使公署駐青康藏三邊辦事處」。對南京而言，班禪喇嘛在少數民族地區的反共宣傳極為重要，且已取得成功，蔣介石認為有必要在青海南部地區建立一個永久的官方據點，以協助班禪喇嘛的「宣慰」活動。[61]若班禪喇嘛返藏會在短期內達成，則南京為何要為他在青海設立另一機構？對此的解釋，看來南京可能在1936年已經只打算暫時護送班禪喇嘛至中國內陸地區安頓下來，而非返回故鄉西藏。

1936年底漢藏邊界發生的零星武裝衝突，進一步凸顯出國民政府的立場。該年10月，駐守在昌都的西藏部隊跨過金沙江，與劉文輝部隊劍拔弩張。當時在康北與青南地區，亦傳出小規模軍事衝突。[62]西康與青海的軍閥認為，藏軍侵犯邊境，與南京對班禪喇嘛返藏的強硬立場有關。馬步芳甚至主張班禪喇嘛與其行轅應離開漢藏邊界，轉移到更加安全的地方，他還提出南京不應試圖將中國官員與衛隊帶入西藏。[63]然而，藏兵進入藏東地區，主要在於防範康區最富有的藏商邦達倉家族的兒子可能發動的叛亂，而非欲對抗中國軍閥。根據拉薩的解釋，西藏事前已知會劉文輝與馬步芳，並向他們保證藏兵不會與中方交戰。[64]

有意思的是，國民政府獲悉此邊境衝突的消息後，不但沒有為班禪喇嘛能夠順利返藏而尋求解決辦法；相反，南京的邊疆幕僚卻利用這次事件，秘密提出一項辦法，其內容與軍閥的建議一致，即讓班禪喇嘛留駐在西康或青海，直到漢藏關係好轉，再作下一步打算。[65]這個原則不久成為南京處理班禪喇嘛返藏問題的指導方針。

1937年7月，抗日戰爭全面爆發。同年11月，蔣介石及其政權失去上海，12月失去首都南京。最終他們被迫遷往中國內地，在四川省重巒疊嶂的背後，於重慶建立國民政府的戰時首都。人們一直

認為，抗日戰爭的爆發亦結束了班禪喇嘛返回西藏的希望，8月19
日，國府行政院正式宣佈，因日本侵華，南京已決定暫緩班禪喇嘛
返藏計劃。[66]據一份外交部的官方聲明顯示，由於中日關係惡化，
中國不能失去英國的支持，故有此決定。[67]可以想見，此聲明與決
定對班禪喇嘛造成巨大打擊，他如此徹底地依賴漢人，若無國民政
府的援助，他不知該如何行動。

　　然而，仔細分析1937年7月7日盧溝橋事變後所發生的事情，
我們發現，南京不過是利用日本侵華做借口，將班禪喇嘛滯留在中
國西部的內陸地區。事實上，就在1937年夏，班禪喇嘛的隨從與拉
薩之間，幾已達成共識：西藏政府大概基於來自寺院集團與傳統上
親漢人的僧俗民眾大會的強大壓力，決定作出讓步，同意國民政府
的護送專使與衛隊進入西藏。反過來，中方需承諾一旦任務完成，
將立即撤回中國，並需同意設一保人見證整個過程。班禪喇嘛擔憂
抗日戰爭的爆發會嚴重阻礙其返藏計劃，故亦作出妥協，承諾會說
服國民政府，待他安全返抵扎什倫布寺後，衛隊就從西藏撤出。[68]
就連國民政府駐拉薩官員在8月間的一份報告也指出，「拉薩態度好
轉，準備迎接班禪喇嘛返藏」。[69]就在班禪喇嘛返藏露出曙光的關鍵
時刻，為何國民政府卻發表讓班禪喇嘛滯留在中國的聲明呢？

　　回答此問題，我們應該在國民政府的威望建設與權力鞏固的背
景下來探討班禪喇嘛返藏議題，而非單純聚焦於國民政府對西藏的
關注。1937年夏，軍事委員會上呈蔣介石的一份機密報告，或可揭
示國民政府對此事的真實意圖。在這份報告中，蔣介石的頂級軍事
幕僚們提醒他，在青海和西康這樣的邊疆省份地區，國民政府仍然
未能全盤掌控軍政大局。這份報告建議，班禪喇嘛留在邊疆地區，
將大大有利於團結當地少數民族，特別是日本及其保護對象，即滿
洲國的統治者，當時也正在向中國的少數民族示好。[70]同時，蔣介
石的軍事幕僚明確指出，如果西藏以武力抵抗班禪喇嘛返藏，國民
政府絕對沒有辦法令劉文輝和馬步芳對藏兵進行還擊。軍事委員會

建議蔣介石，應「特別注意青、康兩省政治」，認為中央政府若欲解決漢藏問題，首先必須有效掌控這兩個地區。[71]

吳忠信也持相似觀點，他是蔣介石親密的政治顧問之一，繼黃慕松為蒙藏委員會新的委員長。1937年6月，吳忠信向蔣介石上呈的一份機密計劃指出，儘管班禪喇嘛返藏一事仍按計劃進行，但是，除非先將西康納入國民政府的穩固控制之下，否則很難制服西藏。[72] 蔣介石顯然同意這些分析。班禪喇嘛在聽到國民政府暫緩其回藏決定後，表示理解。但是他仍然希望能夠與拉薩達成協議，可是最後甚麼也未能實現。由於返藏無望，班禪喇嘛從青藏邊界退回玉樹。[73] 在那裏他病情加重，於1937年12月1日圓寂，為返藏問題劃上句號。

國民政府國家建構的視角

過去對「班禪喇嘛返藏」的研究，幾乎無一例外地把論點放在國民政府與西藏之間相互角力這個角度來看，並得出如下結論：班禪喇嘛之所以未能順利回到西藏，不是國民政府頑固的強硬政策，就是因為西藏堅決抵制漢人的政治與軍事力量進入西藏。但是，過去的研究很少探討其他饒富興味的問題，比如，為何國民政府對班禪喇嘛返藏如此堅持？這些研究也甚少將整個事件與南京在中國廣大邊陲內陸地區的國家建構目的聯繫在一起。

本章揭示，蔣介石及其政權相信，不論班禪喇嘛與其隨從能否成功返回西藏，從南京威望建設與權力鞏固的立場來看，他們皆能從中獲益。即使班禪喇嘛被拉薩當局拒諸境外，南京方面也認為藉派兵護送班禪喇嘛由陸路返藏，國民政府也獲益良多，因為國民政府能夠藉此將軍政機構、影響及改革帶入中國邊陲地區，縱使國民政府尚未在那裏建立權威，但人們普遍想像國民政府在這些地區擁有主權。此外，不論最後出於甚麼原因而使班禪喇嘛無法回到扎什

倫布寺，南京方面皆可向全國人民宣稱，這是由於「英帝國主義」阻撓的結果。另一方面，由於藉口維護中國的民族尊嚴與領土完整，以及關顧中國邊疆與少數民族的福祉，各省軍閥極難抗拒伴隨着班禪喇嘛返藏而來的南京的影響。1937年夏，抗日戰爭的爆發，不啻給予蔣介石一個合理藉口來煞停班禪喇嘛返回西藏的計劃，並勸說他留在中國。蔣介石顯然希望鞏固國民黨政權與中國內亞少數民族的關係，縱然當時班禪喇嘛返藏的協商仍在進行，且前景樂觀。

如前所述，班禪喇嘛並非首位被國民政府利用來應對複雜民族與邊疆問題的少數民族領袖。章嘉呼圖克圖、諾那呼圖克圖以及其他受人尊敬的少數民族和宗教領袖，也被南京以類似方式加以籠絡，比如給予財政津貼、尊貴的名銜官職，甚至為這些領袖組織武裝衛隊，以便利其處理政治事務。作為交換，南京會要求他們利用影響力，幫助國民政府宣傳，並勸說少數民族支持南京。通過這種方式，他們在南京與國民政府實際幾無掌控的邊陲地區架起溝通的橋樑。[74]

根據 H. Lyman Miller 的論證，滿清成功地將廣大地區與不同民族納入王朝領域之內，不僅反映了他們對中國傳統與技術的吸收，而且表現出在處理不同民族問題時，能夠靈活運用少數民族的傳統與其他機制。[75] 羅友枝 (Evelyn Rawski) 也指出，清朝的皇帝制度與中國皇帝的地位並不能簡單對等。她認為，北京的滿族統治者不僅是中國人的皇帝，還是蒙古人的「汗王中之汗王」，以及佛教傳統中的轉輪王 (cakravartin)。因此，清朝的皇帝概念涵蓋各種角色的權威，既體現了基於中國帝制秩序的儒家傳統，也反映了內陸亞洲早期王朝所追求的各種傳統的整合。[76]

這些論點或可幫助我們理解，作為國民政府時期中國的領袖，蔣介石為何會考慮有必要遵循前清王朝的舊例，向當時的少數民族精英示好，其中班禪喇嘛可能是最有影響力及最受人尊崇的人物之一。藏傳佛教的四大活佛轉世系統建立於雍正統治時期，這包括西

藏的達賴喇嘛和班禪喇嘛、外蒙古的哲布尊丹巴和內蒙古的章嘉呼
圖克圖。至國民政府統治時期，外蒙古實質已脫離中國之掌控，
十三世達賴喇嘛長期以來亦希望不受中國影響，獨立統治其神權政
治。因此毫不奇怪，蔣介石會急切地尋求其政權與班禪喇嘛之間的
聯繫，並利用這種聯繫作為國家建設的交易手段。

　　然而，蔣介石畢竟不是滿洲皇帝，他所領導的政權當時也沒有
能力或足夠實力控制這些遺贈自前清王朝的廣大少數民族地區及人
民。南京政府在邊疆與少數民族政策執行上難免帶有局限性，而且
這些政策的目標與最終結果亦難免會模稜兩可，複雜多樣。然而，
當宗教因素與寺院系統仍然在邊陲地區扮演重要角色，當與少數民
族精英人物的個人關係在強化政府對邊疆區域的影響時仍然舉足輕
重的時候，人們很難期待南京這個虛弱的「中央政府」如何能夠做得
更好。[77]

　　美國著名藏學專家梅戈溫在其著《西藏近代史》(*A History of
Modern Tibet*) 中總結九世班禪喇嘛返藏事件的敘述時，評論道：「回
顧此事，中國人顯然失去了一次在西藏建立強烈的親漢人集團的黃
金契機。」[78]事實上，早在1940年代，美國駐中國之外交官即已做
出類似評論，指出班禪喇嘛的去世對中國政府而言是一個重要的損
失，「中國政府對他資助豐厚，安排他返藏，普遍期望他在藏能夠協
助拓展中國的影響」。[79]若把論點放在「中國對西藏」或「中央對周邊」
這種傳統的語境來評判，此類論述或許正確。然而，若從更廣泛的
國民政府的邊疆與少數民族議題及其西藏政策的角度來研究，若將
國民政府的國家建設與其在邊陲地區的威望建設工作一併考慮，班
禪喇嘛未能返藏，究竟是否全然是南京當局的損失，則顯然尚需進
一步斟酌。

注 釋

1. 蔣介石致班禪喇嘛書函，1935年6月8日，TJDA/XW，卷58，編號42212。

2. 有關達賴與班禪之間的衝突以及藏傳佛教各部派之間的敵對與分歧的詳細討論，見Beatrice D. Miller, "The Web of Tibetan Monasticism," *Journal of Asian Studies* 2 (1961): pp. 187–205.

3. 參見如陳謙平：〈英國阻撓九世班禪返回西藏的動因初探〉，《民國檔案》，第4期 (1998)，頁71–78；唐洪波：〈九世班禪返藏問題與英國的阻撓活動〉，《西藏研究論集》，第8輯 (1996)，頁59–74；江平：《班禪額爾德尼評傳》(北京：中國藏學出版社，1998)，頁79–87；楊策、鵬武麟：《中國近代民族關係史》(北京：中央民族大學出版社，1999)，頁338–343。

4. 見Parshotam Mehra, *Tibetan Polity, 1904–1937: The Conflict between the 13th Dalai Lama and the 9th Panchen Lama: A Case Study* (Wiesbaden: Harrasowitz, 1976); Alastair Lamb, *Tibet, China & India, 1914–1950: A History of Imperial Diplomacy*, pp. 249–252.

5. 見Hugh E. Richardson, *Tibet and Its History*, pp. 144–146; Melvyn C. Goldstein, *A History of Modern Tibet, 1913–1951: The Demise of the Lamaist State*, pp. 252–298.

6. 宋之樞：〈記班禪九世離藏與返藏〉，*QWZX*，第6輯(1980)，頁75–76。

7. Goldstein, *A History of Modern Tibet*, p. 112. 1克青稞約為12千克。筆者感謝Charles Ramble提供此資料。

8. David McDonald (British trade agent in Gyantse) to EM. Bailey (British Political Officer in Sikkim), 18 November 1922, IOR, L/P&S/12/4174; 行政院備忘錄，見行政院致外交部，1936年9月2日，AMFA-1，172-1/0018。

9. Mehra, *Tibetan Polity, 1904–1937*, pp. 46–47.

10. 達賴喇嘛致馬福祥(蒙藏委員會委員長)，1930年12月28日，*YXZG* (1993)，第6冊，頁2544；Colonel Weir to GOI, 15 April 1929, IOR, L/P&S/10/1088.

11. 班禪喇嘛呈致國民政府回藏計劃，1935年3月19日，*JBNHFS* (1992)，頁111–12。另見1934年1–2月班禪喇嘛與南京記者的談話摘要，*JBNHFS* (1992)，頁72–74。

12. Foreign Office Annual Report: China 1934, 12, IOR, L/P&S/12/2279.

13. 見《申報》，1934年4月5日，頁4；冷亮：〈西藏問題之真相及其解決問題方法〉，《東方雜誌》，第31卷，第9號（1934），頁15–26。

14. 這些職位包括蒙藏委員會委員與青海省政府參議。南京對班禪喇嘛及其辦事處的財政資助，最初於1929年由閻錫山提出，並得到蔣介石的積極支持。見YXSP，90/1339–90/1340

15. 見黃英傑：《民國密宗年鑑》（台北：全佛出版社，1995），頁234–235；蒙藏委員會致行政院，1934年4月18日，*JBNHFS*（1992），頁118–119。班禪喇嘛1937年去世後，行轅做為國民黨對付軍閥政權的政治工具之一而繼續運作。

16. Foreign Office Annual Report: China 1935, 7, IOR, L/P&S/12/2279.

17. 西藏駐京辦事處致蒙藏委員會函，1934年7月26日，*JBNHFS*（1992），頁86。英國也希望班禪喇嘛經印度而非陸路返回西藏。見Basil Gould's report on Williamson's 1935 mission to Tibet, IOR, L/P&S/12/4175.

18. 西藏駐京辦事處致蒙藏委員會函，1935年5月10日，蔣致余（國民政府駐西藏代表）致蒙藏委員會，1935年5月15日，西藏噶廈致蒙藏委員會，1936年2月1日，皆見*JBNHFS*（1992），頁140、143、263–264。

19. 有關英國對班禪喇嘛回藏政策的詳細討論，可見下述著作，其中大量採用了英國的原始檔案。Lamb, *Tibet, China & India*, Chapter 8; Goldstein, *A History of Modern Tibet*, Chapter 8.

20. British Embassy in China, memorandum, 13 January 1934, IOR, L/P&S/12/4181; Minutes by Teichman, 27 March 1934, IOR, L/P&S/12/4181.

21. 外交部紀要，見孔慶宗（蒙藏委員會參事）致黃慕松（蒙藏委員會委員長）呈，1935年12月10日，*JBNHFS*（1992），頁226–228。

22. 誠允（國民政府所派遣的班禪喇嘛返藏行轅專使）致蒙藏委員會，1936年2月16日，*JBNHFS*（1992），頁278–279。參見Sir A. Cadogan (British Ambassador to China) to Foreign Office, 11 November 1935 and 4 January 1936, IOR, L/P&S/12/4186B.

23. 做為回應班禪喇嘛建設西藏計劃，南京明確指出，中央政府「勢難」在可以預見的將來對西藏發起任何發展計劃。南京還指出，由於中央政府正縮減行政預算，故難以為這些計劃提供巨額款項。見蒙藏委員會紀要，1935年5月24日，*JBNHFS*（1992），頁151。

24. 行政院致蒙藏委員會令，1935年8月10日；蒙藏委員會致行政院，

1936年8月26日，*JBNHFS*（1992），頁179–182、335–339。

25. 國民政府撥給班禪喇嘛及其行轅前往青海的武器清單，見黃慕松致蔣介石，1935年4月27日，TJDA/XW，卷59，編號42202。

26. 戴傳賢致蔣介石之私人秘函，1935年3月20日，GMWX，卷34，頁52–53。

27. 同上，頁54–55。

28. F. W. Williamson (British Political Officer in Sikkim) to GOI, 29 September 1931, FO 676/93.

29. 章嘉活佛在國民政府的重要職銜包括蒙藏委員會委員、國民黨中央監察委員、國民政府委員。見黃英傑：《民國密宗年鑑》，頁233–234。

30. 蔣介石致戴傳賢秘函，1933年6月30日，CB，05–0207。寶力格（Uradyn E. Bulag）最近的著作提供有關章嘉活佛在內蒙古活動，以及其在1930年代與班禪喇嘛及國民政府關係的敘述。見Uradyn E. Bulag, "Going Imperial: Tibeto-Mongolian Buddhism and Nationalism in China and Inner Asia," in *Empire to Nation: Historical Perspectives on the Making of the Modern World*, ed. by Joseph W. Esherick, Hasan Kayali, and Eric Young (Lanham, MD: Rowman and Littlefield, 2006), pp. 260–291.

31. 見章嘉活佛致蔣介石有關內蒙古形勢的秘密報告，1933年6月13日，TJWD，卷1，編號22004526；British Legation in China, "China: Inner Mongolia," memorandum enclosed in Lampson to Foreign Office, 23 October 1933, IOR, L/P&S/12/2287.

32. *Who's Who in China: Biographies of Chinese Leaders*, 5th ed., p. 193.

33. 江安西、來作中、劉俊康：〈諾那呼圖克圖在西康〉，*SWZX*，第29輯（1983），頁64–68；《邊疆事情》（南京），卷3（1935），頁137。

34. 劉湘（四川省主席）致蔣介石，1936年1月25日，TJWD，卷4，編號250052223；顧祝同（四川行營主任）致蔣介石，1936年1月30日，TJWD，卷4，編號25005219；顧祝同致蔣介石密函，1936年2月21日，TJWD，卷四，編號25005199。

35. Arthur R. Ringwalt (US Vice Consul in Yunnanfu) to the State Department, 4 May 1936, USFR, 893.00 PR Yunnan/91, in *US 1930–1939*, reel 44.

36. 周錫銀：〈諾那的部分重要史料輯錄〉，*SWZX*，第29輯（1983），頁91–92。

37. Ringwalt to the State Department, 7 July 1936, USFR, 893.00 PR Yunnan/93, in *US 1930–1939*, reel 44.

38. 青海省政府:《青海三馬》,頁113–125;楊效平:《馬步芳家族的興衰》,頁107–121;China (Military): Situation reports, War Department, 12 April, 18 May, and 1 June 1933, *USMIR*, reel 9.

39. 行政院致蒙藏委員會,1936年2月1日,*JBNHFS*,頁256–257。

40. 參見如Lamb, *Tibet, China & India*, 249; 江平:《班禪額爾德尼評傳》,頁80。

41. 國民政府致閻錫山電報,1929年8月23日和31日,YXSP,微卷號:90/1340、90/1343–90/1344。

42. 行政院令,1935年11月26日,*JBNHFS*,頁219。

43. 馬步芳致南京函,見黃慕松致蔣介石,1935年6月15日,TJDA/XW,卷59,編號42300。

44. 谷正倫(國民政府憲兵司令)致蔣介石函,1935年7月18日,TJDA/XW,卷59;編號42302;蔣介石致谷正倫,1935年7月22日,TJDA/XW,卷59,編號42303。

45. 蒙藏委員會致財政部,1936年2月20日,JBNFHS (1992),頁284;財政部致蒙藏委員會,1936年2月27日,同上,頁289;《玉樹藏族自治州概況》(西寧:青海人民出版社,1985),頁142–143。

46. 見高津彥次:《蒙疆漫筆》(東京:河出書房,1941),頁259–260。作者時任日本支持的偽「蒙古軍政府」政治顧問。儘管法幣於1936至1937年由班禪喇嘛行轅首次帶入中國內亞地區,但是法幣的引入並不意味着其流通成功。在整個抗日戰爭期間,甘肅和青海各省的少數民族很少使用法幣。見《青海省誌》(合肥:黃山書局),第39卷(1997),頁37–39。

47. China (Military): Situation reports, War Department, 12 August and 19 November 1935, *USMIR*, reel 9; Ringwalt to the State Department, 3 October 1935. USFR. 893.00 PR Yunnan/84, in *USDS 1930–1939*, reel 44.

48. James P. Harrison, *The Long March to Power: A History of the Chinese Communist Party, 1921–72* (London: Macmillan, 1972), pp. 250–254; Benjamin Young, *From Revolution to Politics, Chinese Communists on the Long March* (Boulder, CO: Westview Press, 1990), pp. 141–152.

49. 見《甘孜藏族自治州概況》,頁115;張中復:〈中共早期民族政治之研究〉,《西藏研究會訊》(台北),第12號(1991),頁5–6;周忠禹:〈紅軍長征途中民族政策在藏區的初步實施〉,《青海民族學院學報》,期4 (1987),頁14–18。

50. 《甘孜藏族自治州概況》，頁116–117。關於紅軍在長征途中與少數民族
    之間的關係，可參見Xiaoyuan Liu, *Frontier Passages: Ethnopolitics and
    the Rise of Chinese Communism, 1921–1945* (Stanford: Stanford University
    Press, 2004), pp. 81–99; 周錫銀：《紅軍長征時期黨的民族政策》(成都：
    四川民族出版社，1985年)。

51. China (Military): Situation report, War Department, 19 November 1935,
    USMIR reel 9; 蔣致余致楊永泰(蔣介石南昌行營秘書長)，1935年6月
    11日，TJDA/XW，卷60，編號42366；楊永泰致蔣致余，1935年6月
    13日，TJDA/XW，卷60，編號42367。

52. 熱振呼圖克圖(西藏攝政)與西藏噶廈致蔣介石，1935年6月19日，
    TJDA/XW，卷60，編號42372；蔣介石致薛岳、劉文輝、馬步芳令，
    1935年6月25日，TJDA/XW，卷60，編號42373。

53. 蔣介石對蔣致余在拉薩缺乏政治敏感度很是生氣，這一點清楚地表現
    在他與蔣致余及黃慕松的往來函電中。在一份致黃慕松的函電中，蔣
    介石怒氣沖沖地質問蒙藏委員會，為何如蔣致余般的一個「糊塗」人
    會成為南京駐西藏的代表。見拉薩蔣致余致蔣介石電，1935年4月
    11、12日，TJDA/XW，卷60，編號42355、42356、42357、42358、
    42359；蔣介石致蔣致余，1935年5月8日，TJDA/XW，卷60，編號
    42360；蔣介石致黃慕松令，1935年6月18、26日，7月11日，TJDA/
    XW，卷60，編號42406、42409、42412。

54. 蔣介石致班禪喇嘛，1935年6月8日，TJDA/XW，卷59，編號42212。
    關於蔣介石函電的內容，見本章開頭引文。

55. 班禪喇嘛致蔣介石，1935年6月13日，TJDA/XW，卷59，編號42213；
    《邊疆事情》，第3卷(1935)，頁131；《中央週報》，第369期(1935)，
    頁2。

56. 韓海容：〈我為馬步芳向蔣介石要餉的鑽營活動〉，*WZX*，第27輯
    (1989)，頁186–200。

57. 黎宗華、李延愷：《安多藏族史略》(西寧：青海人民出版社，1992)，
    頁213–220。

58. Basil Gould to GOI, 3 August 1936, IOR, L/P&S/12/4186B.

59. 見GOI to India Office, 22 July 1936, IOR, L/P&S/as/4186B; 蒙藏委員會紀
    要，見行政院致外交部，1936年9月29日，AMFA-1，172-1/0018。

60. 國民政府官員不妥協與無所損失的態度，反映在此時期的文件之中。
    見外交部致蒙藏委員會，1936年12月25日；蒙藏委員會致行政院，

1936年12月30日，*JBNHFS*（1992），頁364–367。

61. 見誠允致黃慕松，1936年3月7日；蔣介石致蒙藏委員會指令，1936年3月20日，*JBNHFS*，頁293、298。

62. China (Military): Situation report, War Department, 25 January 1937, *USMIR*, reel 10.

63. 見馬步芳致吳忠信（蒙藏委員會委員長），1936年10月31日和11月2日，*JBNHFS*（1992），頁355–356；馬步芳致蔣介石，見行政院致外交部，1936年11月6日，AMFA-1，172-1/0018。

64. 西藏駐京辦事處致吳忠信，1936年11月26日，AMFA-1，172-1/0018。

65. 蒙藏委員會致行政院呈，1936年11月，行政院致四川省政府指令，1937年3月2日，JBHHFS（1992），頁 359–360。不過，南京不願推動班禪喇嘛及其隨從返藏，亦引起前線處理西藏事務的中國官員的不滿。參見如蔣致余致蔣介石，1937年3月31日，*JBNHFS*（1992），頁396–397。

66. 行政院致班禪喇嘛及其行轅的指令，1937年8月19日，*JBNHFS*（1992），頁452。

67. 外交部致蒙藏委員會，1937年10月1日，*JBNHFS*（1992），頁459。

68. 蔣致余致蔣介石，見行政院致外交部，1937年7月23日，AMFA-1，172-1/0018。

69. 蔣致余之報告，見行政院致外交部，1937年8月17日，AMFA-1，172-1/0018。

70. 軍事委員會致蔣介石機密報告，1937年7月19日，*JBNHFS*（1992），426–429。

71. 同上。

72. 吳忠信致蔣介石，1937年6月21日，GMWX，卷34，頁85–86。

73. British Mission in Lhasa to the Political Officer in Sikkim, 12 October 1937, IOR, L/P&S/12/4186B.

74. 除了本章討論的少數民族高僧，國民政府也尊崇其他民族的藏傳佛教與政治精英，這包括對青海地區有相當影響的敏珠呼圖克圖（Minjur Hutuktu），以及掌控甘肅南部著名的拉卜楞寺的嘉木樣呼圖克圖（Jamyang Hutuktu）。見索代：《拉卜楞寺佛教文化》（蘭州：甘肅民族出版社，1992），頁10–17；德勒格：《內蒙古喇嘛教史》（呼和浩特：內蒙古人民出版社，1998），頁173–201。

75. H. J. Miller, "The Late Imperial State," in *The Modern Chinese State*, ed. David

Shambaugh (Cambridge, MA: Cambridge University Press, 2000), p. 25.

76. Evelyn S. Rawski, *The Last Emperors: A Social History of Qing Imperial Institutions*, pp. 199–200.

77. 民國時期，寺院在中國內地之外的廣大邊陲地區依然具有重大影響力。基於宗教的威望，地方寺院擁有令人驚訝的權力，能獲取資源，維持自身生存，比如向當地人民及追隨者徵收賦稅。儘管自1723年，清政府即已禁止寺院私下徵收賦稅，喇嘛與呼圖克圖還是能夠設法將額定稅收交給政府的收稅人以前，抽取部分以為己用。一所寺院若缺少財政來源，甚至能利用影響力在很短時間內獲得必要的資助。以中國內陸亞洲較鮮為人知的宗教領袖為例：土觀呼圖克圖 (Tuguan Hutuktu) 是民國早期甘青邊界土族地區佑寧寺的活佛，他在屬區內僅有七個村莊。儘管他的名聲不是很大，但是在一次前往附近裕固族地區的短暫旅行中，獲得了124頭牛、146匹馬、90頭羊以及二千餘兩銀元。見 Henry G. Schwarz, *The Minorities of Northern China: A Survey* (Bellingham, WA: West Washington University, 1984), p. 115.

78. Goldstein, *A History of Modern Tibet*, p. 298.

79. US Embassy in China to the State Department, 26 February 1944, USFR, 893.00 Tibet/73, in *USDS 1940–1944*, reel 6.

第三部分

抗戰時期

1937–1945

第六章

西南地區的國家建構

在青海之達賴轉世靈童，青海馬主席有不遵中央命令，屢次藉推延至今，尚未放行進藏，甚為寒心，所喜承蒙鈞座顧念，特派委員長會同主持達賴事，實感戴無涯，今再懇令吳委員長飛青海，將達賴轉世靈兒督促一同，護送入藏，則感德無際矣。[1]

1937年7月，抗日戰爭爆發。不過一年時間，國民政府的首都先從南京遷往武漢，隨後又轉至重慶。然而，國家中心從沿海到西南地區的撤退，並不意味着國民黨政權能有效控制這個地區。相反，盧溝橋事變後國內外環境的變化，不過是國民政府即將面對諸多艱難挑戰的開始。事變之後，國家形象蕩然無存，很可能導致領土進一步分裂。這對於背井離鄉的國民黨「中央」政府來說，尤其是困難重重的問題。至1939年，中國內地存在着兩個漢人傀儡政權，分別成立於北京與南京，皆宣稱自己已取代「腐敗無能」的國民政府，並積極努力地向留守本地的人示好。[2]

在邊疆地區，除了1932年成立的滿洲國，蒙古聯盟自治政府於1937年底在張家口成立，其影響遍及察哈爾與綏遠東部。在名義上，這個自治政府為內蒙古王公德王所領導。[3]此外，1937年底，有關西蒙地區將在日本支持下建立一個「回回國」的謠言傳得鬧哄哄。關於這個回回國，據稱日本已與某位埃及王子達成協議，由他出任

這個國家的領袖,以便獲得中國穆斯林的認同。[4]另有消息說,內蒙古的日本情報人員已經訓練了數千名青年穆斯林,這些青年穆斯林被派往寧夏、甘肅和青海,以削弱當局的權威,由具有強烈穆斯林認同的新政權取而代之。這些謠傳沸沸揚揚,頗使中國西南地區的國民政府官員惴惴不安,他們是否有能力鎮撫潛在叛亂實在令人懷疑。[5]

戰爭開始之後,日本即不遺餘力地向著名的少數民族人士示好,尋求合作機會。這令國民政府在處理中國境內的少數民族事務時,處於極為不利的位置,更何況其統治之合法性已被嚴重削弱。最鮮明的例子之一,發生在1937年底。安欽呼圖克圖是一個藏族人,在信奉佛教的少數民族地區享有盛譽,且是已故九世班禪喇嘛的親密好友。1937年底,滿洲國皇帝溥儀邀請他正式訪問滿洲國,以便在日本支持下宣揚泛佛教徒聯盟的福音。在日本資助下,這位令人尊敬的高僧到訪中國北方、滿洲里與內蒙古,然後返回西藏,據英國報告指出,西藏一度擔心他將促進日本的利益。[6]

與此同時,日本曾數次試圖與西藏合作,以便為蒙古著名的哲布尊丹巴呼圖克圖尋找新的轉世活佛。當1924年八世哲布尊丹巴在庫倫去世,蘇俄禁止尋找新的轉世活佛。抗日戰爭爆發後,東京欲在內蒙古地區培植一位新的九世哲布尊丹巴,因為這樣著名的轉世活佛有利於日本施行社會與政治控制。[7]為了利用哲布尊丹巴問題而拉近其與拉薩當局的關係,日本又做了數次嘗試,勸說幾位具有影響力的藏傳佛教人物如安欽呼圖克圖與外蒙古受人敬重的迪魯瓦呼圖克圖,允諾在西藏境內尋找新的轉世活佛。不過,日本試圖安置新的轉世活佛的努力,最後卻無功而還,因為重慶與英國政府皆向西藏政府施加巨大壓力,令其摒棄這種「危險的」想法。[8]然而,如前所述,在戰爭的初始階段,中國與日本為贏得少數民族而進行的競爭極為激烈。[9]

國民政府首都從沿海向內地撤退,進一步揭示了國民政府在中國西南地區的權威是多麼脆弱。從1938年春至該年底,青海、西

康與西藏當局舉行一連串協商，以解決長期存在的邊界爭端問題。西康與西藏的代表首先在德格會面，擬定出一個解決方案。他們決定，劉文輝政權對拉薩任命的甘孜藏傳佛教寺院中的堪布擁有最後決定權；另一方面，拉薩要求劉文輝出資重修在漢藏邊界衝突中被破壞、為西藏所控制的寺院。[10]與此同時，青海與西藏代表在玉樹集合，達成另一項協議，規定拉薩從1936年邊界衝突中佔領的兩個重要據點撤軍。此外，在西寧當局的強勁壓力之下，拉薩還正式就入侵青海南部的行為向馬步芳表示歉意。西藏還承諾保護穆斯林商人在青藏商道的安全，並允許馬步芳政權在藏北能夠指揮西藏的奴僕與烏拉差役，縱然並不那麼情願。[11]

這些邊境談判在舉行之前，並沒有向蒙藏委員會或向行政院諮詢過意見。[12]甚至就在談判進行期間，當國民政府試圖派官員加入以便「監督」時，也遭阻止。最終，舉步維艱的中央政府只能於事後承認這些協議。[13]此事不僅嚴重削弱政府的威望和信譽，還說明了國內外環境的變化如何使半獨立的省當局可以任意行動。這些官方協定的達成，無視重慶的意見，表明西康與青海政權皆可超越省級權力而獨立運作（如同西藏一樣），這確實頗令國民政府尷尬。

當對西南軍閥作出重大妥協時，蔣介石政權的無能進一步表露無遺。1938年7月，蔣介石為向劉文輝示好，批准將四川寧屬、雅屬富裕的14縣、2設治局正式劃歸西康，劉文輝自1934年以來即不斷提出此項要求，但一直被南京拒絕。重慶還承諾資助劉文輝，以便在其勢力影響範圍內的西南地區，進行公路建設與實施教育計劃。由於可從新地區獲得額外稅收和大量自然資源，劉文輝同意將西康勢力範圍從原先的「建省委員會」提升為正式省份，而且以後將承認國民政府的命令與指示，作為交換條件。他還許諾向蔣介石效忠，儘管這種效忠在當時不過是徒具虛名而已。[14]

不過，當蔣介石試圖讓密友、時任行政院副院長的張群擔任四川省主席而未果時，他經受了另一次重大打擊。1938年初，當前四

川軍閥劉湘突然得病去世，蔣馬上宣佈由張群接任，這是他欲徹底控制四川的第一步。但是，蔣介石的任命遭到幾乎所有西南軍閥的斷然反對。最終，由於無法協調四川不同派系並在當地建立新的勢力平衡，蔣介石在別無他法之下，由其本人擔任四川省主席，達14個月之久，從1939年7月直至1940年11月。[15]

　　儘管國民政府在抗戰初期遇到重重障礙，若因此推測蔣介石不再謀算軍閥以加強其在西南的地位，便大錯特錯了。1939年底的甘孜事件表明，重慶如何竭力通過加強與反對軍閥統治的少數民族社會的關係，來削弱軍閥政權。1937年12月九世班禪喇嘛去世後，其行轅組織以及大量武器與資產成為各種團體覬覦的目標。[16]國民黨為促進與班禪喇嘛派系的傳統友好關係，繼續在財政與政治上支持班禪喇嘛的隨從。1938年5月，考試院院長戴傳賢率領一個大型使團從重慶出發，前往西康北部的甘孜，代表蔣介石向已故班禪喇嘛的隨從致哀。[17]行轅顯然是受到戴的含蓄鼓勵，在甘孜停留了一段

圖6.1　甘孜的封建公主兼土司德欽旺姆（約1934年）。她是1939年劉文輝和已故班禪喇嘛行轅衝突的根源。《黃專使奉使西藏紀念照片》（1935年）

時間，而非東行至康定，在那裏劉文輝可能會堅決控制行轅的隨從與財產。1938年底之際，已故班禪喇嘛的隨從正設法在西康北部建立勢力範圍，以抗衡劉文輝的權威。[18]

當甘孜地方的女土司德欽旺姆有意嫁給班禪行轅的一名軍官時，劉文輝與已故班禪喇嘛派系之間的衝突終於爆發。劉文輝害怕強大的土司與行轅之間的結盟，將嚴重威脅到其在西康的統治，故急切反對此椿婚事。劉文輝首先強制解除了女土司的官印，然後又將其軟禁。1939年12月，行轅反擊，進攻劉文輝駐紮在西康北部的二十四軍。[19]武裝衝突持續了兩個月，行轅遭擊敗，被迫從甘孜向青海南部撤退。行轅的大量武器與資產如救濟品、綢緞、衣物、金錠，統統被劉文輝沒收。歷史再次重演，國民政府未能削弱劉文輝在西康的影響，如同先前格桑澤仁與七世諾那呼圖克圖的例子。[20]

馬步芳：西部中國內陸的支配勢力

抗戰初期，馬步芳佔領着中亞的青海高原，他的騎兵由漢、藏、回、蒙古、東干等民族組成，在中國西南的政治舞台與戰時的漢藏關係中，皆起過重要且具決定性的作用。馬步芳是一個穆斯林，他反共的意識形態與蔣介石的政治信仰不謀而合。因此，抗日戰爭開始之後，蔣介石與馬步芳建立起較為親密的關係，馬步芳當時不僅能夠抵禦日本在內蒙古的活動，還可監視陝甘寧邊區共產黨的活動。最重要的是，從地理上講，青海省在中國內亞具有關鍵地位，因此對於被日本圍攻的重慶政府來說，馬步芳的省政權具有不可或缺的穩定作用。[21]如同1943年的一份英國情報所言，在戰時重慶與內亞草原及高原各民族的所有聯繫中，馬步芳可謂是蔣介石的中間人。據駐中國的英國外交官的觀察，「在中國西北地區的權力平衡中」，馬步芳實際是「最強大的單一因素」。只要他還支持國民黨政權，中國未被日本佔領地區的局勢則可視為處於良好控制之下。[22]

馬步芳對戰時國民政府影響的例證之一，與哈薩克牧民有關。在1938和1941年之間，哈薩克游牧部落的遷移成為中國西北地區最嚴重的問題之一，重慶只得依賴馬步芳。七千餘兇猛、武裝的哈薩克人，從新疆北部的草原向甘肅移動，進入青藏高原，沿途既搶劫又掠奪，對當地政府與人民造成相當大的損失，引起嚴重的國防問題。[23]這些牧民帶來的持續騷亂令國民黨官員無計可施。南進的哈薩克人與西藏部隊的可能聯合遂變成國民政府的噩夢，因為那樣必然給中國西南地區帶來巨大威脅。[24]然而，國民黨政權如此虛弱，無力處理此事，也未能命令新疆省府吸收這些牧民。最後，1941年初，在馬步芳同意下，青海的數片草原進行劃界以安置這些哈薩克人。不過，青海高原哈薩克、藏族與東干人之間的跨部落衝突仍不時發生。[25]

在抗日戰爭初期，馬步芳的政治權力於四川、西康及青海省的邊界劃分一事上表露無遺。1939年底，蔣介石手下的官員建議，為國家安全計，應確立生活在前述三省邊界地區的三個果落部族的管轄權。[26]四川和西康官員皆欲合併三個果落地區，原因是這些地方為重要的商貿與物資集散中心，可徵收大量賦稅。從歷史、地理、民族及國防的角度出發，蔣介石的私人幕僚建議三個果落地區應該劃歸為西康省的一部分。[27]但是，由於從清朝至民國早期，果落部落一直歸青海管轄，蔣介石決定暫時擱置此問題，着令其官員和馬步芳的代表一起作進一步研究。[28]

戰時，馬步芳還在內亞建立起一個強大的經濟與商業帝國。隨着與蔣介石建立較為親密的關係後，大量投資日益從重慶流向馬氏家族。不過數年，馬步芳即建立起私人企業，並開始在青海省境內外壟斷商業活動。其他省份的傳統商業公司、商號、銀行悉被馬步芳接管，馬步芳政權的經濟影響不僅擴展至中國西部，還逐漸伸延到內亞的其他地區，如西藏與日本佔領的內蒙古。至1940年底，馬步芳已在拉薩、蘭州、包頭設立聯絡站，青海商人於此銷售他們的

動物皮毛、藥草、沙金、羊毛，同時從英國和日本換取軍事裝備與戰時物資。據一項調查資料顯示，在抗戰的前半部分，聯合企業中青海所擁有的資本已超過一千萬元。[29]

與此同時，馬步芳的騎兵着扮演重要角色，使得他能夠鞏固在中國內亞的穆斯林統治。在1939和1941年之間，對青海南部部落民新增加的稅收導致當地藏族叛亂，於是馬步芳發動一連串屠殺與鎮壓活動。叛亂很快平息，然而，由於藏族難民從青海向藏北、西康和四川省湧入，引起嚴重的問題，威脅到西南地區的社會秩序與經濟穩定。至1941年，從玉樹流入西藏的難民估計有2,000戶。此事頗令拉薩當局恐慌，因為西藏人極為擔憂馬步芳的穆斯林勢力以此為藉口，入侵藏北。[30]諷刺的是，由於各相關省份沒有有效的解決辦法，最後這個跨界糾紛還是由馬步芳本人來解決，他設法大赦「流亡中」的藏族難民，並招募他們入伍。[31]

也許最能說明戰時馬步芳在中國內亞統治地位的例子，是有關護送新達賴喇嘛前往西藏的事件。當1933年底十三世達賴喇嘛去世後，西藏政府的主要工作是尋找十四世達賴喇嘛。[32]1938年冬，西藏尋訪人員在青海找到的一個名叫拉姆登珠的四歲幼童——即「靈童」——最有可能成為新的達賴喇嘛。此事對馬步芳可謂天賜良機，使他可以發揮政治力量並從中獲取個人利益。當拉薩催促馬步芳送遣靈童前往西藏時，馬步芳乘機向藏政府索取100,000銀元。[33]拉薩勉強同意，馬步芳拿到錢後，卻仍然對靈童的行程安排支吾其詞，聲稱若青海靈童真的是十三世達賴喇嘛的轉世，拉薩應立即確認他的身份。拖延數月，馬步芳終於同意讓靈童作為候選前往拉薩，但是他又向拉薩額外索求300,000銀元及108卷金汁所寫的《甘珠爾》和一整套《丹珠爾》藏文大藏經。[34]儘管西藏表示，由於財政緊絀，無法提供更多款項，但馬步芳仍堅持要求，甚至扣留了訪尋隊伍中的兩名西藏官員，藉口讓他們留在當地成立西藏駐青海代表處。[35]

在與馬步芳協商的過程中，西藏曾直接向重慶尋求援手。拉薩

官員當然不願中國人利用青海靈童到西藏為藉口,派遣軍事護衞。
但是,據他們向拉薩的英國外交人員表示,只要重慶能夠成功保證
青海靈童到達拉薩而不出意外的話,他們也不反對一個小規模中方
代表團通過印度前往西藏。[36]然而,除了發送電報催促馬步芳安排
靈童前往拉薩,國民政府實際亦無能為力,而馬步芳則繼續操縱整
件事。[37]最後是蔣介石為拉薩支付了款項。據中方資料顯示,重慶
高層同意以「坐床大典經費」的名義,代拉薩支付給西寧當局所要求
的400,000銀元,以避免引發西藏對中國的敵意。[38]由於重慶在內亞
的薄弱地位,蔣介石只能全面授權馬步芳安排有關靈童的事務,以
保存面子。1939年夏,蔣介石本人下達一道明令,稱由於護送青海
靈童返藏的任務交由青海省當局全權負責,國民黨中央官員或政府
機構將不再干涉此事。[39]

　　由於可以自由處理靈童前往拉薩之事,馬步芳組織了一個四十

圖6.2　靈童拉姆登珠與青海省官員在塔爾寺(1939年5月)。
《蒙藏月報》(1939年)

餘人的青海使團，包括士兵、商人、馬步芳的兩位將軍，護送靈童前往拉薩。在那裏，這些穆斯林代表團受到歡迎。[40]由於在國民政府疆界內的穆斯林控制區找到未來的達賴喇嘛，必定讓拉薩當局麻煩纏身。然而，從長遠的政治與領土利益的角度來看，如果新達賴喇嘛在此出生並獲得認受性，西藏也許能為宣稱安多（青海）是西藏國的一部分，找到一個完美的理由。

　　國民政府高官在十四世達賴喇嘛坐床典禮的出現，長期以來被描述成戰時中國對過去藩屬的積極政策的重大成就。幾乎所有有關此事的漢文著述都認為，國府官員出現在拉薩，「主持」新達賴喇嘛的坐床大典，如同過去帝制時代一樣，其弦外之音乃暗指中國對西藏擁有主權。另一方面，多數西方著作僅承認，中國高官的出現不過是一個聰明的宣傳策略，從而製造西藏是中國領土一部分的形象。[41]然而，國民政府是否能夠或願意對西藏採取積極的立場卻值得懷疑。確實，當在青海發現最有可能是新達賴喇嘛的轉世靈童時，某些國民黨官員便提議，既然有一張討價還價牌在手上，重慶可以對西藏採取強硬政策。有些官員甚至提出，如果拉薩繼續反對西藏在政治上是中國不可分離的一部分，國民政府可以單方面宣佈青海靈童是達賴喇嘛，並直接讓他在青海坐床。[42]不過，國民黨的上層決策者並不接受這些提議，他們相信對西藏還是應採取溫和的——如果不是說消極的——態度最為合適。[43]因此，不必奇怪，當1940年初中國外交部長王寵惠會見重慶的英國大使時，一再向倫敦保證，除了禮節和宗教作用，中方出席拉薩的坐床大典不含任何政治目的。[44]

　　當重慶與英印政府協商中國官員赴藏一事時，國民政府的低調與容忍態度再次展現出來。國民黨政權為使其大員得以由海路經印度前往拉薩，默默接受被視為難以想像的條件，即英國堅持必須先由西藏知會倫敦有這種邀請的存在，他們才能簽發簽證。[45]儘管中國不願接受這種安排，但這種折衷而又有點務實的立場，與四年前

國民政府官員在處理九世班禪喇嘛返藏時的強硬態度相比，形成鮮明對照。

蒙藏委員會委員長吳忠信率領前往西藏的中國使團也值得進一步探究。當1940年1月吳忠信抵達拉薩後，才知悉西藏單方面宣佈了青海靈童為十三世達賴喇嘛的真正轉世，而不再僅是一名「候選」。在中國使團到達前做出這樣的宣佈，拉薩顯然是想無視傳統的金瓶掣籤選擇程序，想無視重慶宣稱中國參與新達賴喇嘛的選擇。[46]吳忠信考慮到國民政府既不能否定候選人，也無法迫使西藏安排金瓶掣籤儀式，只好同意，僅要求事先親自「考察」靈童，使他的政府能保存面子。西藏雖不情願，但對此不表示反對。[47]

吳忠信在坐床典禮上的座位安排，引起另一樁爭議。最初，西藏人安排吳忠信坐在西藏攝政相對的座位，與司倫（地位僅次於攝政）齊平。吳忠信對此表示反對，認為這樣的安排不足以體現他作為中央政府的代表主持坐床典禮的身份。吳忠信要求，他至少應該得到等同前清駐藏大臣的待遇。根據漢文材料披露，拉薩應允了這個要求，經過協商，以滿清安班的地位對待吳忠信。由於至今不明的原因，最後英國代表並沒有參加儀式。[48]

事實上，吳忠信除了竭盡全力保存其政府的面子外，在拉薩停留期間，他與其使團似乎並未努力與西藏政府進行協商。吳忠信把他的使命定義為純粹的宗教活動，把他的活動限於表達恩惠與善意。據一份回憶資料披露，吳忠信十分滿意自己在拉薩的所作所為，並告訴他的隨從，他的任務就是「主持」坐床典禮。既然工作已經完成，如果還要對班禪回藏和辦事處職權問題斤斤計較，豈非「自討沒趣」。[49]

國民政府對西藏議題的無所作為，也為1940年中國使團成員之一的朱少逸所證實。朱少逸回憶說，當在拉薩時，代表團會見了親中國的前西藏官員，後者敦促重慶對西藏事務採取積極政策。當國府官員向他們解釋，由於國民政府戰時艱難，無法對西藏採取積極

主動的舉措時，這些西藏官員不免感到沮喪。[50] 1939年初當拉薩三大寺的代表訪問重慶時，發生同樣的情況。這些親漢的西藏堪布建議重慶當局，當時正是建立漢藏親密關係的時機，[51]但國民政府的反應卻甚為冷淡。

　　對於吳忠信的工作是否可以描述為「主持」新達賴喇嘛的坐床典禮，頗多爭議。不過，可能更重要的是，國民政府可以利用此次使命而在邊疆議題上收到宣傳之效，正如其對1934年黃慕松使團所做的宣傳手法一樣。中方代表出席十四世達賴喇嘛的坐床典禮、送給拉薩當局禮物和「布施」、大量中國官員出現於拉薩，凡此種種，可以讓世界相信，中國仍然擁有對西藏的主權。[52]很少人會注意到，國民政府不過是獲邀出席新達賴喇嘛坐床典禮的幾個國家之一。諸如此類的宣傳製造出一個印象，即獨立西藏是個幻象，儘管國民政府的官員也明白，他們對西藏的主權同樣不切實際。

圖6.3　位於拉薩的蒙藏委員會駐藏辦事處（約1940年）。這座建築的存在使國民政府可以宣稱對西藏的主權仍然完整。經允許複製自孫子和：《西藏史事與人物》（台北：台灣商務印書館，1995）。

國民政府在中國西南的國家建構

抗日戰爭迫使國民政府抓緊所有可能得到的資源。中國對西部邊疆地區的發展不僅是一項國家建設的政策,而且是生死存亡的關鍵。然而,重慶不能為伸展權威到中國西南地區而動用武力,因為那樣勢必轉移掉大量的精力和能力,而這對於戰時而言可能是致命的舉措。國民黨政權因此被迫採用與嘗試各種彈性手段與相對和平的滲透方式,以達到權力推進至邊區的戰略目的。

1939年3月,「川康經濟建設委員會」宣佈成立,由蔣介石擔任委員長。這個委員會表面上的功能一如其名,後來卻成為國民黨內部的一個固定組織。創立這個組織給了重慶官員一個完美藉口,使他們可以在當地的經濟和財政事務中扮演角色。[53] 在蔣介石指示下,一個由數十個國民參政會委員組成的調查團被派往四川和西康的一百多個縣、區進行實地調查。經過幾個月的努力,一份包括900,000字的詳細調查報告呈交給蔣,供他參考,其中包含詳實的政治、經濟、文化和地理資源的資料。[54]

與此同時,一些雄心勃勃的重慶官員提出幾項計劃,以便將中國西南地區納入國民政府統治的軌跡。舉例而言,國民黨特別想利用多山的西康地區豐富的水資源,1939年初,甚至想在川康邊境建立一個試驗性質的水利發電站。[55] 另一項巨大的計劃是提出將康區東部分成五個工業帶:雅州—瀘定地區,用於發展輕工業;冕寧地區,發展重工業;泰寧地區,發展畜牧業;雅礱江河谷,發展冶金和開採金礦;越雋—冕寧平原,發展農業。[56] 對戰時來說,更為實際的則是重慶經濟政策制定者的建議,即着手大規模發展西康羊毛業,以取代棉花業,由於上海的工廠幾乎被悉數破壞,棉花業已經混亂無章。[57]

如果說上述川康經濟建設委員會提供給蔣介石一個良好契機,使他得以參與西南地區的事務,1940年7月召開的全國交通運輸會

議則標誌着重慶直接控制省一級國家建設事務的開始。道路建設、駄畜販運、水上航行、人力搬運等計劃，現在通通都處於中央政府的監管之下。值得注意的是，為強化交通管理，重慶官員運用軍事手段，將所有員工分成受軍事紀律控制的小單位，再把這些小單位設置於軍事委員會的直接指揮之下。據一項資料顯示，截至1941年，國民政府掌控了至少60,000部車輛（包括人力和畜力），180,000艘木筏、船和渡船，以及360,000餘名在西南交通運輸事務中工作的人員。[58]

就軍事和政治而言，重慶擴張其權威至內亞和西南邊區的理想目標，跟政府實際取得的成果存在着巨大落差。重慶急於促進其政治與軍事滲透至邊區，這在1939至1940年左右的一份詳細計劃中表露無遺。在一份題為「發展與開墾西康荒地」的計劃中，國民黨設法推行一系列新改革，包括引進新的徵兵計劃、重新組織西康地方民兵、徵召西康土著進入國民黨軍隊、加強稅收以及司法體制和土地的改革。[59]重慶還試圖在未被日本佔領的西蒙地區實施類似政策。在那裏，重慶設法將過去的盟、旗重組，變成國民黨控制的駐防力量。至1940年，內蒙古前線的三個大地區劃定了邊界。作為重慶直接財政支持的結果，國民政府的軍事力量得以在一定程度上滲透至內蒙古西部的日本佔領區和未佔領區，如鄂爾多斯、烏蘭察布盟和土默特旗。[60]

我們必須特別關注抗戰初期國民政府的民族政治策略，當時國民政府對大量非漢族居住民的統治仍然非常不穩定。相對於南京十年對少數民族放任自由的立場，國民黨欲加強控制非漢族社會的意圖十分明顯。抗日戰爭爆發後，國民黨比過去更加積極招募非漢族人士入黨，以及在邊疆地區建立地方黨組織。他們鼓勵非漢族人士加入國民黨軍事學校和其他高等教育機構。根據新的國民黨章程，少數民族畢業生將晉升至官僚系統，並獲得更優惠待遇。[61]此外，國民政府特別急於重組宗教組織，干預藏傳佛教事務，以防止這些宗教團體被日本人利用，對內地進行滲透。與此同時，國民政府繼

續向著名的非漢族宗教領袖示好，使得這些領袖能代表國民政府於中國西部廣大的少數民族地區，促進政府的威望。[62]

1941年底，重慶大致在西南省份地區建立起一個相對可信的政權，法幣的流行是證據之一。至1940年，法幣不僅在四川流通，還通行於西康的部分地區以及青海和內蒙古西部草原的牧區。中國銀行西寧和康定支行的建立，更進一步標誌着國民政府財政和經濟對軍閥控制地區的滲透。[63]同樣重要的是，至1940年，國民黨已經可以從雲南、青海、西康和寧夏徵收稅項，在這些地方的稅收過去一直由軍閥壟斷。重慶在上述地區建立稅收辦公室，甚至宣佈新疆也成為重慶新的徵稅範圍，儘管諸如此類的舉措可能僅是政治姿態，而非國民黨延伸其財政控制至該地區的實際能力的反映。[64]

隨着抗日戰爭的到來，蔣介石的國民政府備受各種問題所困擾。變幻不定的國內外環境進一步動搖國民黨的統治合理性和合法性，一個想像的主權無法繼續維持一個背井離鄉的中央政府的安全與生存。國民政府官員必須與中國疆界內新成立的漢族或非漢族少數民族政權抗爭，這些政權也宣稱自己具有合法性。虛弱的國民黨政權還背負着鞏固其脆弱地位，以及伸展其微弱影響至西南地區的需要。國民政府在本地區的無能為力，在甘孜事變、省界劃分、三方邊界協商中的缺席以及未能處理哈薩克人的入侵的等諸多事件中，得到赤裸裸的暴露。

本章認為，青海軍閥馬步芳在中國內亞的主導地位，使他在戰爭初期被日本圍困的中國事務中扮演着決定性角色。重慶官員或因全力對付外國入侵者、或因太過虛弱而無法在未佔領區實施其政策，以致被迫與馬步芳妥協或過分依賴他，來穩定他們在中國腹地的統治。馬步芳也因此得以利用自身的地位，為其穆斯林政權謀利，建立起一個軍事、政治和經濟小割據朝廷。就漢藏關係而言，馬步芳比重慶的國民黨官員更具影響力，其證據可見於漢藏邊界衝突以及後來成為十四世達賴喇嘛的青海靈童的安排上。[65]

由於國民黨領袖迫切需要鞏固權力，無法再對邊界議題維持其無所喪失的哲學。相反，國民黨政權被迫延伸其國家控制，竭盡全力對西南邊區進行管理、控制並推行官僚統治。在1941年末珍珠港事件發生以前，國民政府在西南邊區省份的影響有一定程度的加強，而當地軍閥的權力則相對被削弱。因此，蔣介石的中央政權和四川、西康、青海、內蒙古西部的軍閥之間創造了某種權力平衡，或更準確地說，權力共存。這種新的政治環境自然引起英國官員的注意，他們相信中國將不可避免地加強對西藏的管治。[66]

1940年代早期，這種政治環境的發展與隨後漢藏關係的發展緊密相連。當代幾乎所有著作皆認為，珍珠港事件之後，由於中國被提升到大國地位，中國人試圖重申對西藏的「傳統權利」，強調國民政府如何努力恢復中國過去的地域榮光。然而，如同筆者指出，即使在1941年底，國民政府的權威還未穩步抵達金沙江西部和唐古拉山脈南部，更別說雲南那邊的「香格里拉」。如果傳統的學者智慧正確，那麼便會產生這樣一個問題，即這些向西部撤退的國民黨官員是否從一開始就想建立一個國民政府控制、包括西藏在內的國家？再者，1941年以後一個相對——而非絕對——鞏固的國民黨政權，是否足以解釋為何重慶要挑起和西藏的衝突？是甚麼因素導致備受戰爭困擾的國民政府對西藏、或甚至內亞其他邊疆採取相對積極的立場？這些問題將於下一章詳情討論。

注　釋

1.　熱振呼圖克圖（西藏攝政）致蔣介石，1939年4月29日，TJWD，卷5，
　　編號28049347。
2.　北京政權稱為「中華民國臨時政府」，南京政權稱為「中華民國維新政
　　府」。見 "Political Review for 1939," enclosed in Sir A. Clark-Kerr (British
　　Ambassador to China) to Foreign Office, 24 May 1940, FO 436/16157
　　F3882/1064/10.

3. "Political and economic conditions in Inner Mongolia," report enclosed in British Embassy in China to Foreign Office, 29 December 1938, FO 371/23496 F1930/489/10; Foreign Office Annual Report, 1938, pp. 18–19, IOR, L/P&S/12/2279.

4. Confidential dispatch from the Government of India to India Office, 15 February 1938, IOR, L/P&S/12/2305; "Political and economic conditions in Inner Mongolia," report enclosed in British Embassy in China to Foreign Office, 29 December 1938, FO 371/23496 F1930/489/10.

5. 賀耀祖 (甘肅省長) 致蔣介石，1937年9月4日，TJWD，卷5，編號 26034167；國民黨中央委員會致行政院機密情報，1939年2月21日，ZMDZH，第5輯，第2編 (1994)，附錄 (1)，頁1–5；馬鶴天 (蒙藏委員會駐察哈爾地區專員) 致蒙藏委員會，1939年11月29日，ZMDZH，第5輯，第2編 (1994)，政治 (四)，頁48–51。關於日本欲在中國西北地區建立回回國的企圖，另參見中國抗日戰爭史協會編：《少數民族與抗日戰爭》(北京：北京出版社，1997)，特別是第3章；John H. Boyle, "The Road to Sino-Japanese Collaboration," Monumenta Nipponica 25, 3–4 (1970): pp. 267–301.

6. P. D. Bulter (British Consular-General at Mukden) to Foreign Office, 25 November 1937, IOR, L/P&S/12/4187; British Embassy in China to Foreign Office, 24 March 1938, IOR, L/P&S/12/4187. 國民政府對安欽呼圖克圖可能返藏如此焦慮，曾試圖說服英國不要發給安欽活佛所需的簽證。見 India Office minute paper, 5 April 1939, L/P&S/12/4187.

7. Paul Hyer, "Japanese Expansion and Tibetan Independence," in Imperial Japan and National Identities in Asia, 1895–1945, ed. Li Narangoa and Robert Cribb (London: RoutledgeCurzon, 2003), pp. 81–82.

8. Report from the US Embassy in China to the State Department, 13 November 1940, USFR, 893.00 Tibet/67, in USDS 1940–1944, reel 6; Intelligence report from the British Political Officer in Sikkim to the Government of India, 13 April 1941, IOR, L/P&S/12/2305; Letter from the British Political Officer in Sikkim to the Government of India, 5 January 1942, IOR, L/P/&S/12/2305.

9. 舉例來說，1939年，國民政府下令將綏遠南部伊克昭盟的成吉思汗陵遷到甘肅，因為他們擔心這座陵墓具有象徵意義，若為日本所得，將意味着失去蒙古人對重慶的效忠。重慶亦熱烈歡迎著名的少數民族領

袖前往戰時首都，以促進國民黨在中國西部少數民族中的地位。見中華民國教育部：《國家建設叢刊》(台北：正中書局，1971)，第2冊，頁25–26；《蒙藏旬刊》(重慶)，第1卷，第22–24號(1939)，頁17–22。

10. Report by the British Consulate-General in Chongqing, 7 January 1939, IOR, L/P&S/12/4182; 行政院致蒙藏委員會，附〈西康與西藏代表協定〉，1938年12月30日，1939年3月25日，YXZG (1993)，第6冊，頁2598–2600。

11. 蒙藏委員會致行政院報告，1938年8月29日，AEF，062/1213；馬步芳致行政院，1938年9月17日，AEY，062/1213。馬步芳在電報中告訴國民政府，他還與西藏人討論了西南地區中國的「國防」問題。

12. 蒙藏委員會致行政院，1938年6月3日，AEY，061/1213；行政院長孔祥熙致劉文輝與馬步芳，1938年6月7日，AEY，061/1213。在後一封電報中，行政院院長孔祥熙明確地詢問兩位省主席，有關其將私派代表與藏人協商之傳聞是否屬實。有關這些協商的消息是由高長柱報告給國民政府的，高是當時蒙藏委員會新任命的駐藏代表，當時高正經過玉樹而前往拉薩。不過，這個任命被拉薩拒絕，因此高長柱未能入藏。

13. 蒙藏委員會致行政院，1938年9月28日，AEY，062/1213。在此電報中，蒙藏委員會官員建議，「由於這些協定看起來頗為合理，並已被各方接受，中央政府應予批准並備案」。

14. 1934年，西康省籌備委員會正式組織成立，1939年1月1日成為新的省政府。見Reports of W. S. Toller (British Consular-General in Chongqing), 29 November and 14 December 1938, IOR, L/P&S/12/4182; 劉君：〈簡論西康建省〉，《民國檔案與民國史學術討論會論文集》，頁321–331。

15. Report of the British Consulate-General in Chungqing, 26 August 1939, IOR, L/P&S/12/4182; 陳雁暈：〈張群與川康經濟建設委員會〉，*SWZX*，第29輯(1983)，頁188–199。

16. 行轅的工作人員總數達一千多人。據行轅自身的調查所得，其軍事裝備包括1,790支來福槍、119支馬槍、149支機槍、10座山炮(cannon)、21萬餘發子彈。見班禪行轅致蒙藏委員會報告，1938年8月20日，*JBYZSBZZ* (1991)，頁52–55。

17. Foreign Office Annual Report: China, 1938, 21–22, IOR, L/P&S/12/2279.

18. Report of the British Consular-General in Chongqing, 11 November 1938, IOR, L/P&S/12/4182. 參見趙守鈺(九世班禪喇嘛返藏專使)的官方報告，第5章，*FBZB* (1993)，頁366–368。

19. 班禪喇嘛堪布會議廳致國民政府國防最高委員會，1939年12月8日；
    劉文輝致國民政府國防最高委員會，1939年12月19日；德欽旺姆（甘
    孜女土司）致蔣介石，1940年1月10日，皆見ASNDC，003/235。

20. 關於甘孜事件，另見丹增嘉措：〈班禪行轅與劉文輝二十四軍之戰〉，
    XWZX，第4輯(1985)，頁20–29；洛尼瑪：〈回憶甘孜事變經過〉，《甘
    孜藏族自治州文史資料選輯》，第5輯(1987)，頁1–20。

21. 這並不是說馬步芳與蔣介石之間沒有猜疑。在整個抗戰期間，蔣介石
    抓緊每一個機會來擴展其影響到青海，但受到馬步芳的堅決抵禦。關
    於戰時馬步芳與蔣介石的關係，見楊效平：《馬步芳家族的興衰》；青
    海省政府：《青海三馬》；Merril R. Hunsberger, "Ma Pu-fang in Ch'ing-hai
    Province, 1931–1949" (PhD diss., Temple University, Philadelphia, 1978).
    Hunsberger論文漢譯見崔永紅譯：《馬步芳在青海》（西寧：青海人民出
    版社，1994）。

22. "China: Political and General Conditions in Kansu [Gansu] and Chinghai
    [Qinghai] Provinces," MI6 Political Report, 28 June 1943, WO 208/408.

23. 見行政院致蒙藏委員會，附朱紹良（甘肅省主席）致行政院函，1939年
    2月；行政院會議紀要，1939年3月3日，見*ZMDZH*，第5輯，第2編
    (1994)，政治（四），頁842–844。另見馬步芳致國防最高委員會，1939
    年10月14日；國防最高委員會紀要，1939年11月7日，皆見ASNDC，
    003/534。據英國材料顯示，這些哈薩克人之所以從哈密向甘肅與青海
    高原移民，是因為他們無法忍受「蘇俄影響下的〔新疆〕官員的政治與
    宗教壓迫」。見Hugh E. Richardson, *Tibetan Précis*, 69, in IOR, L/P&S/20/
    D222.

24. 國民黨中央委員會致蒙藏委員會，1941年2月24日，*ZMDZH*，第5
    輯，第2編(1994)，政治（四），頁854–855。不過根據英國資料顯示，
    西藏人派部隊去藏北抵抗哈薩克人。後來拉薩建議哈薩克人前往克
    什米爾的拉達克。見Richardson, *Tibetan Précis*, p. 70. 關於民國時期哈
    薩克在中國內亞的移民活動，參見Linda Benson and Ingvar Svanberg,
    China's Last Nomads: The History and Culture of China's Kazaks (New
    York: M. E. Sharpe, 1998), Chapter 3.

25. 行政院致蒙藏委員會，附國民黨中央委員會致行政院函，1941年1月
    17日，行政院致蒙藏委員會指令，1941年2月，皆見*ZMDZH*，第5
    輯，第2編(1994)，政治（四），頁851–853。

26. 委員長成都行營致蔣介石密函，1939年11月27日，ASNDC，003/919。

27. 劉文輝致蔣介石，1939年11月27日，ASNDC，003/919。

28. 見蔣介石致國防最高委員會，1940年1月3日，ASNDC，003/919；委員長成都行營致蔣介石，1939年3月28日，ASNDC，003/192。

29. 楊效平：《馬步芳家族的興衰》，頁190–212。關於西藏、青海與內蒙古其他地區的商業網絡，以及青海穆斯林在內亞的商業活動，參見Wim van Spengen, *Tibetan Border Worlds: A Geohistorical Analysis of Trade and Traders* (London: Kegan Paul International, 2000), especially Chapter 4.

30. 見格勒：《甘孜藏族自治州史話》(拉薩：西藏人民出版社，1984)，頁264；《玉樹藏族自治州概況》，頁34–35。

31. 《玉樹藏族自治州概況》，頁35。

32. 有關尋訪十四世達賴喇嘛的詳情，見Melvyn C. Goldstein, *A History of Modern Tibet, 1913–1951: The Demise of the Lamaist State*, pp. 314–330; Ya Hanzhang, *The Biography of the Dalai Lamas* (Beijing: Renmin chubanshe, 1984), pp. 404–409.

33. Government of India to India Office, 29 April 1939, FO 676/417. 據其他資料顯示，馬步芳索取了450,000銀元和35,000盎司銀錠。見British Political Officer in Sikkim to the Government of India, 1 November 1939, IOR, L/P&S/12/321.

34. 《甘珠爾》是一組梵文佛經，年代可溯自佛陀時代。《丹珠爾》是一組約三千五百餘冊的論著，其中大多用梵文寫就，年代在公元200至1000年之間，其後譯成藏文。

35. 土丹旦達：〈西藏地方政府要政見聞〉，*XWZX*，第12輯(1990)，頁11–12。

36. Government of India to India Office, 26 April 1939, FO 676/417.

37. 有關重慶催促馬步芳護送靈童去拉薩之事，見吳忠信致馬步芳，1939年1月11日，蒙藏委員會致中國駐拉薩使團，附蔣介石致馬步芳函，1939年2月27日，蔣介石致蒙藏委員會，1939年6月5日，皆見*SDYZSDZ*(1991)，頁169、180、196。

38. 1940年2月17日，西藏攝政正式電告重慶，表達他對國民政府給予400,000銀元的感謝。見熱振呼圖克圖致國民政府，1940年2月17日，*SDYZSDZ*(1991)，頁298–299。此外，美國檔案資料提示，重慶願意花400,000銀元，用以「支付儀式費用」，報道並說，「中國人並不隱瞞由於新達賴喇嘛坐床帶來的政治希望，並希望中國人能佔據與其親密的圈子」。見"Political report for the month of February, 1940," enclosed in Troy L. Perkins (US Vice Consul in Yunnanfu) to the State Department, 6

March 1940, USFR, 893.00 PR Yunnan/127, in *USDS 1940–1944*, reel 10.

39. 蒙藏委員會致外交部，附蔣介石致行政院令，1939年6月22日，AMFA-1，172-1/0010。

40. British Political Officer in Sikkim to the Government of India, 2 and 18 November 1939, IOR, L/P&S/12/321. 行政院致蒙藏委員會，1939年1月26日；蔣介石致吳忠信，1939年6月5日，皆見*SDYZSDZ*（1991），頁176、196。穆斯林使團也從事經商活動，為青海尋找新的商業市場，以及前往麥加朝聖。見黃朝琴（中國駐加爾加答總領事）致外交部，1940年2月16、26日，AMFA-1，172-1/0010。

41. 關於此事參見如馨庵：〈第十三世達賴喇嘛轉世靈童尋訪、認證與坐床考實〉，《中國藏學》第3期（1995），頁47–55；李鵬年：〈淺析吳忠信是主持十四世達賴喇嘛認證、坐床、轉世，還是觀禮貴賓〉，《藏學研究論叢》，第8輯（1996），頁1–16；Hugh E. Richardson, *Tibet and Its History*, Chapter 9.

42. 吳忠信致王寵惠（外交部長），附吳忠信致蔣介石報告，1939年3月9日，AMFA-1，172-1/0010。

43. 王寵惠致吳忠信，1939年3月20日，AMFA-1，172-1/0010。

44. Basil Gould, Report on the Discovery, Recognition and Installation of the 14th Dalai Lama (New Delhi, 1941), IOR, L/P&S/20/D224; 中國外交部長王寵惠與英國大使卡爾（Sir A. Clark-Kerr）會談紀要，1940年3月5日，AMFA-1，171-1/0010。

45. 郭泰祺（中國駐英大使）致外交部，1939年6月2日；外交部致蒙藏委員會，1939年8月18日；外交部致行政院，1939年8月26日；蒙藏委員會致外交部，1939年9月4日，皆見AMRF–1，172–1/0010。

46. 見吳忠信日記，1940年1月26、27日，*FBZB*（1993），頁247–249；熱振呼圖克圖致吳忠信，1940年1月26日，*SDYZSDZ*（1991），頁282–287。

47. 見吳忠信日記，1940年2月18、20、21、22日，*FBZB*（1993），頁265–268。另一方面，據英國資料披露，吳忠信在坐床典禮中僅扮演消極角色，不過給新達賴喇嘛獻上一條哈達而已。見Richardson, *Tibetan Précis*, p. 66.

48. 據漢文資料可知，新達賴喇嘛於次日接見英國使團。見吳忠信日記，1940年1月31日，*FBZB*（1993），頁250–251；吳忠信致趙丕廉（蒙藏委員會副委員長），1940年1月28日，*SDYZSDZ*（1991），頁287–288；行政致國民政府報告，1940年1月31日，SDYZDZ（1991），頁288–289。

49. 金紹先：〈憶述國民黨元老吳忠信〉，*WZX*，第118輯（1989），頁76–78。

50. 朱少逸：〈拉薩見聞記〉，載《西藏學漢文文獻叢書》第2輯（1991），頁92–95。

51. 石碩：〈民國時期西藏獨立論質疑〉，《中國藏學》，第1期（1995），頁14。

52. 如同美國外交官在戰時中國所觀察，此次事件對中國的心理和宣傳效果巨大。吳忠信出席達賴喇嘛的坐床典禮被中國媒體廣泛報道，其結果是大大喚起了中國人對一個更為緊密的漢藏關係的政治希望。見 Notes by Perkins（美國駐昆明副領事），6 March 1940, USFR, 893.00 Tibet/53, in *USDS 1940–1944*, reel 6.

53. 見蔣介石致張群密函，1939年9月21日，CB，08–1992；蔣介石致成都行轅指令，1939年10月23日，CB，08–211。參見陳雁暈：《張群與川康經濟建設委員會》，頁188–199。

54. 周開慶：《四川與對日抗戰》（台北：台灣商務印書館，1971），頁56–59；*ZYZB* 1，30（1939），頁40。

55. 張其昀：〈今後抗戰之西南經濟基礎〉，《西南邊疆》（昆明），第5期（1939），頁17–21。

56. Alvin Barber and Norman D. Hanwell, "The Emergence of China's Far West," *Far Eastern Survey*, vol. 8, no. 9 (1939): pp. 100–101; 孫明經：〈開發西康之意義及其途徑〉，《西南邊疆》，第14期（1942），頁6–13。

57. 劉明府：〈建設西南邊疆的重要〉，《西南邊疆》，第2期（1938），頁21–26。

58. 李占才、張勁編：《超載：抗戰與交通》，載《抗日戰爭史叢書續編》（北京，1996），頁273–283。關於戰時中國在西南的交通，亦請參見周一士：《中國公路史》（台北：文海出版社，1957），第19章。

59. 行政院致國防最高委員會函，1940年7月13日、10月14日、11月3日，ASNDC，003/315；國防最高委員會致行政院函，附蒙藏委員會1938至1939年年度報告，1939年4月4日，ASNDC，003/020。

60. 蒙藏委員會1938–1939年年度報告，ASNDC，003/020。

61. 《中央黨務公報》，第2卷，第5號（1940），頁33；《中央黨務公報》，第2卷，第6號（1940），頁10；軍事委員會頒佈命令，1940年1月17日，*ZMDZH*，第5輯第2編（1994），軍事（一），頁547–549。

62. 見蒙藏委員會致教育部，1939年6月11日；軍事委員會致國民黨中央執

行委員會，1940年1月30日，皆見*ZMDZH*，第5輯，第2編（1994），
文化（二），頁773–774、789–791。

63. 時事研究社：《抗戰中的中國經濟》（重慶：抗戰書局，1940），頁
382；Barber and Hanwell, "The Emergence of China's Far West," *Far East
Survey* 8, 9 (1939), pp. 104–105.

64. 侯坤宏：《抗戰時期的中央財政與地方財政》（台北：國史館，2000），
頁91–92。

65. 1945年，馬步芳的權力到達頂點，當時蔣介石下令馬步芳部隊開進新
疆，解救伊犁事變中被抓的國民黨在烏魯木齊的官員。此後，馬步芳
對於干預新疆事務更具權威的地位。見《青海三馬》，頁267–274。

66. 見Report by Sir A. Clark Kerr to Foreign Office, 13 October 1941, FO
436/16995 F1196/435/10; Report on a journey in Western Sichuan and
Sikang [Xikang] by Mr. Franklin, British Vice Consul in Chongqing,
enclosed in Foreign Office to India Office, 31 January 1942, IOR, L/
P&S/12/4182.

第七章

戰時中印公路

英不能出緬甸而擾雲南，懼法之擬其後也，則必進航巴蜀，順
流而下荊門，自此而南方諸省皆可以囊括，席捲而有之矣。[1]

自1940年春，日本在東亞的軍事擴張日益加劇。9月，日本軍
隊佔領法屬印度支那北部，在當地設置軍事基地，建立起一個穩固
的保護國。不久，為從軍事和經濟上封鎖中國西南的未佔領區，日
本切斷了河內與昆明之間的重要鐵路。這次行動與英國基於日本的
壓力而暫時關閉緬甸公路同時發生。這些事件對中國帶來沉重的打
擊，其國際供應網絡可謂全部遭到切斷，戰時物資過去可以經這些
路線運送到被日本圍困的中國其他地區，現在則不可行。[2]儘管英
國在關閉三個月後重新開通緬甸公路，但日本權威在印度支那的建
立，持續增加中國人對來自這條路線進攻的恐懼。1940年底，蔣介
石向重慶的英國大使卡爾 (Sir A. Clark Kerr) 表達其擔憂，認為日本
可能很快進攻雲南，破壞中國與外面世界聯繫的最後一條通道緬甸
公路。蔣介石進一步指出，如果東京一旦成功，中國軍隊可能會投
降，中國抗戰亦會宣告結束。英國首相邱吉爾 (Winston Churchill) 亦
抱一致的消極觀點。在會見駐倫敦的中國大使時，邱吉爾表達了對
南中國有可能成為日本下一個軍事目標的深切憂慮。[3]

1941年12月日本偷襲珍珠港，使得中國、美國和英國結成同盟

國，共同對抗軸心國。對中國政府來說，新同盟的形成並不能立即逆轉惡化的軍事局面，重慶官員也不能阻止政權可能遭受日本進攻而分崩離析，儘管理論上而言，他們現在並非孤軍作戰。從1941年底至1942年初，日軍佔領了菲律賓和其他太平洋島嶼，進攻香港，並最終迫使英國從新加坡和馬來亞撤軍。1942年春，緬甸中部的主要城市如仰光（Rangoon）、八莫（Bhamo）、密支那（Myithyina）相繼落入日本手中。[4]

相比日本人在東亞和東南亞的勝利，英國遭受了幾次重大軍事挫折，這對中國的士氣產生了極壞影響。1940年末左右，蔣介石極度擔心英國可能會放棄在緬甸和印度的殖民地。這些擔心並非無的放矢，特別是美國已經宣佈動用所有資源去拯救菲律賓，而倫敦對緬甸和印度則沒有展現出同樣的決心以抵禦日本的侵略。[5]

1942年初，華南地區的局勢異常嚴峻。當時是同盟軍的國民革命軍第六軍，將被派往緬甸戰場——留駐昆明，以確認日本會否進攻雲南或緬甸。[6]重慶大後方的百姓普遍相信，骨牌效應遲早會出現，全緬甸、印度次大陸甚至西藏和其他喜馬拉雅山麓小國等會陸續落入日本人手中。據1940年代初中國人的一般意見來看，日本可能會佔領印度沿海的主要城市，並利用佛教來贏得尼泊爾、錫金、不丹和西藏，最終導致國民政府在西南地區的崩潰。[7]

有關日本在青海、西藏南部及北印度地區從事秘密活動的傳聞，使國民政府官員相當憂慮。早在1936年初、珍珠港事變爆發之前，有關日本人在川、康、藏地區從事間諜活動的傳聞已多不勝數，中國媒體主張應關注中國西南地區借故生端的日本人，而非僅把注意力集中於東部中國。[8]一份研究報告指出，1937年前後，從日本佔領的天津轉至烏魯木齊的錢款達3,000萬銀元，大部分用於日本在中國西部邊疆地區的地下活動。[9]至1939年，總部設在受東京控制的內蒙古的日本特工機關已經廣泛滲透至寧夏、青海和新疆北部，從事宣傳活動，以挑起當地居民對漢人統治的不滿情緒。[10]自1936

年底以來，甚至有謠傳稱，陝西、青海、寧夏和甘肅的地方當局正
和蘇俄支持的新疆政府秘密策劃反日行動。鑒於國民黨政權無力抵
抗日本的滲透，這些中國半割據的地方政權甚至考慮向蘇俄，而非
遙遠的南京政府，尋求援助。[11]為防止上述計劃付諸實行，在1936
年底，南京努力強化對西部邊疆地區的影響力，多個中央政府黨政
軍機關部門甚至從中國內地進駐西安，其中一支主力部隊甚至進入
了甘肅南部。[12]

　　幸運的是，中國西北地區各省與蘇聯結盟的傳聞，並未真正出
現。然而，珍珠港事變後，從南京到武漢再遷往重慶的國民政府，
其政權合法性與安全卻不時遭受威脅。1939年初便爆發過這樣的情
況，當時有報告稱，青海南部和西北部的幾個果洛及柴達木的藏族
部落已同意承認日本的宗主權，令蔣介石的幕僚大為震驚。重慶的
國民政府既無法有效管治這個地區，因而非常擔憂日本在中國內亞
的滲透可能引發其他非漢族社會的骨牌效應，特別是呈獨立狀態的
西藏。[13]

　　1942年末軍事委員會的一份機密報告，進一步證實日本「第五
縱隊」已經深入印度北部、西藏南部以及鄰近喜馬拉雅地區的消息，
他們在當地大力宣傳，聲稱已被打敗的英屬印度殖民政府很快會
向日本帝國投降。[14]珍珠港事件之後，日本和印度民族運動領袖鮑
斯（Subhas Chandra Bose）公開合作，更使重慶的觀察家憂心忡忡。
鮑斯的印度國民軍（Indian National Army）由日本提供裝備，在新加
坡和緬甸設立電台，協助日本人維持秩序，宣揚東京倡導的泛亞認
同。[15]與此同時，東京當局竭力向藏人示好，向拉薩稱，撤退的同
盟國部隊以及其政治和文化影響很快會進入西藏。日本還努力游說
拉薩，只有日本是真心願意幫助西藏取得自決的國家。[16]駐倫敦的
中國大使甚至向重慶報告說，一群印度國大黨的成員已在印度北部
跟日本合作並在當地招募西藏犯人和匪徒，計劃搶掠戰爭物資以用
於反英宣傳。[17]

東亞嚴陵的軍事和政治局勢，以及日本對南亞的可能侵略，自
然迫使國民政府作出反應，通過加強在中國西南邊區的權威以抵禦
對手。特別是滇緬公路於1940年6月被封鎖後的夢魘般經歷，開
發新的交通路線以保證中國未佔領區的供應網絡顯得尤為迫切。[18]
1940年底，建設中印公路的想法首次在重慶被提出，並得到蔣介石
的強烈支持。經過國民黨官員內部討論後，1941年2月，蔣介石正
式下令建設一條從四川西南部經西藏東南部的察隅抵達印度阿薩姆
（Assam）邊境的公路。5月，兩支中國探測隊前往調查，為修築公路
作準備。[19]

然而不久，公路修築計劃卻被迫暫時擱置，因為國民政府並未
取得西藏的支持。當得知要修建這樣一條公路時，拉薩當局堅決拒
絕，認為是中國企圖在其國家獲取據點。1941年7月，藏政府指示
西藏邊境官員，遣走所有在邊境地區的中國探測隊。據漢文資料顯
示，西藏邊境部隊不僅驅逐非武裝的中國探測隊，甚至炸毀邊境上
的橋樑和道路，以阻止中國人試圖進入。[20]

西藏反對中國提出的公路建設計劃，迫使國民政府從他們對西
南地區想像的主權夢幻中醒覺過來，也迫使中國人考慮另外路線。
1942年2月，當蔣介石及其大員訪問印度，努力游說英印政府建設
一條不經西藏的公路，這條公路自阿薩姆鐵路和河流出發至薩地亞
和列多（Ledo），經葡萄（Fort Hertz）、緬甸南部的密支那，然後到達
雲南省龍陵。[21] 蔣介石的公路修改方案揭示他對西藏的務實立場。
由於無法取得拉薩的全面支持，重慶不能冒險與西藏人發生武裝衝
突，特別是在仰光有可能失陷的關鍵時期，急需把美國的租借物資
運往中國。[22] 雖然英國同意中國最新的公路計劃，1942年5月上緬甸
惡化的局勢和密支那的失陷，導致同盟國軍隊從緬甸向印度撤退。
最後，這條新提議的中印公路建設只好告吹。[23]

當中印公路計劃遭擱置，是英國單方面重新和西藏協商，以使
物資得以從印度經西藏運往中國。[24] 1942年3月，英國派官員到拉

薩，試圖向噶廈政府說明形勢，如果西藏在英、中兩國有需要時施以援手，將可保障其未來利益。最初，拉薩直接拒絕建議，強調西藏希望保持中立。不過，英國持續對拉薩施壓，1942年夏初，西藏雖不情願，但作出讓步，同意從印度經他們土地運送非軍事物資往中國。[25]

事實上，英國人不僅設法開放通過西藏的驛運，還支持中國從四川經蘇俄所屬的中亞地區開闢幾條國際供應網絡。1942年夏，規劃了一條從俾路支（Baluchistan）經伊朗、俄屬突厥斯坦、哈薩克到新疆的運輸路線。隨着這條路線的開通，人們期待，每月至少可運輸2,000噸物品，先用鐵路和卡車從印度經伊朗的馬什哈德（Mashhad）到俄羅斯中亞鐵路（trans-Caspian railway）線上的阿什哈巴德（Askabad）。從阿什哈巴德到東突厥斯坦的阿拉木圖，由俄羅斯用鐵路提供服務，然後再用卡車運往新疆東部的哈密。中國人則負責從哈密到甘肅蘭州及更遠地方的運輸任務。[26]

重慶官員後來提出新的路線，包括列城—崑崙運輸線（Leh-Karakoram line）和吉爾吉特—罕薩—噶什喀爾運輸線（Gilgil-Hunza-Kashgar line）。如同其他路線一樣，這些運輸路線得到倫敦和新德里高層的支持，他們希望藉着開闢新路線向中國人傳達一個信息，就是英國盟軍正努力幫助他們。[27]駐在印度的美國空軍為幫助中國人解決運輸問題，確定國民黨提出、在英屬印度和新疆南部進行運輸的可行性，於1942年夏進行了史有無例、跨越喜馬拉雅山路線的空中探測。[28]

國民政府影響力伸入中亞內陸

日本在中國和東亞其他國家的軍事擴張，意外地給圍困中的國民黨政權一個契機，使後者可以增加在西藏、新疆和中國西南其他邊疆地區的權威。更重要的是，為保證租借物資從外界運至中國，

蔣介石在西藏問題上採取了相當務實的態度，如同他在處理中印公路問題時那樣。當聽到英國單方面游說拉薩同意開闢一條驛運線的消息時，多數重慶官員起初表示異議，認為英國的介入是對中國在西藏傳統地位的冒犯。例如，外交部的高級顧問認為，英國可能並非真心幫助中國，他們不過是面對印度的惡化局勢而關心撤退問題。另一方面，蒙藏委員會的官員認為，不論英國是否真心幫助中國，他們在拉薩採取任何行動以前都應該事先知會國民政府。[29]

然而不久，國民政府決定就驛運問題採取更為務實的立場。1942年7月，以蔣介石為首的戰時中國最高權力機構軍事委員會，建議立即就經過西藏的驛運線問題與英國合作。軍事委員指出，中國對英國和西藏之間的直接接觸不必太過認真。為發展供應線及運輸戰時物資，委員會進一步提出，中國不應干預英藏協商，表示「我方可任(指藏方)其自動進行，暫不表示態度」。[30]

在發出上述信息之後，有關中國邊疆議題的政治氣氛產生了微妙的轉變，其後重慶更提出了一些務實的提議，國民黨官員甚至還認真地討論了在西藏設立一個中英聯合運輸管理部門的可行性。有趣的是，諸如此類的建議不再被視為政治不正確的想法，和英帝國主義者就有關邊疆和領土問題合作，也不再看作對中國國家尊嚴的否定。儘管不太情願，重慶甚至準備接受英國建立一個「中、印、藏運務局」的提議，這個運務局將由三方官員所組成，指導運輸事務。[31]1942年夏，英國駐拉薩使團向倫敦匯報，國府蒙藏委員會駐藏辦事處已接到重慶「盡一切辦法」和英國人合作並聯絡的正式指示。[32]同樣地，這時期英國駐重慶大使致白廳的密函也揭示，國民黨已進一步指示其在新德里和拉薩的官員聯絡英國人，就驛運線問題商討一個三方協定。重慶和拉薩的英國外交官對於國民政府戰時對西藏議題的務實態度，印象頗為深刻。更重要的是，重慶試圖接受這樣一種三方協定，揭示了國民政府官員對西藏事實上的獨立地位的一種默認。[33]

國民黨領導層對這些問題的現實考量意義重大。自1913至1914年西姆拉會議以來，當袁世凱的民國政府不同意參加一個西藏全權代表的三方會議，沒有哪個中央政權會同意和英國就西藏問題進行任何形式的合作。現在，抗日期戰爭迫使國民政府為保政權而調整西藏政策。為減輕英國對中國人就西藏進行政治和行政滲透的疑心，外交部斬釘截鐵地讓英國相信，在此關鍵時期，中國人的唯一目的是擊敗日本，重慶「對西藏並無政治野心」。[34]據戰時中國駐英國大使顧維鈞披露，1942年末，蔣介石雖不情願，但同意在有關中英新約的協商中不提及香港和西藏問題，以獲取英國的全面支持。[35]

然而，在中國對西藏現實立場的背後，蔣介石政權從未放棄過希望，期望驛運線計劃可提供一個加強在西藏和鄰近地區權威的機會。例如，當中國同意與西藏合作組織沿途服務時，重慶亦要求中國的「技術專家」可於驛運沿線設站，以監督運輸進程。中國向西藏人和英國人承諾，這些「技術人員」將受到嚴格指示，職責僅限於運輸事務。[36]不過，據漢文資料顯示，重慶派遣的不僅僅是技術人員。國民政府以安全問題為藉口，設法在西藏和四川之間新設計的站點上部署軍事、情報人員和國民黨人員。[37]

國民政府希望借助中、藏、印驛運線，把西藏本土及拉薩控制的、金沙江西部的康區納入中國的經濟和財政軌跡內。一份1943年的詳細調查報告提議組織一個國民黨的磚茶公司，壟斷中國西南地區獲利豐富和銷量巨大的茶葉生意。西藏人極為依賴中國的磚茶作為日常必需品，重慶的目標不僅想從商業上獲利，還想在中國的西藏議題中得到更好的討價還價的地位。[38]中國人還計劃收購西藏羊毛。至1930年代晚期，生羊毛西藏出口印度的商品總額約90%，但戰爭開始後，英印政府實施羊毛禁運，對西藏經濟造成嚴重打擊。重慶官員因此考慮，收購漢藏驛運沿線的羊毛和其他西藏產品，可大大加強戰時中國與西藏的經濟和商業聯繫。這份報告進一步揭示，重慶有意投資西藏羊毛和其他傳統商業，以紓緩西藏惡化的經

濟局勢。作為交換,中國要求拉薩同意在漢藏驛運沿線的商業中心設立國民政府的代理處。[39]

重慶官員接受開闢一條漢藏驛運線與他們欲將法幣引進西南邊區的目的不謀而合,國民政府在這些地區的影響仍然薄弱。重慶相信,一旦法幣於整個康區流通,中國的未佔領區與西藏之間便會有更緊密的財政紐帶。自1938年起,國民政府懷着這個目的,努力把著名的康藏貿易公司引入西南邊區。這間公司由西南邊區具很大影響力的康巴商人、當地頭人及喇嘛所經營。公司從事各種貿易,商業網絡極為龐大,經營地區從青海到西康、西藏,直至印度次大陸。這些商人將商業總部設在康定、拉薩和加爾加答,在傳統的漢藏商業路線上建立起分支機構。公司還擁有一支自衛軍,以護送商品運輸。至1943年,官方的中印驛運交通計劃進一步使重慶領導人相信,康藏貿易公司將有利於法幣和西藏銀元的交換。國民黨相信,這間公司可以用來引進建議中的金融計劃,逐步將貨幣帶入西藏控制的康區,甚或進入西藏內地,從而將該地區帶進國民黨的金融系統之內。[40]

顯然,國民政府在康區甚至西藏的國家建構計劃,首先是與中印驛運線同時出現,隨後是1940年代初期日本對中國的軍事和經濟封鎖。對於建設一個國民政府控制的西南地區,重慶官員取得一定程度的成功。當1943年康藏貿易公司的核心成員在重慶得到禮遇,國民政府和前述具有影響力的康巴及西藏商人之間建立起緊密的紐帶。他們獲蔣介石接見,在此次會面中,他們亦正式向蔣表示政治忠誠。[41]據一位研究者指出,截至1949年共產黨接管中國,法幣在漢藏邊界從未有效發揮過作用。然而毫無疑問,1940年代中期,國民黨在康藏貿易公司的投資相當重要。戰爭結束,有利可圖的邊茶貿易不再遭劉文輝和當地非漢族商人所壟斷。自1928年以來,國民政府的商業和經濟影響首次延伸遠至中國西南地方、康區以及西藏本土。[42]

　　1941年初，蔣介石為將四川與中國內亞新的國際供應路線聯繫在一起，下令在中國西南地區建設數條公路。1942年，兩條重要川康公路，第一條從雅安至康定，第二條從西昌通過雲南北部至樂山，接近完成。這些公路，特別是第二條，最初建設的目的不僅為加強雲南遭受進攻時的防衛，也想紓緩緬甸公路的壓力。1943年第三條公路開始修築，這條公路從康定至西寧，旨在開闢往新疆、甚至向西遠至蘇俄的路線，從而進一步改善中國未佔領區的公路設施。[43]另兩條公路的建設，即青海—新疆公路和青海—西藏公路（西寧—玉樹），則最值得我們關注。這兩條公路的修築完成，對國民政府在中亞有非常深遠的影響。蔣介石為此撥給馬步芳大量的資源，原因是馬步芳主要負責這兩條公路的修築，數千名青海的蒙古人和藏人被動員起來，從事有關工程。馬步芳在修築公路的合作上，清楚顯露其政治野心。他除了尋求對青海領地的緊密控制外，亦欲擴展勢力至甘肅走廊與南疆地區。[44]不過，國民政府的巨大投資獲得相當的回報：四川與內亞地區的通訊得以大大改善，中國部隊從青海調動到西藏和新疆比以往變得容易。基於同樣原因，這些公路的修築完成，意味着國民黨對西藏和新疆影響的推進已不再是空想。[45]

　　探討英國人如何看待國民政府對中亞邊境的影響，是一個饒富意味的問題。從英國人的視角來看，隨着中俄運輸線的發展，中國權威將不可避免地急速伸延至東突厥斯坦。但是，對英國來說，或更準確地說，對印度政府而言，中國影響延伸至新疆將同時動搖了俄羅斯在當地長期的主導地位。再者至1943年末，據英國檔案披露，倫敦仍然視蔣介石政權的威脅小於蘇俄；蔣介石政權不太可能把中國內亞當作向印度進行政治滲透的基地。這些因素也許解釋了英國為何如此積極地支持中國開闢經新疆和帕米爾的新運輸線。[46]此外，自1930年代中期盛世才取得權力以後，大大削弱了英國在新疆的利益，國民政府勢力伸延至中亞將改善印度商人和英國外交官

在該地區的待遇，而共產主義主導的中亞形勢若有任何改變，當然
也受到倫敦與新德里的歡迎。[47]

反過來看，英國對經過西藏的中印公路的修建，則顯得有些自
相矛盾和猶豫不決。當1941年初聽到中國的提議後，印度政府表現
得不慍不火，認為修建公路應是一項長期計劃，對當前戰事沒有甚
麼特別助益。此外，印度政府官員認為，如果中國在未經拉薩同意
的情況下修築公路，將會損害西藏作為獨立緩衝國的地位，而這與
英國與印度的利益息息相關。[48]倫敦的外交部與新德里觀點一致，
認為中印公路不切實際。然而，它也同情中國，希望幫助中國抵抗
日本。英國政府因此支持重慶的修路計劃，但前提是重慶必須取得
西藏同意。[49]

當中國無法獲得西藏同意時，是英國——而非中國——迫使
拉薩同意開闢驛運線，替代中印公路來運輸重慶需要的物資。儘管
在英國的努力下，最終成功開闢了經過西藏的中印驛運線，但關於
這個問題仍有爭議的地方。中國堅持驛運線經過拉薩和西藏控制的
昌都要地，而英國則認為，驛運線最實際的選擇是從印度經青海南
部至康定，即繞過拉薩和西藏控制的康區西部。[50]如上所述，國民
政府並不反對三方合作管理的建議，這種管理模式允許拉薩當局作
為第三方參與計劃。國民黨高層準備默許西藏作為中國主權管轄之
外的政治實體，參與驛運線計劃。然而，重慶的政治姿態卻未能令
英國和拉薩當局相信，中國對西藏不抱有野心。[51]

此外，蔣介石對印度事務的干預引起英國相當大的懷疑。面對
東亞嚴峻的軍事形勢，蔣介石急於想說服印度國大黨領袖接受全面
合作抗戰的建議，最重要的是游說他們不要與日本合作。從重慶的
立場來看，如果印度政府與印度國大黨領袖的衝突持續增加，日本
便有機可乘，而他們在本地區的影響也勢必大大增加，這將導致中
國西南地區的國民政府腹背受敵。[52]但是，英國不賣帳，他們認為
蔣介石熱心過度，特別是中國對印度國大黨領袖的同情，以及中國

願意斡旋以改善印度政治局勢的想法。這些被英國視為對其內部事務的政治干預。一些被激怒的英印官員甚至提議，如果蔣介石繼續干預印度事務，應該對中國宣稱擁有主權的西藏採取相應措施。[53]

拉薩的抵制與重慶的妥協

對中印公路的考察，揭示了二戰期間中、英兩國互不信任，導致雙方無法就通過西藏的運輸線安排上合作。公路問題還顯露出西藏如何在二戰中逐步在政治和外交立場上走向中立。自十三世達賴喇嘛執政，建設一個現代化西藏的目標，使拉薩與英國建立起緊密關係。然而，儘管民國與西藏互相猜疑，武裝邊界衝突時有發生，兩地之間的互動從未停止過。1934年黃慕松和1940年吳忠信率領的兩次高層使團，亦得到西藏的很好接待。甚至在抗日抗戰的最初階段，西藏人仍向重慶表達希望中國最終獲勝的祝願。[54]

但是1940年代初期，當中國和東南亞的局勢對同盟國不利，拉薩的態度發生了微妙變化，尋求在對外事務上保持中立。這種政策的改變，正好展現在中印公路問題上。如上所述，隨着一條通過他們領土的公路的威脅，西藏人堅決反對重慶將影響伸展至西藏的任何企圖。西藏人不僅對漢人懷有敵意，對英國亦然。最近一份傳記表明，至1942年，多數西藏高官確信，軸心國會擊敗同盟國，日本最終將征服全中國。[55]當回應英國有關運輸線的提議時，拉薩官員擔心因此而陷入戰爭，「其他列強可能利用局勢損害西藏的和平」。[56]西藏反對運輸線計劃使印度政府極為失望，英國則繼續對拉薩施壓。直至倫敦威脅會對西藏實施政治和經濟制裁，拉薩當局終於讓步。[57]

1942年夏以後，當西藏人首次正式接受驛運交通，卻一如既往般堅決抵制中國可能滲透的影響。拉薩的決心，表現在堅持反對在沿線派遣中國的「技術專家」監督工作。1942年11月，當國民政府

意識到西藏不會允許國民政府於沿線設置官員的安排，重慶妥協，希望與西藏的私人運輸公司簽定協議，以去政治化路線問題來取悦拉薩。英國對此表示同意，並繼續游説拉薩與漢人合作。[58]但是，西藏卻禁止任何西藏公司未獲拉薩同意下跟漢人簽定合約。1943年1月，拉薩進一步告知重慶官員，除非與英國達成一項三方協議，否則任何貨物不得經西藏運輸。[59]實際上，中國當局並不反對三方安排，當1942年7月西藏突然宣佈設立「外交局」處理西藏對外事務時，國民黨政權的容忍與願意妥協的態度可見一斑。因擔心會窒礙驛運線的建設，蔣介石政府故意忽略這個代表西藏主權地位、具鮮明象徵意義的機構。然而，即使至1943年3月，在拉薩同意非軍事物資通過西藏運輸近九個月之後，中、英、藏三方仍未落實協議。[60]西藏政府甚至採取了一項輕率的舉動，下令所有西藏公司不得再運送貨物到中國，包括非軍事物資，此舉深深激怒了蔣介石。1943年5月，蔣介石對拉薩的不合作態度表示憤怒，親自召來西藏駐重慶代表阿旺堅贊 (Ngawang Gyentsen)，加以訓斥。[61]

日本可能在上緬甸、印度北部及鄰近喜馬拉雅地區展開全面行動的威脅，以及西藏對運輸線的消極態度，使國民政府逐漸失去耐心。國府與拉薩當局的關係變得極為緊張，1943年春，媒體和外交圈關於中國正向漢藏邊界調動軍隊的新聞沸沸揚揚。西藏人大為戒備，據稱會派部隊前往青海南部以抵禦中國的入侵。[62]重慶與拉薩互相指責對方製造侵略威脅，蔣介石私下向同盟國領袖保證，不會動用武力入侵西藏，任何軍隊的調動皆出於中國的「自我防衞」。[63]此外，表面上，蔣介石向西藏邊界調動軍閥部隊的命令似乎是針對冥頑不靈的西藏人。但是，國民黨高層亦暗暗希望藉此機會，以加強軍力為名，派直屬蔣介石指揮的部隊到邊疆省份去。[64]

中國軍隊向西藏的移動，在當代著作中描述成中國決心使用武力解決西藏問題的最好證明，但此點值得仔細研究。早在1942年中期，當一份有關日本正逐步侵略西藏南部和印度北部的機密報告呈

交重慶領導人時，西康的劉文輝和青海的馬步芳即被指示調動部隊到漢藏邊境。[65]據漢文資料顯示，馬步芳立即聽從蔣介石命令，將穆斯林騎兵調往邊境。另一方面，劉文輝極為懷疑蔣介石的動機，僅在重慶願意提供給更多軍事資源時，才暫時同意調動部隊。[66]

然而，部隊在漢藏邊界的部署反映了在抗日戰爭這個特別時刻，蔣介石的軍事及安全顧問是如何看待政權生存和國家防衛的問題。如其所見，一旦印度或西藏被日本控制，整個中國內地，包括四川，便會直接受到日本人的威脅。換言之，重慶不過是想在西康—西藏和青海—西藏邊界形成一道軍事屏障，而非試圖對西藏發動軍事進攻。這一點反映在1942年10月蔣介石給國民政府軍令部長徐永昌將軍的密函中。蔣介石在電報表明，他完全明白重慶要調動仍在軍閥指揮下的邊境部隊的困難程度。他還認為，也不可能利用中國駐印度戰區的軍隊來攻打西藏，因為這不會獲得美國和英國的同意。但是，蔣介石指出，如果「緬甸或印度戰區局勢突然轉變」，情況亦會隨之改變。[67]顯然，蔣介石僅在西藏受日本控制，從而威脅到中國西南方的情況下，才會考慮對西藏用兵。由是觀之，蔣介石視西藏為緩衝區，以防止日本從印度或西藏來對國統區進行軍事滲透。[68]

據目前已有的材料披露，美國與英國政府普遍認為，有關西藏被日本煽動並計劃向中國邊境省份採取冒犯行動的報告誇大其詞。[69]但是，根據內部分析，華盛頓和倫敦高層不能完全排除日本對中國的可能威脅。戰時英國駐華大使薛穆爵士 (Sir Horace Seymour) 在其致白廳的報告中，指出確有未經證實的消息，說「日本正運送軍火給西藏人，而西藏人正在康區為日本飛機準備機場」。[70]在新德里致倫敦的另一份機密電報中，印度政府的官員雖不情願，但承認日本僧人可能已滲透至西藏寺院。當聽說英國下議院議員有意了解更多軸心國在西藏佛國的行動時，新德里官員感到焦慮，為讓西藏不受注視，他們竟然敦促英政府撤銷議員們的問題。[71]美國駐重慶大使

也認為，西藏有日本情報人員的說法是有的放矢，儘管美國傾向認
為，所謂日本的活動及西藏在中國西南地區的冒犯行為之說法有所
誇大。[72] 還值得注意的是，國府駐藏辦事處官員並不真的相信拉薩
有大量日本人。不過，拉薩的中國官員相信，的確有一定數量的蒙
古人或藏族人在為日本從事間諜活動，他們可以輕而易舉地從甘肅
和青海越過西藏邊界。[73]

　　不管對中國西南地區戰時複雜的邊境問題的看法如何，漢藏邊
境的緊張局勢至1943年底有所紓緩，漢人與藏人皆願意作出一定程
度上的妥協。拉薩官員不再拒絕中國人攜帶物品經過領土，也不反
對國民政府的「技術專家」或其他人員進入，只要他們在西藏公司
的名下登記在冊。反過來，重慶亦釋出善意，召回與藏人關係欠佳
的原駐藏辦事處處長孔慶宗，改以立場較溫和的沈宗濂代之，以展
示重慶與拉薩之間關係的改善。國民政府官員還繼續實施低調運作
印藏驛運線的政策，為實現泛西藏運輸計劃，他們願意盡量避免任
何政治上的行動。一間由前述著名的康巴、藏族商人及股東聯合參
與，並得到國民黨的完全支持的運輸公司，於1943年11月在康定成
立。[74] 可以預見，國民政府的影響將通過這個公司急速地向康區和
西藏內地擴張，直至印度北部城市如加爾各答和噶倫堡。戰時中國
增加影響的最好例子，是中國銀行在噶倫堡新開了一家支行，以協
助隨着驛運線而興起的中國商業和經濟活動。重慶還認真討論過在
拉薩開設另一家中國銀行分行總部的可能性。[75]

　　另一樁顯示國民政府影響力滲透進漢藏邊境地區的事件，是
1944年初原先計劃通過日瑪的中印公路的探測完成。儘管曾遭到西
藏人反對，重慶派出第二支探測隊前往漢藏邊界，這一次國府官員
沒有遭遇到多少西藏人的抵制。國府的探測隊員喬裝成商人，從昆
明出發，進入拉薩管治的阿薩姆—西藏邊界的部落地區，最後到達
他們的目的地薩地亞。[76] 國民政府的秘密探測行動與新任命的駐藏
辦事處處長沈宗濂的敘述一致：他表示「將為西藏確立東部邊境，

並在印度和中國之間開闢一條經過西藏的公路」。[77]儘管沈宗濂是在有利於中印交通的前提下提出公路計劃，但英國和西藏皆認為，中方曾經提出開闢與西藏交通將可促進中國對該地區經濟和政治的滲透。[78]

經過日本兩年又八個月的封鎖之後，1945年初戰時中國(昆明)與印度(列多)經過緬甸(密支那)的陸上交通重新開放，得到廣泛的關注，並大大提高了中國人民的士氣。[79]漢文資料顯示，國民政府認為，中印公路對於鞏固其在中國西南地區的控制具有戰略意義，而不是利用它來運輸戰時物資。此外，在完成西藏的公路探測之後，國民政府試圖加強其於戰後漢藏交涉中的地位。[80]然而，直至1949年其政權瓦解，國民政府再未有機會建設一條通過西藏領土的公路。1950年代末，是中國共產黨最終實現了這項期待中的漢藏公路計劃。

中國邊疆領土的不確定性

如同本章所示，1940年代早期日本在東亞和東南亞的軍事擴張，及其試圖封鎖中國物資供應網絡，使得被圍困的重慶國民政府發展其他路線，以圖求存。開闢經過西藏的中印路線可能是戰時最突出的反應。當政權在戰爭中面臨動搖時，國民政府對邊疆議題採取了相當務實的立場，這與其戰前的姿態可謂截然不同。重慶高層官員在西藏及鄰近康區的影響仍然薄弱，他們更關心的是岌岌可危的政權與防衛問題，而非聚焦於西藏虛幻的法理地位有否受到損害，或者民族尊嚴能否在邊境地區得到保存。當研究國民政府如何處理現實而又重要的問題，諸如中印公路，我們還發現，國民黨領導人在民族主義與愛國主義宣傳中所聲稱的立場，與實際行動存在極大的落差。如同從他們對驛運線的處理方式可見，國民政府不僅接受中國與英國有關路線事務聯合行動的想法，還提議讓西藏加

入，實施三方管理，以處理運輸事務與保障戰時物資，相比在九世
班禪喇嘛返藏問題上的強硬態度，可謂有天淵之別。在九世班禪喇
嘛返藏問題上，國民政府官員聚焦於中國內地，不論贏得或失去中
國邊境地區的土地，對實質利益而言皆無所損失。

　　此外，戰時中印公路的問題不能僅在傳統的中國對西藏或漢族
對藏族的分析框架下探討，而應該從戰時國民黨政權全力向西擴展
權威，以發展中國國際供應路線這個更廣泛的歷史背景來加以理
解。除通過西藏的路線外，重慶官員還設法開闢其他數條通過新疆
北部與南部的路線，其中一條甚至通過帕米爾，若在1930年代，將
難以想像國民政府的權威會到達那裏。隨着這些運輸路線的發展，
不可避免的是，國民黨以及重慶的軍事、政治和經濟影響將逐漸滲
透到那些遙遠邊區去。此外，為確保這些新路線的管理，戰時的國
民政府開始感到需要在新疆南部、克什米爾及帕米爾之間進行劃界
的迫切性，而這些地區的國界非常模糊。約在1942至1943年，外
交部出現了幾個內部研究小組，專門研究這些邊界問題；國民黨的
軍事領袖日益倡議在中國、蘇俄與英國的中亞具有爭議的邊境進行
勘界，這顯然是國民政府在中亞的影響日益加強的結果。[81] 故此，
國民政府所控制的中國西南地區與其他內亞邊區的聯繫得以強化。
若非這樣的發展，1944至1949年國民政府絕不可能恢復對新疆的
權威。

　　自1937年以降，抗日戰爭迫使國民政府與半獨立軍閥打交道，
以在西南地區建設一個國民黨控制的國家。日本的軍事和經濟封
鎖，進一步迫使被圍困的國民政府在中亞尋找新的供應路線。今
天看來，正是日本無意間將國民政府的權威引進西藏、西南邊區及
其他內亞邊疆，至此為止，國民政府在那些地方幾乎沒有任何影響
力。導致這樣的結果，並非源自戰時創造的中國「強權」尋求恢復對
西藏領土的主權，而是出於一個岌岌可危的政權雖不情願、卻被賦
予機會，從而將其影響滲透進中國的邊疆地區。

　　另一值得注意的地方，是蔣介石與其軍事幕僚如何在中國西南領地的後方，處理國防的方式。在日本進攻東南亞的高峰時期，印度、緬甸與西藏的失陷的確有可能發生，當時的國民黨極為擔憂日本會通過西藏來襲，並快速東進，通過西康直下四川。據目前已有的資料顯示，戰時中國政府高層，包括蔣介石，並不排除日本和拉薩之間的可能合作。由於政府既無法控制西藏，又不能在當地部署軍隊以作防衛，進一步加深了重慶的憂慮。於是蔣介石只能下令並不忠誠可靠的軍閥下屬調動部隊到漢藏邊界，藉口懲罰看起來冥頑不靈的西藏，這是針對日本的可能滲透的防衛行動。半個世紀以前，英國人由於擔心俄國和中國可能從北部而來的影響，試圖利用西藏作為緩衝國以保護印度領地；諷刺的是，現在是漢人，由於害怕日本人從南部前來的侵略，欲利用西藏作為緩衝區，以防止敵人可能來犯。

　　據 Curzon、Kristof 和 Lamb 的定義，邊境（frontier）是外向的行軍線（outward-oriented march line），中央政府的領土控制受制於邊界地區（border area）。邊境也是潛在擴張與文化推進的地區，傾向於佔據整個前線區域（whole belt in front）。反過來，邊界（boundary）是一個內向的「界線」（inward-looking "bound"），是現代國家在排外的管轄權下，合併領土的一條明確的分界線（a sharp dividing line）。[82] 一位學者通過考察晚清至 1950 年代共產黨接管時期的漢藏關係，清楚地展現了從邊疆到邊界的轉變。[83] 如果此論述正確，那麼本章的闡述進一步表明，遲至 1940 年代初期，包括西藏在內、一個明確定義的現代中國領土，仍然是國民政府一個迫切而又擱置了的未決議題。

注 釋

1. 可權:〈論英俄均勢與中國之關係〉,《東方雜誌》,第1卷,第9期 (1904),頁198。

2. N. Clifford, *Retreat from China: British Policy in the Far East 1937–1941* (London: Longmans, 1967), pp. 149–150; Peter Lowe, *Great Britain and the Origins of the Pacific War: A Study of British Policy in East Asia, 1937–1941* (Oxford: Oxford University Press, 1977), pp. 72–102; Antony Best, *Britain, Japan and Pearl Harbor: Avoiding War in East Asia, 1935–1941* (London: Routledge, 1995), pp. 71–86.

3. Clark-Kerr to Foreign Office, 19 and 24 October 1940, FO 436/16158; 蔣介石與駐華大使卡爾 (Clark-Kerr) 談話記錄,1940年月10月31日、11月9日,*ZZSC*,第3編,戰時外交(二),(1981),頁44–51。

4. Judith M. Brown and W. M. Roger Louis eds., *The Oxford History of the British Empire: The Twentieth Century* (Oxford: Oxford University Press, 1999), pp. 306–329.

5. 見 "China Summary No. 9," enclosed in Clark-Kerr to Foreign Office, 3 October 1940, FO 436/16158; Sir Llewellyn Woodward, *British Foreign Policy in the Second World War* (London: Her Majesty's Stationery Office, 1975), 4: p. 488.

6. Foreign Office to Clark-Kerr, 21 January 1942, FO 954/6C.

7. 蔣君章:〈康藏交通與抗戰建國〉,《邊政公論》,第5–6卷(1942),頁39–47;朱少逸:〈論康藏驛運〉,《邊政公論》,第9–10卷(1942),頁60–62。

8. 《益世報》(重慶),1936年7月28日。中國人相信,當時日本駐成都總領事館在傳播日本在中國西南地區的活動扮演重要角色。

9. Merrill R. Hunsberger 著,崔永紅譯:《馬步芳在青海》,頁42。

10. "Political Review for 1939," enclosed in Clark-Kerr to Foreign Office, 24 May 1940, FO 436/16157.

11. Foreign Office to the British Embassy in China, 10 March 1938, IOR, L/P&S/12/2305; "Sinkiang and Russo-Chinese Relations," extract from Shanghai Naval and Military Intelligence Summary no. 54, 28 October 1939, WO 208/268.

12. China (Military): Situation report, War Department, 17 November 1936, *USMIR*, reel 9.

13. 見Basil Gould (British Political Officer in Sikkim) to GOI, 30 March 1939; and L. H. Lamb (Assistant Secretary to the British Embassy in China), memorandum, 14 July 1939, both in IOR, L/P&S/12/2305.

14. 軍事委員會致外交部，極機密，1942年12月24日，AMFA-1，172-1/0012。

15. 關於二戰期間日本和印度激進的民族主義者的合作，參見Milan Hauner, *India in Axis Strategy: Germany, Japan and Indian Nationalists in the Second World War* (Stuttgart: Klett-Cotta, 1981); Peter Ward Fay, *The Forgotten Army: India's Armed Struggle for Independence, 1942–1945* (Ann Arbor, MI: University of Michigan Press, 1993). 關於二戰期間日本試圖製造泛亞認同，見Li Nangagoga and Robert Cribb, eds., *Imperial Japan and National Identities in Asia, 1895–1945*.

16. 蔣介石與重慶的西藏代表的談話記錄，1942年10月27日，AMFA-1，172-1/0016。關於日本在印度北部和西藏南部的宣傳，見黃朝琴(中國駐加爾各答總領事) 致外交部，1942年6月3日，AMFA-1，172-1/0100–1。

17. 顧維鈞(中國駐英大使)致外交部，1942年7月9日，AMFA-1，172-1/0010-1。

18. 一些學者認為，中國抗戰的真正威脅並非來自日本的軍事侵略，而是迫在眉睫的經濟崩潰。日本的經濟封鎖、中國日益被外界孤立以及進口物資遭禁運特別具破壞性。所有這些因素直接或間接涉及中國的供應路線問題。見Arthur N. Young, *China and the Helping Hand, 1937–1945* (Cambridge, MA: Harvard University Press, 1963), p. 216; M. Schaller, *The U. S. Crusade in China, 1938–45* (New York: Columbia University Press, 1979), p. 36.

19. Hugh E. Richardson, *Tibetan Précis*, p. 70, in IOR, L/P&S/20/D222; 行政院公議紀要，1941年2月8日，行政院致外交部，1941年2月10日，行政院令，1941年2月10日，交通部致外交部，1941年4月3日，皆見AMFA-1，172-1/0010-1。

20. 蒙藏委員會致外交部，1941年9月13日；張嘉璈(交通部長)致郭泰祺(外交部長)，1941年10月6日，皆見AMFA-A，172-1/0099-2。據中國人宣稱，西藏人一開始同意，但後來卻拒絕讓他們的探測隊進入西藏地區。

21. "Agreement reached between Chiang Kai-shek and the Government of India," US Embassy in China to the State Department, top secret, 25 February 1942, TVSP, Box 62; "China Political Review–1942," enclosed in Sir Horace Seymour (British Ambassador to China) to Foreign Office, 22 June 1943, FO 436/16373.

22. 《國民政府資源委員會公報》，第2卷，第1號 (1942)，頁75–76；外交部致交通部，1942年3月7日，外交部致倫敦中國大使，1942年3月23日，皆見AMFA-A，172-1/0099-2。

23. 倫敦中國大使致外交部，1942年6月12日，AMFA-1，172-1/0100-1。

24. 1942年5月，軍事委員會詢問蒙藏委員會關於從印度經西藏運送物資到中國的可能性，如同英國所建議的那樣，但蒙藏委員會卻完全不知這項提議。見軍事委員會致蒙藏委員會，1942年5月11日，AMFA-1，172-1/0100-1。不過，當英國駐中國大使Horace Seymour聽說英印政府和拉薩直接接觸，討論經西藏用馱畜運送物資到中國的可能性時，警告說，這種單方面行動可能不獲中國政府接受。見Seymour to Foreign Office, 20 May 1942, FO 436/17087.

25. Foreign Office to the British Embassy in the United States, 15 May 1942, FO 436/17087; Woodward, *British Foreign Policy in the Second World War*, 4, p. 504. 英國在拉薩的單方面行動，首先是由駐倫敦的中國大使館向重慶彙報。見顧維鈞致外交部，1942年6月12日，AMFA-1，172-1/0100-1。

26. Woodward, *British Foreign Policy in the Second World War*, 4, pp. 504–505; 周一士：《中國公路史》，頁236–242。須注意的是，對於開闢這些中亞運輸路線，美國起初不如英國那麼熱衷。見Memorandum of conversation by Mr. Alger Hiss (Assistant to the Adviser on Political Relations, State Department), 11 January 1943, *FRUS: China* (1943), pp. 593–596.

27. IOR, L/P&S/12/757, Minutes by G. P. Young of Foreign Office, 23 July 1943; L/P&S/12/4609, Seymour to GOI, 19 November 1942; Foreign Office, memorandum, 3 February 1943. 關於戰時通過蘇俄領土的運輸權利，亦見John W. Garver, *Chinese-Soviet Relations 1937–1945: The Diplomacy of Chinese Nationalism* (Oxford: Oxford University Press, 1988), pp. 187–191.

28. Headquarters US Air Forces in India, "Survey of Trans-Himalaya Route, Peshawar (India) to Yarkand (Turkestan)," memorandum, 27 June 1942,

enclosed in India Office to GOI, 9 October 1942, Civil Aviation Authority of the British government, DR 9/99.

29. 外交部紀要，1942年6月11日，蒙藏委員會致外交部，附蒙藏委員會致蔣介石，1942年6月7日，皆見AMFA-1，172-1/0100-1。

30. 軍事委員會致外交部，1942年7月1日，AMFA-1，172-1/0100-1。

31. 外交部會議紀要，1942年7月14日，AMFA-1，172-1/0100-1。

32. Weekly report by the British Mission in Lhasa ending 28 June 1942, IOR, L/P&S/12/4201。

33. Seymour to Foreign Office, 17 August 1942, FO 436/17097.

34. 見 Seymour to Foreign Office, 9 July 1942, FO 436/17097; 外交部備忘錄，1942年7月9日；外交部會議紀要，1942年7月13日，皆見AMFA-1，172-1/0100-1。

35. *GWJH* 5 (1985)，頁154–155。顧維鈞與蔣介石的會面時間是1942年12月13日，就在中英新約簽定之前的一個月。見 Note from Mr. Eden (British Foreign Secretary) to the US Embassy in London, 29 December 1942, FO 436/17097.

36. Aide-memoire by the British Embassy in the United States to the US State Department, 29 March 1944, *FRUS* 6 (1944), pp. 952–956; Richardson, *Tibetan Précis*, pp. 72–73.

37. 行政院備忘錄，1942年8月5日；英國駐華大使 (Sir H. Seymour) 與中國外交部次長 (傅秉常) 談話紀要，1942年8月19日，皆見AMFA-1，172-1/0100-2。

38. 李如霖 (財政部視察專員) 致孔祥熙 (行政院副院長) 報告，1943年11月2日，《民國檔案》，第3期 (1993)，頁25–26。

39. 同上，頁26–27；Richardson, *Tibetan Précis*, p. 78.

40. 李如霖報告，頁28。

41. Tibetan Intelligence Report, no. 13/14, 29 May 1944, IOR, L/P&S/12/4210. 在這份報告中，英國普遍相信，至1944年初，國民黨政權已成功收買了一些重要的康巴商人，包括管理康藏貿易公司的經理頓珠朗欽 (Trondrup Langchen)，他多次與蔣介石會見。見黃玉生等：《西藏地方與中央政府關係史》(拉薩：西藏人民出版社，1995)，頁504–513。

42. 謝明亮、郭建藩：〈西康邊茶簡介〉，*SWZX*，第8輯 (1979)，頁173–187。

43. Analytical report by the British Consulate-General in Chongqing, 31 January

1942, IOR, L/P&S/12/4182. 國民政府連接四川與其他中亞區邊的初步成就，被1940年初的媒體廣泛報道。參見如Martin R. Norins, "The New Sinkiang: China's Link with the Middle East," *Pacific Affairs* 15, 4 (1942): pp. 452–470; Glen Ingles, "Building the New China," *Far Eastern Survey* 13, 13 (1944): pp. 116–120.

44. State Department, "Sino-Tibetan Relations," memorandum, 26 April 1944, USFR, 893.00 Tibet/71, in *USDS 1940–1944*, reel 7.

45. Merrill R. Hunsberger著，崔永紅譯：《馬步芳在青海》，頁103、106–107；青海省政府：《青海三馬》，頁158。

46. Seymour to Foreign Office, 10 August 1942; Draft letter by GOI, 4, February 1943; and India Office to GOI, 2 March 1943, all in IOR, L/P&S/12/4609.

47. Seymour to Foreign Office, 22 June 1943, FO 436/16459.

48. Richardson, *Tibetan Précis*, pp. 70–71. 蔣介石致孔祥熙，1941年4月10日，中國駐加爾各答總領事致外交部，1941年5月29日，皆見AMFA-1，192-1/0099-1。

49. 重慶英國大使致外交部備忘錄，AMFA-1，172-1/0099-1。

50. 薛穆 (Seymour) 與傅秉常談話紀要，1942年8月19日；梁龍 (外交部歐洲司司長) 與台克滿 (Eric Teichman，英國駐華使館參贊) 談話紀要，1942年8月19日，皆見AMFA-A，172-1/0100-22。一些重慶官員相信，英國反對中國提出的運輸路線，是因為倫敦不想中國的影響滲透至最重要的軍事基地昌都。見外交部備忘錄，1942年8月28日，AMFA-1，172-1/0100-2。

51. Seymour to Foreign Office, 19 August 1942, FO 436/17097. 在這份電報中，重慶的英國官員表達了他們的擔憂：考慮到重慶對路線的堅持，漢藏運輸線的開闢可能最終告吹。

52. Woodward, *British Foreign Policy in the Second World War*, 4, pp. 489–490. 這個時期蔣介石與其屬下及外國政府的幾封往來函件中，清楚傳達出國民政府對印度不穩定的政治局勢將被日本利用的焦慮與不安。參見如蔣介石致顧維鈞函，1942年2月22日；蔣介石致宋子文 (中國外交部長) 私人函件，1942年2月26日，*ZZSC* 3，3 (1982)，頁434、439–440；Lord Linlithgow (Viceroy of India) to India Office, 23 February 1942, IOR, L/P&J/8/509; British Embassy in the United States to Foreign Office, 20 March 1942, IOR, L/P&S/12/2315.

53. Minutes by P. J. Patrick (Assistant Under-Secretary of India Office),

22 September 1942, IOR, L/P&J/8/515: f72; Chiang Kai-shek to Lord Linlithgow, 26 September 1942, IOR, MSS. F. 125/130; India Office to GOI, 27 November 1942, IOR, MSS. Eur. F. 125/11.

54. 例如，拉薩三大寺舉行多次大規模的佛教儀式，為中國勝利祈福。在一份正式電報中，西藏攝政亦向中國表達了祝福。見熱振呼圖克圖致蔣致余，1937年10月1日；西藏三大寺向國民政府函，1938年11月1日，*YXZG*（1993），第7冊，頁3132–3133。

55. Melvyn C. Goldstein, Dawei Sherap, and William R. Siebenschuh, *A Tibetan Revolutionary: The Political Life and Times of Bapa Phüntso Wangye* (Berkeley: University of California Press, 2004), pp. 77–78.

56. Eden to Seymour, 7 June 1942, FO 436/17087. 據Alex McKay表示，西藏人如此強烈抵制中印公路，以至於拉薩最信任的印度政府官員藏族人Norbu Döndrup (Rai Bahadur) 亦無法改變西藏人對此事的觀點。Norbu Döndrup最終因無法說服拉薩與同盟國合作而辭職。見McKay, *Tibet and the British Raj: The Frontier Cadre, 1904–1947* (Richmond, Surrey, England: Curzon Press, 1997), pp. 166–167.

57. Weekly report by the British Mission in Lhasa ending 13 September 1942, IOR, L/P&S/12/4201.

58. 行政院會議紀要，1942年7月22日，AMFA-1，172-1/0016；Richardson, *Tibetan Précis*, p. 73.

59. Minute paper prepared by GOI Political Department, 27 April 1943, IOR, L/P&S/12/4201.

60. Weekly report of the British Mission in Lhasa ending 15 August 1943, IOR, L/P&S/12/4201.

61. 蔣介石與西藏代表阿旺堅贊談話紀要，1943年5月，TJDA/XW，卷61，編號42462。據蒙藏委員會官員，重慶不惜一切地希望發展中印運輸線的另一主要原因，是一旦印度和緬甸的其他地方陷落，提議中的中印公路將可能是唯一一條海外華人及其物資撤退到中國西南地區的路線。

62. 蔣介石致馬步芳令，1943年5月8日，CB，09–1541；馬步芳致蔣介石，1943年6月12日，TJWD，卷6，編號32017694；Foreign Office to the British Embassy in the United States, 29 August 1943, FO 371/35756; State Department to the US Embassy in China, 18 May 1943, *FRUS: China* (1943), p. 632.

63. Seymour to Foreign Office, 8 May 1943; and India Office to GOI, 26 May 1943, both in IOR, L/P&S/12/4210. Richardson, *Tibetan Précis*, pp. 73–74; 蔣介石致宋子文，1943年5月23、25日，TVSP，BOX 59; Joseph W. Ballantine, memorandum of conversation, Division of Far Eastern Affairs, 31 May 1943, *FRUS: China* (1943), pp. 633–634.

64. 參見如劉文輝：〈走到人民陣營的歷史道路〉，*WZX*，第33輯（1986），頁 1–58；伍培英：〈蔣介石假征藏以圖康的經過〉，*WZX*，第33輯（1986），頁140–154。據劉文輝的敘述，蔣介石向西康和雲南進行軍事滲透的試圖最終失敗，邊境軍閥抵禦重慶進攻西藏的想法，向國民政府要求更多軍事裝備和其他資源。亦見British Embassy in China to Foreign Office, 25 May 1943, IOR, L/P&S/12/4210. 在這份分析報告中，英國在中國的外交官記錄披露，劉文輝無視蔣介石調動部隊到西藏邊境的命令，據報告，劉嘗前往成都和蔣介石的高級軍事幕僚進行協商。

65. 見蔣介石致徐永昌（軍令部部長），1942年10月19日，CB，09–1413；Note by the US Embassy in China, 31 July 1943, USFR, 893.00 Tibet/66, in *USDS 1940–1944*, reel 6.

66. 劉文輝：〈走到人民陣營的歷史道路〉，頁15–16。關於調動中國部隊到漢藏邊境的相關報告，亦見Weekly report by the British Mission in Lhasa ending 31 May 1943, IOR, L/P&S/12/4201; Seymour to Foreign Office, 22 April and 8 May 1943, FO 436.16459.

67. 見蔣介石致徐永昌，1942年10月19日，CB，09–1413。

68. 中國高層官員的觀點與關注可見於下述文件：蒙藏委員會致蔣介石備忘錄，1942年，TJDA/YB，卷63，編號42548；梁龍與台克滿非正式交談紀要，1942年7月9日，AMFA-1，172-1/0100-1；行政院備忘錄，極機密，1942年8月5日，AMFA-1，172-1/0100-2；陳誠、何應欽、吳忠信致蔣介石報告，1942年12月14日，ANG，200000000A，419/1621–419/1629。

69. 見memorandum of conversation between Sir George Sansom, Minister of the British Embassy, and Mr. Ballantine of the US State Department regarding situation in Tibet, 31 May 1943, USFR, 893.00 Tibet/64; and note from the British Embassy in the United States to the State Department, 14 September 1943, USFR, 893.00 Tibet/68, both in *USDS 1940–1944*, reel 6.

70. Seymour to Foreign Office, 22 April 1943, IOR, L/P&S/12/4210。

71. GOI to India Office, enclosed in Foreign Office minute paper, 27 July 1942, FO 371/31700。

72. US Chargé in China (Atcheson) to the Secretary of State, 25 May 1943, *FRUS: China* (1943), pp. 632–633. 為評估西藏的戰略重要性以及研究是否值得修建中印公路，1942年12月，美國政府派兩名情報人員Ilia Tolstoy上尉與Brooke Dolan中尉訪問西藏。關於戰時美國至西藏的使團，見Melvyn C. Goldstein, *A History of Modern Tibet, 1913–1951: The Demise of the Lamaist State*, pp. 391–397.

73. 見Weekly report by the British Mission in Lhasa ending 7 June 1943, IOR, L/P&S/12/4201; 吳忠信致蔣介石，1943年3月9日，ANG，200000000A，419/1651–419/1653。

74. 康藏驛運公司組織法，1944年1月29日，AMFA-1，172-1/0008；Richardson, *Tibetan Précis*, pp. 74–75.

75. 在拉薩開設中國銀行的想法，最初於1942年中提出，當時在甘孜與巴安開設了兩家支行，在這兩個地方，過去國民黨可謂完全沒有影響力。為抵禦中國對西藏的可能影響，英國官員提議在拉薩開設另一家英國銀行。不過直到整個戰爭時期，無論中國銀行還是英國銀行皆未在拉薩設立。見Seymour to Foreign Office, 26 July and 12 August 1942; and GOI to India Office, 26 August 1942, both in IOR, L/P&S/12/4205.

76. 交通部致外交部，附中國公路推測隊調查報告，1944年5月9日，AMFA-1，172-1/0099-2。

77. Seymour to Foreign Office, 8 November 1944, FO 436/16900.

78. 交通部致外交部，1944年6月27日，AMFA-1，172-1/0099-2。

79. 見Minutes from Seymour to Foreign Office, 26 January 1945; and "Monthly Summary, January 1945," enclosed in Seymour to Foreign Office, 6 February 1945, both in FO 436/16995.

80. 外交部備忘錄，1944年7月11日，AMFA-1，172-1/0099-2。

81. 軍令部致外交部有關中俄在帕米爾的邊界問題，1942年1月15日，亞西司（Department of Western Asiatic Affairs）備忘錄，1943年11月4日，外交部有關派探測隊前往調查帕米爾地區的備忘錄，1943年12月3日，皆見AMFA-2，112/923。

82. Alastair Lamb, *The China-India Border: The Origin of the Disputed Boundaries* (Oxford: Oxford University Press, 1964), pp. 14–15; George Curzon, *Frontiers* (Oxford: Clarendon Press, 1908); L. K. D. Kristof, "The Nature of Frontiers and Boundaries," *Annals of the Association of American Geographers* 49 (1959): pp. 267–271. 有關「邊界」與「邊境」的討論，亦

見 Friedrich Kratochwil, "Of Systems, Boundaries, and Territoriality: An Inquiry into the Formation of the State System," *World Politics* 39, 1 (1986): pp. 27–52.

83. Wim van Spengen, *Tibetan Border Worlds: A Geohistorical Analysis of Trade and Traders*, p. 49.

第八章

修辭、政治現實與戰時西藏議題

蔣介石最近有關藏族及蒙古、滿族、回民皆是單一的中華種族
的辯解，與過去中國關於這些是由同一精神紐帶聯合在一起的
五族的理論相比，令人失望。現今種族理論往往具有政治目
的，蔣的新理論看來也不例外。……只要蔣介石仍然在位，便
存在很快對西藏採取行動的威脅。[1]

1937夏，抗日戰爭的爆發使中國漢族人在一定程度上改變了對
「邊境」的理解。隨着中國的政治、經濟和軍事資源從東部沿海向遙
遠的西南腹地遷移，西康、西藏、青海、新疆等曾被當作「邊區」的
地方，現在從地理上講已不再與四川的中央政府相隔遙遠。抗戰時
期，中國漢族的官員、學者和知識分子很快地去調查西南地區的社
會、民族與文化情況，這些在戰前十年大都不甚了了。他們努力理
解整個的西部地區。1939年春，兩位在中國考察的美國學者Alvin
Barber和Norman D. Hanwell發現，抗日戰爭爆發後，中國成為一個
面向西部的國家，在東部沿海地區整個受日本控制後，國民政府的
西遷，確定了這種「西向」移動的清楚含義。他們還注意到，遙遠的
西部地區正吸引着中國人的興趣，這在幾年前幾乎難以想像。[2]

抗日戰爭還使國民黨政權被迫與西藏近鄰打交道，因為現在它
比以往的中國政府都與西藏來得更為接近。因此，這段戰爭時期給

了我們一個機會，得以考察國民政府對西藏及中國其他邊疆地區的政策。學者對這個領域的研究，長期以來強調確定的、中國漢族人對西藏人的分析框架。但本章將就國民政府試圖在內亞邊疆建立地位的歷史背景下，探討重慶的西藏問題。本章認為，戰時中國的邊疆計劃和政策並不一定反映實際的漢藏政治環境，國民政府當局如何真實地看待戰時的西藏議題，值得進一步研究。

中央政令進入西部邊疆地區

1941年12月珍珠港事件後，中國成為跟軸心國作戰的同盟國之一，政治氣候的微妙轉變，可從中國西部的未佔領區覺察出來。1943年中國不平等條約的廢除，以及重慶參與開羅高峰會議和莫斯科四強宣言，中國在理論上提升至世界大國的地位，[3]這對國民黨領袖及中國媒體皆產生積極的心理影響。再者，國際環境的改變還促使中國從高官大員至草根平民皆熱烈討論恢復往昔的領土主權，其中不僅有喪失給日本的土地，還包括前清在內亞的藩屬。兩個基本信念支撐着人們對收回喪失邊疆領土的關注。從政治上講，戰時中國的漢族知識分子期待得到美國的支持，以確保中國建立大國地位，因此他們相信，這是中央政府恢復對邊疆地區領土控制的最好時機。[4]從經濟和戰略上講，重慶的學者與大眾輿論亦認為，傳統邊疆地區擁有大量自然資源如毛皮、黃金和森林，對中國抵抗日本侵略具有重要的軍事作用。他們相信，珍珠港事件後戰爭形勢好轉，已經為政府提供一個完美契機，可為全國利益而去開闢過去未曾探索的邊疆地區。[5]

蔣介石《中國之命運》一書於1943年春正式出版，吸引了國內外廣泛的關注。[6]蔣在本書中坦率指出，中國的五大民族乃同一宗族的不同支系。蔣介石説道：「吾人之不同氏族實屬同一民族及同一種族。……所謂中國有五大民族並非言其種族或血統之異，乃指宗教與

地理環境之別。簡言之，中國五大民族之不同乃由於地域性或宗教性之因素，而非出於種族或血緣之因由。吾國人民須切實了解此點。」[7]

　　蔣介石稱中國的五大民族由同一精神紐帶聯結在一起，這種表述與孫中山提倡的觀點截然不同。[8]蔣介石進一步指出，中國傳統的領地抵達喜馬拉雅、帕米爾、印度支那半島和其他內亞邊疆，如西藏、中國突厥斯坦、外蒙古和唐努烏梁海。他對西藏和外蒙古持特別強硬的立場，聲稱這些地區對於中國的國防是不可或缺的，沒有哪個地區可以稱為獨立。[9]可以預見，蔣介石有關中國邊疆與民族的全新陳述，成為1943至1944年最大的政治焦點。他的新觀點收入學校課本之中，《中國之命運》成為所有政府官員的指定參考書。重慶還命令地方省當局向大眾宣傳這些有關邊疆與少數民族的立場。[10]

　　作為戰時中國的最高領袖，蔣介石對中國領土的構想，正如體現在《中國之命運》一書中的觀點，也引起國外極大的關注。美國官員發現，民族主義精神在重慶高層中極為氾濫，中國仍在「革命的掙扎之中」。美國駐重慶大使也認為，就中國人民而言，本書可能使中外關係的改善變得更加困難。[11]對於蔣介石的新論，英國難以相信國民黨的民族主義者沒有政治野心。在倫敦看來，中國不僅決心重申對邊疆民族的統治，而且還極欲對泰國、印度—支那，可能還有緬甸施以主導性的影響。白廳的外交政策制定者認為，從外交政策的角度來看，蔣介石的著作是一個「嚴重污點」，認為蔣正對「西藏、蒙古採取一種帝國主義的立場，而這與蔣提倡的東亞其他地區自決原則不符」。[12]此外在英國官員看來，英國與國民政府的關係將由於在西藏與香港問題上的直接衝突以及對中國西南鄰居的可能產生摩擦而蒙上陰影。[13]

　　蔣介石對恢復喪失之領土的短暫信心，應放在國際環境與國內政治形勢皆發生變化的歷史背景下來理解。1942年，隨着穆斯林領袖馬步青從甘肅走廊被免職，重慶成功地擴展權威至甘肅西部。馬步青及其穆斯林騎兵被青海的馬步芳和西蒙阿拉善旗的馬鴻逵勢力

夾在中間，這三個穆斯林軍閥在西北地區組成聯盟，成為甘肅南部
的國民黨當局與事實上獨立的新疆之間的障礙。1942年初，重慶成
功擊破這個穆斯林聯盟，命令馬步青以「屯墾」之名，將部隊調往青
海柴達木盆地。重慶又努力游説馬步芳與蔣介石合作，幫助國民黨
取得甘肅走廊的控制權。重慶後來下達一道命令，允許馬步芳接管
柴達木的部隊，作為對馬步芳的回報，自此馬步青在西北的影響力
宣告瓦解。[14]

　　1942年7月，馬步青屬下的30,000名穆斯林騎兵從甘肅走廊的
駐防區越過祁連山，前去青海西北的柴達木盆地安頓。如同1942年
的一份報告所示，此次遷移標誌着馬步青傳奇故事的結束，在過去
的25年，他是一名優秀的回族戰士，馳騁在甘肅、青海和寧夏的沙
漠、草原與綠洲之間。[15]隨後不久，蔣介石的嫡系部隊開進通往新
疆、具有戰略重要性的甘肅走廊，防衞黃河西部的長條狀土地，如
同戰時英國的外交官觀察所得，自1928年以來，國民政府部隊首次
出現並活躍於中國的西部邊疆地區。[16]

　　蔣介石成功遏止了馬步青在甘肅西部的穆斯林影響，還使他得
以於1942年夏首次視察軍閥控制的青海、寧夏和國民黨新接管的甘
肅走廊。[17]在此次訪問中，蔣介石竭力與冥頑不靈的軍閥談判，以
確保他們與重慶通力合作，對抗日本。在青海，蔣介石向當地穆斯
林部落民與蒙藏頭人發表演講，後者迄今為止對中央只表示象徵式
的服從，只要覺得與日本人合作有利可圖，他們就有可能轉對日本
投誠。[18]在寧夏，蔣介石公開請求當地穆斯林領袖與國民黨全面合
作。馬鴻逵自1930年代初以來即統治內蒙古西部，蔣向他承諾，重
慶將為他提供更多資源。反過來，蔣介石強調，國民黨應在邊疆省
份的軍事和政治事務中擁有更大的權威。蔣介石的視察活動結束後
不久，一群國民黨官員、軍事顧問和政治組織開始來到寧夏，監督
當地事務。來自重慶的政治壓力開始變得強大，最終導致馬鴻逵指
示省內的所有穆斯林阿訇在其日課中，採用國民黨人的意識形態與

愛國主義。這樣做的目的，是為了抵禦日敵及統治着鄰近邊區的中
國共產黨。[19]

　　幾乎同時，新疆軍閥盛世才採取了一項重大舉措，並結束其自
1930年代初期以來在新疆的封建獨立地位。由於考慮到德國可能擊
敗蘇俄，盛世才從親蘇轉變為反共產主義立場，並努力修補與國民
黨政府的關係。1942年秋，蔣夫人宋美齡、吳忠信以及時為國民
黨第八戰區司令的朱紹良將軍一同飛往新疆首府，與盛世才談判。
表面上，談判結果看起來令重慶滿意，因為盛世才隨即宣佈向蔣介
石表示絕對忠誠。不久，國民黨省黨部正式在烏魯木齊宣告成立。
自1928年以來，中華民國的國旗與國民黨黨旗第一次在新疆境內飄
揚，重慶外交部可以派遣官員到烏魯木齊，負責新疆的對外事務。[20]
與此同時，蔣介石部署在甘肅走廊的部隊向西北挺進，駐守東疆哈
密。另一方面，原本駐守東疆的蘇聯紅軍第八騎兵團，則被要求撤
離。至1943年底，當盛世才意識到蘇聯被德軍打敗既不會馬上發
生，甚至也不可能出現，一度試圖改變政策，準備疏遠重慶，但不
成功。1944年，重慶以吳忠信取代盛世才，這個行動象徵着國民政
府恢復了在新疆自民初以來的中央權威。[21]

　　新疆回歸國民政府，使重慶自1928年以來第一次得以在中亞着
手其國家建設計劃。1943年末，重慶開始在新疆東部推行新的安居
政策。二萬多名中國漢族人從四川本土向哈密和吐魯番移民，從事
開墾工作。國民黨還啟動了一連串文化與經濟發展計劃，旨在加強
對中亞邊疆的政治與行政控制。[22]此外，據英國駐喀什噶爾總領事
的第一手報告披露，在成功開闢數條從中國到蘇俄屬中亞的運輸路
線後，國民政府已經相當程度地滲透入南疆地區，給當地帶來全面
的改變。在每個綠洲城市的公共場合，盛世才的照片已換上孫中山
與蔣介石的照片，甚至警察帽子上的徽章也變了。[23]

處於新政治氣氛下的西藏議題

對於重慶當局而言，權力抵達中國新疆的邊境地區和青海、甘肅走廊、內蒙古阿拉善地區等穆斯林控制的領土，是一項根本性的成就。因此無須驚訝，國民黨會採取積極行動，設法將西藏納入國民政府更加有效的控制。在1942至1943年提出的各項計劃中，蔣介石的軍事顧問設計了一系列政治措施，值得仔細研究。在1943年3月多個高級政府組織參加的聯合會議上，國民黨的軍事人員不尋常地提議逐步廢除西藏的政治—宗教雙重體制，這意味着傳統西藏架構的改變，不論是在政治層面，還是在社會層面。國民黨政權之前一直宣稱，西藏會被賦予在民國體制之內的自治，這個立場的改變意義重大。

首先，在保存西藏自治和強化蒙藏委員會駐藏辦事處力量的同時，國民黨的高級軍事領袖提出，重慶應從西蒙地區選派更多親漢的少數民族喇嘛和王公貴族等前往拉薩，這是他們向西藏社會和寺院團體進行滲透的第一步。其次，國民政府官員提議，逐漸改變西藏現有的政府架構，建議逐漸吸納貴族與神職人員之外的西藏人進政治圈子，參與政治事務，僧官的數量則應慢慢減至最少。最後但同樣重要的是，國民黨政權應派遣資深的漢族僧人前往西藏，參與當地的寺院事務，鼓勵漢藏佛教徒之間的互動。國民政府的軍事官員相信，隨着時間與努力，西藏的政治制度最終將與宗教部門分離，逐漸建立起一個新的、純粹世俗的、有利於國民黨滲透影響力的政府架構。[24]

重慶的軍事領袖可能把重整西藏內部架構看作是最終的目標，需要許多年的努力才能達致。事實上，國民政府軍事顧問關於改變西藏雙重體制的建議，曾經在重慶高層中引起嚴肅討論。例如，行政院官員認為，改變西藏的社會與政治結構不切實際，儘管他們一般同意，有必要派更多國民黨特工人員前往拉薩，從事秘密活動。[25]

但是，戰時中國對西藏革命黨的支持確實表明，重慶有意對「頑固的」拉薩當局施加壓力。[26]無疑，這種政治傾向與當時國民政府有意恢復「喪失之邊疆」的普遍原則一致。1943年10月，吳忠信致蔣介石一份密呈披露，其中包含削弱拉薩現當局的計劃。這些計劃由一位康巴藏人邦達饒幹所制定，他是一位理想主義的民族主義者和知識分子，是孫中山的忠誠追隨者，曾在1930年代初期對拉薩政府發動一次未遂叛變。在其1943年的提議中，邦達饒幹要求重慶組織一隊康區民兵，與藏軍作戰。他還尋求國民黨對其西藏革命黨予以支持，以推翻西藏當局，他絕望地認為西藏當局和現代世界完全不相適應。[27]饒幹以下面的論述來游說重慶支持其反拉薩的行動。首先饒幹宣稱，西藏僧人和寺院對西藏經濟狀況極為不滿。其次，西藏的上層貴族也表達了他們的政治不滿。再者，西藏統治階級對普通平民的剝削引起西藏民眾憤怒。此外，他指出自己具備兩個有利條件來發動革命：第一，其兄當時負責西藏最富有的一家貿易公司，掌控着康區和西藏價值超過七百萬盧布的生意。第二，其郎舅曾經做過康區地方民兵的軍事司令，與西藏軍事部門有緊密聯繫。[28]

收到饒幹請求時，重慶官員擔心會帶來英國和拉薩當局的負面反應。再者，國民黨領袖不能肯定這個西藏革命黨應該當作西藏的國民黨的一個支部，還是一個受其指揮的獨立政治團體。此外，考慮到他們於1930年代在康區發動軍事活動的失敗，包括由格桑澤仁、七世諾那呼圖克圖和已故九世班禪喇嘛的行轅等各自精心策劃的行動，國民政府對組織一個親國民黨的地方民兵採取保守的態度。[29]但是，重慶卻不能錯過這樣一個培養親中國人的機會。國民黨官員當然夢想過將影響擴展至西藏及鄰近地區的可能性。最後，蔣介石下達指令，以蒙藏委員會的名義，每月付給饒幹100,000元津貼。蔣介石還指示西藏、西康和印度的特工與饒幹緊密合作。當1943末饒幹離開四川返回印度，持有的正是中國的官方護照。[30]

　　1942至1943年有關西藏的經濟和財政計劃大量出現，揭示了重慶如何看待與西藏的關係，以及珍珠港事件後如何設想一個理想的漢藏關係。一個嶄新的想法是將西藏和「新歸附」的新疆劃為「特別經濟區」，如同一些國民黨官員所指出的那樣。這些重慶官員提議，考慮到新疆與西藏的主權快將恢復，這兩個邊疆地區應保持獨立的經濟和貨幣系統。如此一來，四川惡化的通貨膨脹便不會擴散到那些地區。重慶官員還建議，應盡早在中國西南地區與這些新提議的邊疆經濟區之間頒佈貨幣兌換規章，以滿足四川與西南邊疆地區之間日益加頻繁的商業往來需要。[31]顯然，由於熱切相信中國快將恢復在邊疆地區的全面權威，重慶官員興奮地謀劃着如何從新疆和西藏進口急需的戰時物資諸如羊毛、毛皮和其他重工業原材料。[32]

　　1943年5月的一份現場調查報告亦表明，一旦西藏這個「失去的藩屬」回到中華民國的懷抱，國民黨官員是如何構想一個更為緊密的漢藏財政與商業聯繫。當蔣介石的兩位高級官員於1943年親自調查過新疆和印度的政治、經濟與商業局勢，他們建議，隨着西藏進一步納入中國西南地區，應在拉薩設立中國中央銀行支行總部。這種安排將有利中國人購買西藏的羊毛，並協助重慶在該地區建立財政系統。他們同時建議，為促進中國與西藏之間的貿易，國民黨政權應充分利用印度北部、不丹、錫金和尼泊爾的海外華人，這些人都與西藏公司有緊密的生意往來。[33]另一份報告則指出，隨着經過西藏的中印運輸路線的開闢，中國政府應抓緊機會促進漢藏商業貿易，為西藏人提供優惠的税收與海關待遇。報告還進一步建議，重慶應在國民黨支持的公司投入大量資金，大規模購買西藏的傳統產品。報告得出結論説，如果這個目的達到，印度政府將不能繼續壟斷西藏經濟，而中國在該地區的地位亦會得到永久鞏固。[34]

在理想與現實之間

　　蔣介石對中國民族與領土問題的新取向，以及各種各樣的邊疆計劃，揭示出國民政府的領導人如何在理想與主觀上精心策劃西藏命題。但是，重慶官員有關規劃西藏議題的願望，絕不代表中國與西藏之間現實的政治互動。事實上，戰時國民政府官員對西南邊疆出現的實際局勢，並沒有如同蔣介石的滔滔陳述所闡明的那樣，採取體現民族主義精神的強硬政策，而是相當務實的立場。換言之，高層領導人與政策規劃者的政策制定與官方聲明，與這些政策在漢藏政治關係的實際執行之間，存在差異。如果想更深入理解戰時中國與西藏的關係，我們不應被所宣稱的政策所誤導。

　　1942年夏，西藏政府告知英國、尼泊爾和國民政府的駐拉薩代表稱，西藏已在噶廈領導下正式成立外交局，請他們以後前往這個新機構辦理相關事務。據西藏官員表示，這個機構之所以創建，是為改善政府的架構，因為無論哪個國家的外交代表直接與內閣級的噶倫或僧俗代表大會聯繫，總是不太妥當。英國應允，相信這會有助於他們的日常工作，因為若有事商談，外交局主事總比噶倫更容易接觸。[35]但在中國人看來，拉薩此舉是欲將他們實質上（de facto）的自治地位轉變為法理上（de jure）獨立的證明。此外，蒙藏委員會官員們相信，如果重慶不能妥善回應，便可能會使人以為中國政府準備承認西藏從中國領土獨立出去。[36]

　　但是，對於西藏成立外交局，另一群國民政府官員卻持更為務實的態度。例如，戰時蔣介石的重要經濟決策幕僚翁文灝就曾大膽斷定，西藏外交局的成立不會對中國戰時外交產生任何迫切問題，對他們來說，更為重要的是，一旦日本從緬甸或滇西地區入侵印度，西藏便真的有可能落入日本之手。這些立場務實的國民政府官員堅持不能排除日本與拉薩合作的可能性，而合作的結果將導致中國西南大後方受到比拉薩成立外交局更為嚴峻的威脅。[37]因此，在

更務實地考慮過束南亞及中國西南地區複雜的政治與軍事局勢後，重慶高層只是發表了官方聲明，拒絕承認拉薩這個新成立的機構。一方面，重慶指示設在拉薩的蒙藏委員會駐藏辦事處不要與這個機構往來。另一方面，國民政府又表示，此後國民政府與藏方的所有協商，將透過蒙藏委員會與西藏駐重慶辦事處進行。國民政府避免在主權問題上做出妥協而喪失太多面子，重慶與拉薩之間的雙邊往來管道則巧妙地得以繼續保存下來。[38]

1942年末蒙藏委員會駐藏辦事處處長孔慶宗與西藏政府之間發生的糾紛，讓我們有機會去探究戰時漢藏關係的真實情況。孔慶宗是1940年吳忠信使團的成員之一，[39]使團的行程結束後，孔慶宗留在拉薩，負責國民政府蒙藏委員會駐藏辦事處的事務。據英國資料顯示，孔慶宗在拉薩任職期間態度傲慢，以漢族為中心的沙文主義作風在西藏官員中引起相當不滿。[40]1942年10月，漢藏混血兒與尼藏混血兒發生嚴重爭執，四個西藏警察介入，漢藏混血兒跑到駐藏辦事處尋求庇護。西藏警察進入辦事處找他，孔慶宗極為憤怒，逮捕了西藏警察。此舉激怒了拉薩當局，決定停止向駐藏辦事處供應日常必需品，並要求重慶撤走孔慶宗。[41]

重慶的蒙藏委員會認為整個事件是拉薩政府精心策劃的一齣政治鬧劇，這些中國官員相信，拉薩利用此次事件來測試國民政府對西藏獨立行動的底線。在蒙藏委員會官員的眼裏，藏人亦想藉此迫使拉薩的中國官員與新成立的外交局聯繫，甚或承認這個機構。蒙藏委員會因此堅拒向拉薩讓步，並警告說，如果重慶順從拉薩，將孔慶宗撤職，他們不能肯定派去接替孔慶宗的新代表會否遭到排斥。[42]但是，蔣介石不顧蒙藏委員會的警告，決定妥協。他命令當時在侍從室工作的沈宗濂取代孔慶宗。沈宗濂是蔣介石最親密和信任的部屬之一，通過任命沈往西藏，蔣希望改善重慶與拉薩之間的惡劣關係。在蔣介石的堅持下，蒙藏委員會駐藏辦事處的職員幾乎均被撤離或替換。[43]

　　據已公開的漢文資料披露，蔣介石對拉薩的溫和態度，在很大程度上受時任中國駐英大使顧維鈞的影響。當1943年3月初顧與蔣會談時，他勸説蔣派一位能幹的外交官作為國府駐藏代表。顧還建議，中國應避免對西藏採取強硬政策，他相信種溫和的立場會對改善漢藏關係與中英關係皆有利。顯然，蔣接納了顧的意見。[44] 如今看來，蔣的決定帶來良好的效果。當孔慶宗被免職後，拉薩官員旋即向重慶釋出善意，以慶祝蔣新任國民政府主席的藉口，送予他珍貴禮物。蔣介石明顯對西藏的主動示好感到高興，投桃報李，送給西藏大量「布施金」。[45] 英國駐拉薩使團的第一手報告揭示，當沈宗濂及其隨從於1944年8月首抵拉薩，獲西藏當局高規格的接待，給人留下了印象。此後，西藏政府與國府駐藏辦事處的關係得到大大的改善。[46]

　　戰時中國對西藏的現實主義立場，還反映在國民政府領導人向英國提出西藏問題的事件中。此處有必要先探討戰前十年國民黨政權在邊疆與領土問題上所用的政治術語。當英國就西藏事務而與國民政府交涉，例如1930年的尼藏危機、1934至1937年的九世班禪喇嘛返藏問題，國民政府官員皆強烈拒絕協商，聲言西藏事務乃中國的「內政事務」。但在戰時，卻是國民政府當局主動向英國人提出西藏問題。1943年3月，中國外交部長宋子文在美國舉行的太平洋會議上，向英國外相艾登 (Anthony Eden) 正式表達討論西藏議題的希望。[47] 五個月後，當宋子文訪問倫敦，英國外交部長送給他一份著名的備忘錄，其中英國政府重申，「他們一直以來皆準備在雙方同意視西藏為自治的前提下，承認中國對西藏的宗主權」。[48] 中國外交部對此沒有正面回應。不過，宋子文希望倫敦理解中國的立場，即「中國對西藏沒有領土野心，而英國應承認西藏是中國領土的一部分」。[49]

　　一般人認為，宋子文提出西藏地位背後的動機，是想確保得到英國對中印運輸線議題的支持。重慶當局希望透過重申西藏是中國領土不可分離的一部分，對西藏留有餘地，以保障戰時物資能從印

度運輸回中國。但這樣的主動態度不過曇花一現。1943年末，當經過西藏的運輸線不再是個問題，當物資可以到達中國西南，重慶外交部不再透過外交努力去跟英國協商西藏事務的爭議。這些擱置的問題包括英國在西藏的特權，有關西藏、不丹與印度邊境的達旺地區的管治權爭議，中國一直聲稱對這個地區擁有全部主權。[50]

學者仍未注意到，戰時中國曾短暫地試圖建立在西藏的管轄權，對這個問題的探究，可從另一側面揭示了重慶對西藏的考量。隨着戰時越來越多中國人生活在西藏並在當地做生意，自然衍生漢藏訴訟與司法案件應否受拉薩管理的問題。當1912至1913年西藏排華期間，所有中國人或漢藏混血兒可選擇返回中國內地或繼續留在西藏，而決定留藏的人則被告知將全面接受西藏政府的管治。[51]抗戰期間，隨着國民政府在拉薩影響日增，國民黨又逐步恢復對西藏漢人的司法權。1941年，拉薩的漢族商人之間發生了幾起司法案件，西藏當局主動將這些案件交給國府駐藏辦事處處理。[52]拉薩的友善態度鼓勵了重慶的高官，令他們相信彼時正是中國在西藏重建司法權利的有利時機。行政院與司法院甚至草擬了一份章程，授予駐藏辦事處一定的司法權力。儘管這項計劃的執行明顯地對國民政府恢復在西藏的權威有利，但最後卻不知甚麼原因而遭重慶高層擱置了。[53]

最能說明重慶領導人對西藏方案的理論上看法，與在西南地區政局實際反應的落差，可能是戰時中國在漢藏邊界的軍事部署。由於國民黨政權地位相對穩固，有更多人支持使用軍事手段將西藏納入中國的管治之下。[54]但如同前述所論，1942至1943年中國部隊針對西藏的動員，反映了國民黨領導層對日本可能進軍西南地區的焦慮。考慮到西藏邊境內所有軍事部署最終並不可能成功，蔣介石的政策官員明智地建議，最好先將未解決的漢藏邊界糾紛擱置一旁。他們相信，由於重慶幾乎在西藏及鄰近的拉薩管理的康區並無控制權，中國與西藏之間一條模糊的邊界線反而對中國有利，有必要

時，將方便重慶進行自由軍事行動。[55]與此同時，一些負責西藏事務的國民政府官員建議，應派遣一小部分中國軍隊進駐鄰近不丹、錫金和其他喜馬拉雅地區的地方，以防範日本的進攻。但是，蔣介石從不認同這種做法，他仍然將青藏與康藏邊界視作戰時中國西南軍事防衛的前線。[56]

戰時中國的西藏議題

就在1945年前，漢族與國民政府在西藏的影響，達到自1911年辛亥革命以來的最高點。隨着連接中國西南地區與拉薩的驛運線的開通，以及由這條路線帶來相對頻繁的商業與經濟往來，重慶政府在西藏派遣了大量人員，其中是蒙藏委員會駐藏辦事處的規模日益擴大。在沈宗濂任內，駐藏辦擴大並發展成四個主要部門：情報、氣象、農業與一般政務部門。抗日戰爭爆發後，中國官員、專家、特工、商人紛紛在西藏工作與生活，人數是清朝統治崩潰以來最多。此外，據漢文資料顯示，至1945年，國民政府特工及其地下活動在西藏境內無所不在。重慶在西藏的主要城市如拉薩、昌都、亞東(春丕谷)、日喀則、江孜成立了完善的特工網絡，甚至拉薩無線電台與拉薩國立小學也被用作國民黨特工在西藏工作的總部。[57]

另一方面，1945年初，拉薩當局下令關閉英國支持的英文學校，這所學校不過在一年前才重新開放。西藏當局向英印政府解釋說，關閉英文學校是保守的寺院統治階級反對的結果。但英國相信，僧官背後有中國人的支持。在僧人決定「阻止陰險的英國對中國視為邊疆省份之一的地區進行文化滲透」的背後，很可能是受中國的影響。與此同時，英國官員無奈地表示，「未來中國文化的滲透很可能增強」。[58]

不過，中國人在西藏增加影響，英國政府並不太意外。如同第六章所述，早在1941年12月珍珠港事件前夕，重慶的英國外交官

已經預料國民政府會在西南擴張勢力。為保持西藏傳統的自治地位
與抵銷中國的影響，1943年夏，倫敦向國民政府重申其對西藏的立
場。英國不會收回對中國在本地區宗主權的承認，只要中國反過來
承認西藏的自治。[59] 1943年末，英國再向拉薩當局出售五百萬發來
福槍子彈和一千枚山炮炮彈，以助西藏抵禦外敵入侵。[60]

　　撇開傳統有關中英長期在西藏較量的理論，我們先探究國民政
府究竟多願意執行其所宣稱有關西藏議題的政策。同樣重要的問題
是，當戰時中國的領導人理想地勾劃邊疆及領土藍圖，與他們政權
生存的問題發生衝突時，他們會優先考慮何者。檢討歷史，戰時國
民黨政權執行西藏政策時，面對的難題：這個議題應當作純粹的中
國內部事務？還是放在重慶複雜的外交局勢之下？再者，在1940年
代前期，國民政府領導層還面對着一個困難的決定，即在制定政策
時，應優先考慮戰略與軍事行動？還是民族主義精神與恢復邊疆領
土權力的理論？為恢復一個強大的中國，蔣介石及其政權必須跟戰
時盟友合作，比如英國與蘇俄。但是，要達到這些目的，將會與這
些大國的利益發生衝突，因為在歷史上這些大國所影響的範圍即包
括中國的「失土」在內。[61]抗戰期間，國民政府不論在地理還是物理
上都與西藏如此接近，但對於這片失去之藩屬，國民政府從未成功
執行過清晰且嚴肅的策略。國民政府的反覆無常與自相矛盾最終未
能使戰時中國把西藏納入更緊密的政治與行政軌跡上，儘管當戰爭
結束後，中國漢族人士在西藏的活動已經達到一個新起點。

　　1944年11月重慶高層召開了一個有關西藏事務的內部會議，官
方在會議的分析或可揭示戰時中國西藏方案的實質狀況。自1944年
初以來，便有一些報告將惡化的漢藏關係與國民黨政權在處理西南
邊疆事務時的不利地位聯繫在一起。這些不利消息包括英國向拉薩
出售子彈、西藏提議派外交代表長駐印度、英國對達旺地區領土權
利的聲明、英文學校在拉薩重新開放，以及據稱英國對拉薩西北新
油田的開發。[62]在回應這些問題時，重慶的高級領導人召開政府機

關會議，一同思考對策。但是，會議建議國民政府採取較為溫和的態度，而非就西藏嚴峻局勢堅持維護民族主義的積極立場，來反對所謂英國對中國西南地區的「蠶食」。例如，對於報告中有關英國在達旺與鄰近喜馬拉雅地區的活動，外交部直接指出，除了發表一份反對就印藏邊界進行任何調整的官方聲明外，重慶並沒有辦法干預或改變局勢。[63]在同年早些時候草擬的一份備忘錄中，外交部走得更遠，聲稱「除非英國接受重慶提出的全部條款」，[64]中國應擱置任何與英國進行協商的想法。重慶外交部明顯不願面對自西藏爭議引起的任何外交協商。

　　為抗衡拉薩英文學校開放的影響，一些國民政府官員最初建議在扎什倫布、江達、昌都等城市開辦幾間新的中國式學校。但是，由於擔心政治和財政上的反對，重慶教育部在最後時刻把問題轉交蒙藏委員會。教育部大員斷定，如果蒙藏委員會成功游說拉薩同意讓中國教育與文化機構進入，教育部一定會幫助在西藏建立新型中國學校。[65]對於傳言稱英國在西藏疆界內勘探油田，重慶經濟部卻無法確定西藏是否真的有油田存在。在他們致行政院的報告中，經濟部官員只能含糊其詞地承認，一旦漢藏氣氛好轉，便會詳細調查西藏的礦產情況。[66]令人奇怪但又非完全意外的是，對於英國出售武器給拉薩的說法，蔣介石私下指示官員不要進一步調查。據蔣解釋，彼時不宜擴大這個問題的原因，是西藏採購英國的彈藥並不會對中國西南地區的安全，造成即時的軍事威脅。[67]

　　1944年西藏事務會議的唯一實質成就，是在1945年夏於雲南北部邊境城市的德欽（阿墩子）成立一個處理滇、康、藏、青邊防事務的行政機構。據1944年的會議揭示，這個組織的目的是為了提高國民政府對西藏及鄰近邊區的控制。[68]然而，就在其成立前夕，國民政府的高級官員仍無法就下述問題達成共識，即究竟是中國的軍事力量還是邊防警察應與這個委員會聯繫在一起？蒙藏委員會的政策官員認為，在西南地區部署軍隊對加強中國在該地區的權威最為有

利。但外交部官員堅決反對這種做法，認為這將使英國產生不必要的懷疑，從而阻礙戰後兩國在國際舞台上的合作。[69]在一份內部流通的備忘錄中，外交部官員直言，中國的西藏政策仍與過去一樣。他們強烈批評國民政府的西藏政策沒有清楚定義，即這個問題究竟是內部事務，還是外交事務，或兩者皆是。與此同時，外交部官員猛烈抨擊蒙藏委員會繼續無視漢藏關係的性質。外交部官員還抱怨道，多數時候，蒙藏委員會只會將無法解決的西藏問題交給實際上被束縛手腳的外交部處理。[70]與1943年蔣介石在《中國之命運》一書中，有關恢復中國過去領土榮光的樂觀陳述以及珍珠港事件後重慶官員提出的一連串鴻圖大計相比，1945年末外交部對政府西藏議題的直斥其非，看起來既諷刺又嚴厲，而且預測了國民黨政權最終不能把西藏併入國民政府的控制之下。

未決的邊疆困境

1943年，蔣介石領導下的中國成為「四強」之一，這從本質上可看作實現了孫中山遺留下來的願景：在世界民族之林中，提高中國自由與平等的地位。與此同時，重慶權威第一次抵達新疆、甘肅走廊以及內蒙古西部這些中國傳統的邊疆地區。國民政府在這些邊疆地區的影響力，使國民黨的政策官員有足夠的信心，草擬有關漢藏整合的鴻圖大計。但是本章認為，珍珠港事件後，重慶西藏政策的實際執行，體現出一種相當不同的取向，遠不能描述為符合「革命」或是「民族主義」的精神。隨着政權威望日隆，蔣介石及其高級官員開始公開談論恢復中國喪失的邊疆藩屬；但在國民政府官員當中，包括蔣介石本人在內，還是根據漢藏關係的實情而採取務實的態度。儘管自1912年清朝崩潰後，漢族和國民黨政權的影響在西藏達到一個新高點，這片中國「喪失的藩屬」卻進一步從國民政府控制的領土中偏離出去。[71]

今天看來，就戰時恢復對西藏的實質控制來說，國民政府並不算「成功」，這與他們在內亞邊疆地區如新疆、寧夏和甘肅走廊的情況不同。戰時地理上的接近未能幫助國民政府將整個西南地區轉變為中國合併西藏為其領土的契機。戰時相對有利的地理政治局勢，也未能幫助重慶將以往想像的國民政府對西藏的主權，轉變為更實質的行政控制。這個結果使我們可以輕易得出結論說，當時國民黨人未能實施有效的邊疆與少數民族政策，以及國民政府的西藏策略自始至終都是軟弱無力的。

不過，我們或需重新考慮，在一塊中國中央政權政令與影響力已經數十年不存在的領土上，蔣介石及其政權能否取得更多成就。除了他們已經取得的成就之外，國民黨人是否可以做得更多以實現西藏議題？當學者逐漸接受這樣一種廣泛的信念，即國民政府試圖但最終無法把「失去」的西藏藩屬納入中國的軌跡，我們有必要重新思考，國民黨高層領袖在1940年代的前半期，在抗日戰爭疲於奔命的情況下，就國家生存與政權安全而言，是否滿意於對西藏所取得的成就。

從嚴格的歷史觀點來看，就西藏議題而言，戰時國民政府現實地將軍事策略與政權安全的考量，放在恢復中國過去的領土榮光之上。無可否認，當珍珠港事件後，中國的地位得到提升，重慶官員難免想對西藏做進一步的行政整合。然而，在國民政府領導人如何理想地計劃西藏大計，與他們如何對漢藏關係做出實際反應之間，存在巨大的落差。如前所論，為保證戰時物資能經過西藏運往中國，蔣介石容忍拉薩外交局的出現，而這個機構被視為可能損害國民黨政權在主權問題上的威望。當面對中國西南與印度次大陸易受攻擊的軍事局勢，蔣介石明顯地把西藏當作緩衝區，而不是中國西南領土完整的一部分。他採取此立場，以抵禦日本從南面而來的任何軍事入侵。傳統的分析框架將中國的民族主義與領土收復主義看

作主要的解釋工具，完全不足以解釋國民政府有關西藏關係，甚或邊疆地區的議題。

　　值得注意的是，蔣介石《中國之命運》不僅在1940年代的政治與外交圈引起極大關注，也影響了那些關心民國與國民政府時期中國邊疆與少數民族問題的當代歷史著述。[72]蔣介石有關國民政府就傳統邊疆地區政策的全新陳述，經常被認為反映了珍珠港事件後，對中國懸而未決的領土問題的強硬立場。但是，通過仔細探究戰時重慶實際處理西藏事務的內容，本章試圖闡明，最高層的官方決定、宣告與其他出版品所傳達的信息，並不一定反映真實的政治形勢。《中國之命運》涵蓋了蔣介石有關恢復中國「失土」的宏大陳述，顯然不過是一個有效的宣傳工具，在威望建設與權力鞏固方面為蔣介石的政權服務。但是，當我們仔細研究蔣介石及國民政府在戰時如何執行政策，以及面對漢藏政治操作時做出的實質反應，國民政府高層官員對西藏問題的真實態度便有進一步討論的空間。

　　不論出於何種原因，戰時中國政府最終在有關西藏的國家建設努力以及將這塊土地帶入中國的全面控制方面，談不上成功。隨着戰爭結束，西藏事務究竟應放在內部還是外部中國政策之下的問題，繼續成為國民政府內部嚴肅討論的話題。戰後，政府中心轉回東南沿海，對中國內地的高層當局來說，這也意味着西藏再次成為一個遙遠邊區，南京對西南邊陲關注力度逐漸下降，也意味着它再也沒有與抗戰時期所被賦予的同樣契機，去實現對西藏的各項企圖。無可否認，蔣介石所領導的國民政府贏得抗日戰爭，而且處於一個恢復中國過去領土權力的法理地位。然而，在1940年代中期以前，中國官員對國家領土是否確實擁有一個清晰的界限？直至戰後，在國民政府的高級領導層中，中國領土權的實現不應還是一個政治上敏感、懸而未決、仍然富有爭議的話題吧？國民政府如何規劃戰後邊疆領土，南京官員如何看待與處理懸而未決且困難重重的西藏議題，將於本書第四部分進一步探討。

注　釋

1. Hugh E. Richardson, *Tibetan Précis*, pp. 85–90, in IOR, L/P&S/20/D222.

2. Alvin Barber and Norman D. Hanwell, "The Emergence of China's Far West," *Far Eastern Survey* 8, 9 (1939): pp. 99–106.

3. 關於戰時中國的國際地位及「四強」(Big Four)，見 Herbert Feis, *The China Tangle: The American Effort in China from Pear Harbor to the Marshall Mission* (Princeton: Princeton University Press, 1953); Xiaoyuan Liu, *A Partnership for Disorder: China, the United States, and Their Policies for the Postwar Disposition of the Japanese Empire, 1941–1945* (Cambridge: Cambridge University Press, 1996).

4. 王健民：〈論四強之一〉，《中央週刊》，第4卷，第25期 (1942)，頁220；責任：〈論邊疆工作之展望〉，《邊疆公論》，第3卷，第12號 (1944)，頁1–3；安慶瀾：〈回漢融合之關鍵〉，《邊疆通訊》(重慶)，第1卷，第4號 (1943)，頁5–9。

5. 蔣君章：〈西康金礦開發問題〉，《邊政公論》，第3卷，第12號 (1944)，頁1–3；潘公展：〈移民實邊〉，《中央週報》，第5卷，第19號 (1942)，頁2。

6. 關於《中國之命運》一書究竟在多大程度上是由蔣介石本人所寫，頗具爭議。一些人認為，本書實際為陶希聖所寫，陶為蔣信任的盟友，當時是蔣介石侍從室第二處第五組組長，負責蔣的文宣工作。另一些人認為，蔣介石每天花三小時述說與討論書的內容，陶不過是代筆而已。不論何種觀點接近事實，可以肯定的是，蔣對中國領土與少數民族問題的態度清楚反映在本書中，如果沒有蔣的最終同意，本書絕不可能出版。見 Philip J. Jaffe 的介紹文章，"The Secret of China's Destiny," in Chiang Kai-shek, *China's Destiny* (London: Dennis Dobson, 1947), pp. 20–21.

7. 同上，頁39–40。

8. 中華民國誕生後不久，孫中山稱「儘管中國有一千萬餘非漢族人，包括蒙、滿、藏、韃靼，他們的數量與純粹的漢族人口相比是很少的」。他進一步解釋說，之所以有「五族共和一名的存在，是因為存在某些種族區別，這種區別將曲解單一的民國的意思。我們必須幫助消滅居住在中國的所有個別民族的名字……我們必須滿足所有種族的需要，

把他們聯合在一個文化和政治整體當中」。見 Leonard Shi-Lien Hsu ed.,
Sun Yat-sen: His Political and Social Ideals (Los Angeles: University of
Southern California Press, 1933), pp. 167–169; Sun Yat-sen, *Memoirs of A
Chinese Revolution* (Taipei: China Cultural Service, 1953), p. 180. 因此，
孫中山承認四個不同的少數民族群體的存在，並清楚地記錄下他希望
中國所有的種族平等，儘管他對中國少數民族的想法缺少具有民族意
義的一般理論。

9. Chiang, *China's Destiny*, pp. 35–43.

10. 見蔣介石致國民黨中央委員會、行政院、教育部、內務部、蒙藏委員
    會令，1943 年 8 月 27 日，AEY，062/1197。

11. US Chargé in China to the State Department, 31 May 1943, FRUS: China
    (1943), pp. 245–248; Xiaoyuan Liu, *A Partnership for Disorder*, p. 23.

12. A. D. Blackburn, "China's Destiny," Foreign Office minute paper, 15
    February 1944, FO 436/16680.

13. Sir Llewellyn Woodward, *British Foreign Policy in the Second World War*, 4,
    pp. 524–525; "Monthly Summary for January 1944," enclosed in Seymour
    to Foreign Office, 7 February 1944, FO 436/16680.

14. British Military Attaché in China to War Office, 12 November 1942, WO
    208/268; 金紹先：〈憶述國民黨元老吳忠信〉，*WZX*，第 118 輯（1989），
    頁 78–79。

15. "Moslem soldiers in Tsaidam Basin: Guarding Flank of China's Northwest
    Road," extract from *China Newsweek* 8 (1942), WO 208/428.

16. Travel report by Eric Teichman in Tihwa (Urumqi) to Seymour, 24
    September 1943, FO 436/16518.

17. 見 "China News," issued by the London Office of the Chinese Ministry of
    Information, 22 September 1942, WO 208/268; Report by Teichman from
    Urumqi to Seymour, 24 September 1943, FO 436/16518.

18. British Embassy in China to Chief Censor of GOI, 22 October 1942, WO
    208/268; ZDG 4, 19 (1942), pp. 23–24;《中央週刊》，第 5 卷，第 19 期
    （1942），頁 32–33。

19. 胡平生：《民國時期的寧夏省》，頁 153–185；吳忠禮等：《寧夏近代歷
    史紀年》（銀川：寧夏人民出版社，1987），頁 286–291。

20. "News Summary of September 1942," enclosed in Seymour to Foreign
    Office, 5 October 1942, FO 436/16373. 見 Fuji Furuya, *Chiang Kai-shek:*

His Life and Times (New York: St. John's University, 1981), pp. 744–745.

21. Allen S. Whiting and General Sheng Shih-ts'ai, *Sinkiang: Pawn or Pivot?*, p. 51; Svat Soucek, *A History of Inner Asia*, pp. 271–273.

22. British Embassy in Chongqing to Foreign Office, 6 December 1943, FO 436/16407; "Monthly Summary for January 1944," enclosed in Seymour to Foreign Office, 7 February 1944, FO 436/16680.

23. Travel report from Gillett (British Consul-General at Kashgar) to GOI, 22 April 1943, enclosed in GOI to India Office, 29 June 1943, FO 436/16459.

24. 國民政府致行政院附軍令部草稿「關於西藏政治—宗教雙重體制的意見」，極機密，1943年3月26日，AEY，062/1204。

25. 見行政院致軍令部，附行政院備忘錄(極機密)與行政院「關於西藏政教雙重體制的意見」，1943年2月12日，AEY，062/1204。

26. 據Goldstein，這個組織在英文材料中用"Tibetan Improvement Party"(西藏改良黨)。見Melvyn G. Goldstein, *A History of Modern Tibet, 1913–1951: The Demise of the Lamaist State*, p. 450. 本書中，筆者用中國名稱的翻譯"Tibetan Revolutionary Party"(西藏革命黨)，這個名稱為該組織所採用，並刻在其正式的徽章上面。

27. "Concise Agreement of Tibetan Improvement Party, Kalimpong," n.d., IOR, L/P&S/12/4211; 饒幹致吳忠信，1943年，ANG，200000000A，419/1979–419/1996.

28. 同上。除了饒幹，這個組織還有三位主要人物：姜樂健(Canglocen)與貢培拉(Kumbela)，他們在十三世達賴喇嘛在世期間曾於拉薩政府中任職；另一位是根頓群培(Gendun Chompel)，此人是一位在西藏和印度活動的博學而又有點異端的僧人。見Goldstein, *A History of Modern Tibet*, pp. 450–453.

29. 吳忠信致蔣介石，1943年10月22日，ANG，200000000A，419/1971–419/1977。

30. Rapga to GOI, 17 June 1946, IOR, L/P&S/12/4211; 軍事委員會備忘錄，1943年10月28日，ANG，200000000A，419/1997–419/2005；蔣介石致吳忠信與戴笠(調查統計局副局長)密令，1943年11月2日，ANG，200000000A，419/2006–419/2008。值得注意的是，饒幹的故事以悲劇收場。1946年，饒幹與其盟友在噶倫堡被印度政府逮捕，被告從事反對西藏政府的革命活動。中國人聲稱饒幹據他自己的意願行動，拒絕承認與他有任何聯繫。見British Mission in Lhasa to the Political Officer

in Sikkim, 4 April, 1 August, and 17 October 1946, IOR, L/P&S/12/4211.

31. 國民政府有關移民新疆與西藏經濟情勢呈，1942年8月10日，ANG，
    200000000A，392/1250–392/1256。

32. 同上；「有關國民黨邊疆黨務的指令」，1942年9月23日，《中央黨務公
    報》，第4卷，第19號(1942)，頁23–24；朱家驊(國民黨組織部長)：〈邊
    疆問題與邊疆工作〉，《中央黨務公報》，第5卷，第4號(1943)，頁5–12。

33. 顧毓秀(教育部次長)、沈宗濂(委員長侍從室參事)呈蔣介石分析報
    告，1943年5月12日，ANG，200000000A，419/1887–419/1897。沈後
    來成為重慶駐西藏代表。

34. 格桑悦希(康藏貿易公司經理)致蔣介石，1944年1月19日，ANG，
    200000000A，419/1930–419/1935。

35. Weekly report of the British Mission in Lhasa ending 5 July 1942, IOR, L/
    P&S/12/4201; Foreign Office minute paper, 14 August 1942, FO 371/31700.

36. 外交部備忘錄，1942年7月1日，AMFA-1，172-1/0016；蒙藏委員會
    致蔣介石，附孔慶宗報告，1942年7月11日，ANG，200000000A，
    419/1600–419/1606。

37. 國民政府會議紀要，1942年7月22日，AMFA-1，172-1/0016；翁文灝
    (經濟部長)致蔣介石，1942年9月22日，ANG，200000000A，419/1615–
    419/1618。

38. 蒙藏委員會致西藏噶廈函，1942年8月5日，*YXZG* (1993)，第7冊，
    頁2847；行政院致蒙藏委員會令，1942年9月17日，*YXZG* (1993)，
    第7冊，頁2847–2848；何應欽、吳忠信、陳誠致蔣介石報告，1942年
    9月22日，ANG，200000000A，419/1621–419/1629。

39. 孔慶宗1898年生於四川，取得比利時布魯塞爾大學的哲學博士學位，
    在任命為國府駐藏辦事處處長以前，是南京國立中央大學和國立四川
    大學的教授。1936至1940年間，他先後為蒙藏委員會參事與蒙藏委
    員會藏事處處長。見 *Who's Who in China*, 6th ed. (Shanghai: The China
    Weekly Review, 1950), p. 115.

40. Weekly report of the British Mission in Lhasa ending 24 August 1942, IOR,
    L/P&S/12/4201.

41. Weekly reports of the British Mission in Lhasa ending 11 and 20 October
    and 22 November 1942, IOR, L/P&S/12/4201；蒙藏委員會致蔣介石，
    附重慶的西藏代表處函，1942年11月30日，ANG，200000000A，
    419/0065–419/0070。

42. 吳忠信致蔣介石，1942年11月30日，ANG，200000000A，419/0018–419/0021；蒙藏委員會致軍事委員會，1942年10月24日，ANG，200000000A，419/0031–419/0034；吳忠信致蔣介石，1942年11月30日，ANG，200000000A，419/0061–419/0064。

43. Weekly reports by the British Mission in Lhasa ending 11 October and 8 November 1942; and British Mission in Lhasa to the Political Officer in Sikkim, 26 November 1944, both in IOR, L/P&S/12/4201.

44. *GWJH* 5(1985): pp. 231–232.

45. Weekly reports by the British Mission in Lhasa ending 14 and 21 November 1943, IOR, L/P&S/12/4201.

46. British Mission in Lhasa to the British Political in Sikkim, 20 July and 10 August 1944, IOR, L/P&S/12/4218.

47. T. V. Soong, personal memorandum, May 1943, TVSP, Box 26; Anthony Eden to Mr. Churchill, 16 March 1943, FO 954/6C.

48. "Status of Tibet," Foreign Office, memorandum enclosed in Eden to Seymour, 22 1943, FO 436/16518; Eden to Seymour, 26 July 1943, IOR, L/P&S/12/757.

49. T. V. Soong, "Status of Tibet," personal memorandum, 1 June 1943, TVSP, Box 26; India Office minute paper, 7 August 1943, IOR, L/P&S/12/757.

50. 達旺地區在喜馬拉雅山脊的南部，位於英國稱之為東北境地區（Northeast Frontier Agency）的地方。英藏有關達旺地區控制權的爭議，源於1913至1914年西姆拉會議。當時英國代表麥克馬洪（A. H. McMahon）說服了西藏全權代表夏扎（Shatra），同意劃出一條經過喜馬拉雅山脊的新邊界線，這條就是有名的麥克馬洪線。然而，西藏同意新的邊界後，並沒有對達旺地區的管理發生任何變化。直至1936年以後，印度政府才提出要採取行動，控制該地區。但是，拉薩當局堅決拒絕放棄對達旺地區的權利。見Goldstein, *A History of Modern Tibet*, pp. 299–309, 412–419.

51. 孫子和：《西藏史事與人物》（台北：台灣商務印書館，1995），頁197–199。

52. 蒙藏委員會致司法院與國防最高委員會，1941年3月18日，ASNDC，003/1786。

53. 行政院致國防最高委員會，附有關國府駐藏辦事處司法管轄權的提議，1941年11月17日，ASNDC，003/1786。據英國資料顯示，孔慶

宗不僅與拉薩當局關係欠佳，與重慶任命的其他拉薩官員之間也有嚴
重衝突。西藏政府相信，部分重慶官員不願看到孔慶宗在拉薩的權
力日益增加，這可能是重慶擱置中國對西藏司法管轄權的主要原因之
一。見Weekly reports by the British Mission in Lhasa ending 24 August
and 22 November 1942, IOR, L/P&S/12/4201.

54. 這些計劃皆強調，為防止日本從緬甸或印度而來的侵略，有必要使用
武力控制西藏。參見如國防最高委員會致蔣介石紀要，1942年12月
25日，ASNDC，005/14；呈蔣介石備忘錄，「西藏問題的關鍵點與解
決西藏問題的一些綱要」，1942年4月23日，TJDA/XW，卷61，編號
42459；喜饒嘉措（人民政治協商會議議員）致蔣介石呈，1942年11月3
日，TJDA/XW，卷61，編號42465；蒙藏委員會備忘錄，「可能與西藏
協商的提議綱要」，1943年，TDJA/XW，卷61，編號42461。

55. 行政院致軍令部，附極機密備忘錄，「有關調整漢藏邊界的意見」，
1943年2月10日，AEY，062/1204。

56. 孔慶宗致蒙藏委員會，1942年3月21日；蔣介石致外交部，附蔣介石
致軍事委員會令，1942年6月6日，皆見AMFA-1，172-1/0100-1。

57. 有關國民黨特工在西藏的活動，見常希武：〈國民黨特工人員在西
藏〉，*XWZX*，第3輯（1984），頁45–58；張霈芝：《戴笠與抗戰》（台
北：國史館，1999），頁153–154。

58. "Monthly Summary for February 1945," enclosed in Seymour to Foreign
Office, 2 March 1945, FO 436/16995.

59. Memorandum prepared for the Waijiaobu, August 1943; Victor Hoo Papers,
Box 6; Eden to Soong, 5 August 1943, FO 371/93001. 艾登備忘錄的中
文翻譯於1943年8月12日上呈蔣介石。見TJDA/XW，卷61，編號
42464。

60. 中國駐加爾各答總領事致外交部，1944年4月17日，AMFA-1，172-
1/0009；India Office to Foreign Office, 30 August 1943, FO 371/35758.

61. John W. Garver, *Chinese-Soviet Relations 1937–1945: The Diplomacy of
Chinese Nationalism*, pp. 192–193.

62. 見外交部致蔣介石，1944年5月26日；外交部致蒙藏委員會，1944年
10月9日；皆見AMFA-1，172-1/0017。中國駐加爾各答總領事致外
交部，1944年4月17日，AMFA-1，172-1/0009。這些問題是在1944
年8月英國的錫金行政長官古德（Basil Gould）訪問拉薩後提出的。見
Richardson, *Tibetan Précis*, pp. 80–90.

63. 外交部備忘錄，1944年12月29日，AMFA-1，172-1/0014.。

64. 這些前提條件包括給中國處理西藏內部與國防事務的權力、徵收西藏關稅、控制印藏邊界、在西藏駐守軍隊與警察。見外交部「有關西藏事務」備忘錄，1944年，AMFA-1，172-1/0002。

65. 教育部致外交部，1945年3月8日，AMFA-1，172-1/0017。

66. 經濟部致外交部，1945年3月16日，AMFA-1，172-1/0017。

67. 外交部致蔣介石，1944年3月1日；蔣介石致外交部令，1944年5月17日；蔣介石致宋子文，1944年12月1日，皆見AMFA-1，172-1/0009。

68. 外交部致蒙藏委員會，1945年1月13日；軍事委員會、蒙藏委員會和內務部致行政院報告，1945年8月31日，皆見AMFA-1，172-1/0017。

69. 外交部致行政院，1945年9月8日，AMFA-1，172-1/0017。

70. 外交部備忘錄，1945年11月8日，AMFA-1，172-1/0017。

71. 如同以下分析所得，西藏外交局繼續良好運作至戰後時期。拉薩當局還通過一系列外交活動，努力在國際舞台展示其國家的能見度。儘管國民政府的反對與阻撓，這些行動仍然得以開展。

72. 在這些著作中，蔣介石《中國之命運》一致地被視為戰時中國——如果不是說整個國民政府時期的話——邊疆與少數民族議題的正統的證據。參見如June Teufel Dreyer, *China's Forty Millions: Minority Nationalities and National Integration in the People's Republic of China*, especially Chapter 2; Wolfram Eberhard, *China's Minorities: Yesterday and Today*, pp. 152–155; Linda Benson, *The Ili Rebellion: The Moslem Challenge to Chinese Authority in Xinjiang, 1944–1949*, pp. 10–18; Colin Mackerras, *China's Minorities: Integration and Modernization in the Twentieth Century*, Chapter 3.

第四部分

戰後時期

1945–1949

第九章

戰後邊疆決策與少數民族分裂活動

況今日之內蒙，已成真正邊疆，與昔年情況，大不相同，倘不
早作經緯，非特逃亡青年將與日俱增，尤恐內外相煽，後患更
難設防。故為今之計，只有將二中全會關於邊疆之決議案，提
早實施，庶幾猶可收人心而固國防，否則共黨有千奇百怪之分
化策略，與煽動口號，而我無適時扼要之應付辦法，與維繫機
構，彼此相形，後果不難預見。[1]

自清帝國崩潰，沒有任何一個中央政府曾經放棄過對中國傳統
邊疆地區的主權。然而數十年以來，滿洲里、新疆、西藏、外蒙古
和內蒙古或受外國的強烈影響，或正式宣佈脫離中國獨立。因此，
民國以來各個漢族「中央」政權，不論是在北京、南京、還是重慶，
並未能在這些邊疆地區施加實質權威。

1945年日本投降，結束了國民政府領導下漫長的抗日戰爭。但
是，對於蔣介石及其政權來說，贏得抗日戰爭的榮光並未能保證「喪
失」的邊疆地區會樂意回歸其管治軌跡之中。相反，國民政府處理戰
後中國邊疆領土所遇到的困境與衝突既史有前例，又無所適從。

重繪戰後中國邊疆

　　從嚴格的歷史觀點來看，戰後蔣介石及其政府的挑戰並非完全來自長期對手共產黨，同時還有邊疆非漢族少數民族，他們在政治、經濟、行政以及軍事各方面挑戰漢族的權威。顯然，國民政府戰後的邊疆策劃與運作殊不容易。

外蒙古

　　讓我們首先來看外蒙古。從17世紀末至1911年，外蒙古是清廷的一個藩屬。當清帝國覆滅後，革命騷動不僅在中國本土，也在蒙古高原出現。1911年12月，外蒙古宣佈獨立，第八世哲布尊丹巴呼圖克圖成為蒙古國 (Mongol Ulus) 的神聖可汗以及擁有20,000名士兵的部隊首領。北京新政府拒絕承認蒙古獨立，但受內部混亂局勢所困，無法加強權威。1915年，中、俄、蒙古恰克圖 (Kiakhta) 三邊協定正式確立蒙古自治，但在1919年，中國部隊乘着沙俄政權覆滅，再度佔領蒙古高原，重申中國對這片廣大地區的主權。北京任命的辦事大臣不僅重返庫倫，還到達外蒙古最西邊角落、葉尼塞河 (Yenisei) 上游地區的科布多與唐努烏梁海地區。[2] 但是1921年初，中國部隊再次遭到白俄的驅逐，不久蒙古人民革命黨於庫倫取得政權，再次宣佈獨立。此後，外蒙古，或更準確地說，蒙古人民共和國 (Mongolian People's Republic) 由蒙古共產黨統治，施行一系列社會主義改革，包括對國家進行許多行政制度上的改變。直至1945年，雖然這個國家稱為人民共和國，並以主權國家行事，但在法律上仍然歸於中國的宗主權之下。這造成了一種近乎荒謬的自相矛盾，因為就在同一時間外蒙古的主事者與事實上的宗主國卻是蘇聯。[3]

　　國民政府自1928年獲得政權後，一直堅持對外蒙古理論上的主權。然而，自始至終，國民黨對這片地區的民族主義政策不僅模糊

不清，反覆不定，而且很不成熟。抗日戰爭前夕，時任蒙藏委員會委員長的吳忠信指出，考慮到蘇俄對外蒙古的強烈影響，中國在該地區的威望極度低落。因此吳忠信建議，中國政府應追隨莫斯科的少數民族政策，給該地區在國民黨名義上的主權下完全自治，而非在外蒙古建立有效的國民政府管理機制。[4]

抗日戰爭爆發後，吳忠信對在外蒙古恢復中國喪失的權利的期望變得更加現實。在1939年中的一份致蔣介石的機密報告中，吳忠信直言外蒙形勢已經「面目全非」，並認為外蒙古在莫斯科支持下進行的激進社會與政治改革，連僅有的象徵意義的中國影響也已蕩然無存。至於有關國民黨政權的未來外蒙古政策，吳忠信僅僅評述道，如果戰後國民政府能控制內蒙古主要地區如察哈爾和綏遠，那麼中國仍有恢復對外蒙古部分權利的些微機會。[5]

國民政府對與外蒙古關係模棱兩可的理解，還反映在抗戰初期的出版刊物中。由於蘇俄是唯一一個願意向蔣介石提供軍事與財政支持的大國，中國媒體開始改變過去以中國為中心、有關外蒙古獨立運動的觀點，而是論述說，蘇俄並沒有支持外蒙古的獨立運動，其過去幾十年在這個地區的活動，不能跟日本在滿洲里的帝國野心相提並論。[6]這個時期的中國出版刊物，正期待着戰爭爆發後，外蒙古不久將回歸中國的懷抱，並會調動部隊對抗日本。荒謬的是，戰爭早期中國的知識分子也相信，如果外蒙古與同樣抗日的蘇聯全面合作，對日本駐在滿洲里與中國北方的軍隊發起軍事進攻，會對中國最為有利。[7]不過，直至1945年夏，就在日本投降數日以前，蘇聯與蒙古人民共和國才向日本宣戰，發起全面軍事進攻。當然，莫斯科對這次行動充滿計算，是在一個截然不同的地理政治背景下發起的。

甚至直到二戰快將結束，當國民黨勝利在望之際，重慶一些領導人對未來如何建構與外蒙古的關係仍然顧慮重重。基本上，重慶的官員將外蒙古等同西藏，將兩地皆視作特別行政區，戰後可賦予

兩地在中國憲法框架內的自治權。但是,近年研究與新近公開的
漢文檔案資料顯示,當戰爭即將結束,國民政府高層並不願意將已
經蘇維埃化的外蒙古,無條件地併入國民政府領導下的中國領土。
1945年春,蒙藏委員會官員建議,戰後外蒙古應正式劃為自治區,
國民政府應派兩名專員常駐庫倫。他們還建議,中央政府應派一支
部隊駐守外蒙古,以示中國對這個地區的主權。不過這些想法立即
遭到蔣介石反對,他命令重新考慮國民政府戰後的蒙古政策。[8]據學
者劉曉原研究,反對蒙藏委員會建議的是外交部。當戰爭即將結束
時,重慶的外交政官員認為,將外蒙古與西藏同等對待極不合宜。
至1945年,外交部強烈相信,外蒙古已經是一個獨立國家,因此國
民政府恢復其主權將非易事,必須先有一番「去蘇維埃化」的舉動。[9]

　　1946年初,作為對蘇聯參加太平洋戰爭的回報,國民政府正式
承認外蒙古獨立。過去研究認為,當戰爭即將結束,蔣介石與其他
國民黨高層期望,同盟國對戰爭的勝利可促使中國實現對包括外蒙
古在內的邊疆地區主權的傳統聲明。另有一些著作具體地描述了在
1945年夏的中蘇莫斯科會議上,中國代表如何竭盡全力、煞費苦心
地阻止外蒙古從中國領土中分離出去。[10]不過,蔣介石對這個被稱
為「喪失的」邊疆藩屬務實而精心計劃的立場,在莫斯科會議與會議
之後得到含蓄展示。如同最近的學術研究顯示,蔣介石為對付中國
共產黨,以及保證戰後中國在滿洲里與新疆的利益,願意跟外蒙古
與蘇聯就上述問題進行交換。[11]中國外交部長王世杰最初拒絕代表國
民政府簽署讓外蒙古脫離中國的文件,據他稱,蔣介石努力游說他
接受任務,蔣說,「外蒙早非我有,故此事不值顧慮」。王同意蔣的
說話,但他擔心的是,對外蒙古的讓步是否能從莫斯科獲得承諾來
作為回報。[12]

　　當《中蘇友好同盟條約》正式批准與外蒙古為完成條約條款而舉
行全民公決的結果出來之後,蔣介石對外蒙古議題的態度變得更為
務實。1945年10月,當聽說大多數外蒙古人願意獨立,蔣介石立即

正式承認外蒙古成為主權國家，儘管在政府內外有不同意見，要求重新仔細思考這個決定。[13]國防最高委員會秘書長王寵惠顯然是受到蔣介石本人的指示，及時提醒國民黨高層，中國不應拖延對外蒙古獨立的正式承認，因為這是1945年中蘇條約的前提條件。王寵惠還指出，如果國民政府不能在1946年2月蒙古使團到達之前確定蒙古獨立，便會引起嚴重外交禮節問題，比如是否將蒙古客人當外交使團，還是僅作為省級的一般代表團來接待。[14]

　　觀察蔣介石與外交部長王世杰如何在重慶接待蒙古使團，也可揭示將介石對戰後外蒙古事務的真實看法。由蒙古副主席與政治局委員蘇龍甲布率領的蒙古客人獲盛大款待。他們不僅得到重要國民政府領袖的接見，還接受媒體採訪。[15]國民政府高層還曾一度認真討論過中國是否與蒙古建立全面外交關係。中國外交部大概是受到蔣介石的默許，甚至計劃與這個過去的藩屬互換大使。不過，由於國民政府高級軍事顧問的強烈反對，這個想法後來被擱置。這些高級軍事顧問堅持道，為北部與西北國防安全考慮，在中國與蒙古之間的國界得到明確劃定以前，兩國不應建立官方聯繫。[16]

　　蔣介石與其高級幕僚對戰後外蒙古很可能採取了務實的立場。事實上，為保證中國在滿洲里與新疆的領土與戰略利益（中國在這兩個地方的權威同樣薄弱），國民政府只好付出代價，從法律上放棄對外蒙古過去名義上的主權。然而，失去外蒙古確實給國民黨的戰爭勝利蒙上陰影。蒙古獨立帶來骨牌效應，導致非漢族民族群體紛紛提出類似要求，為國民政府帶來沉重壓力。

內蒙古

　　至二戰結束，廣大的內蒙古地區在行政上歸三個不同的政治實體管轄。興安嶺東部地方，包括呼倫貝爾與熱河地區，是1932年新成立的滿洲國的一部分。傳統上的察哈爾、錫林郭勒、烏蘭察布盟

後來構成德王自治蒙古國的一部分。更西邊的鄂爾多斯與阿拉善地
區，大部屬於綏遠省與寧夏省，在整個戰爭期間歸國民政府統治。
當蘇聯於1945年8月9日正式向日本宣戰，蒙古部隊與他們的蘇聯
軍隊立即越過邊界，進入興安嶺東部以及德王的領地。在蒙古領袖
喬巴山 (Choibalsang) 的指揮下，蒙古軍隊分發宣傳，敦促內蒙古人
民採取行動，以抵抗日本統治，鼓勵當地人民實現一個大蒙古國的
偉大聯盟。[17] 日本戰敗所留下的地理政治真空，還讓烏蘭巴托 (即庫
倫) 政府得以派高官進入內蒙古，試圖恢復秩序，並在那裏任命當地
的盟、旗官員。1945年8月13日，蒙古副首相拉木扎布 (Badrakhyn
Lamjaw) 領導下的官方代表團從烏蘭巴托出發前往內蒙古。五天
後，外蒙古代表團抵達察哈爾，拉木扎布在那裏重新任命過去各旗
的頭人各司其職。1945年10月9日，拉木扎布離開察哈爾，據稱當
地有一百多位內蒙古官員向他提出要求聯盟。[18] 不過，後來莫斯科
寧願支持中國共產黨領導下的內蒙古自治運動，而非讓內蒙古受烏
蘭巴托控制，粉碎了喬巴山聯合內、外蒙古的夢想。[19]

　　當戰爭完結，解除了中日敵意的約束，且受到外蒙古從法律
上獨立的激勵，內蒙古的民族主義遂以一種新模式浮現。1945年
8月，內蒙古人民革命黨發佈內蒙古解放的聲明，1946年1月，這
個團體在王爺廟宣佈成立東蒙古人民自治政府，宣稱具有「高度自
治」，但仍然視中華民國為宗主國。[20] 不久，一個東蒙古代表團從王
爺廟前往重慶，要求承認自治地位。但據漢文資料顯示，這個代表
團後來遭強硬且保守的國民政府軍事官員截停並遣回。[21] 1945年9
月，一些蒙古族青年與德王戰時政權的前官員在察哈爾的蘇尼特右
旗成立內蒙古共和國臨時政府。同年11月，另一個內蒙古自治運動
聯合會在中國共產黨的支持下於張家口成立。1946年4月，王爺廟
與張家口的代表在承德會面，雙方決定就自治運動合作，並組成聯
合委員會，以烏蘭夫 (Ulanfu) 為領袖。[22]

　　中國邊疆事務官員對於這些內蒙古問題感到憂心忡忡，在內部

引起激烈討論。面對內蒙古日益增長的民族主義自治與分離活動，那些來自直接涉及蒙古政策制定機構的官員，如蒙藏委員會、內務部與其他國民黨組織，傾向妥協。這些官員認為，傳統盟旗體制至少應恢復戰前水平，盟、旗應提高至與省、縣政府同等的地位。這些政府機構的顧問還傾向於建立一個蒙古政治議會，作為內蒙古地區的調解機構。他們願意在國民黨的政府組織中任命更多的蒙古精英，以安撫不滿的內蒙古民族主義者。[23]

但是另一群國民政府官員，主要來自軍事或國防部門以及邊界地區的漢族省政府當局，則完全不能接受這些觀點。他們認為，恢復盟旗制度是不能持久的後退，嚴重損害現有的省結構，而且將再次分裂中國的邊疆地區。這些官員拒絕承認確實存在的內蒙古問題。在他們看來，這個地區的少數民族自治運動，實際是由「小部分」內蒙古世襲貴族所精心策劃，絕沒有得到當地大多數少數民族群體的支持。[24]一些軍方高層甚至質疑國府對戰後內蒙自治的寬容態度，除了擔憂國防部主管的邊防業務無從確立與劃分範圍之外，還稱「全蒙自治機構之設置，固將助長興遼熱察綏諸省省縣盟旗之糾紛，即寧青新諸省原可相安之現局，亦有反以滋事之虞」。[25]

一方是對內蒙古民族主義運動持同情的國民黨官員，另一方是對邊界事務可能施加更多實質影響的漢族強硬派，蔣介石左右為難，無法就內蒙古採取及時的政策。南京對內蒙古問題的猶豫不決與反覆無常，與中國共產黨急速鞏固與內蒙古關係的作法，形成鮮明對照。中國共產黨向內蒙古承諾，他們獲准建立一個聯合自治政府，共產黨巧妙地打着自治牌，在熱河省、滿洲里西部與內蒙古東部獲得多個地方作為活動據點。[26]1947年5月，一個自治政府在王爺廟正式宣告成立，此事件亦標誌着內蒙古從國民政府的管轄轉移至中國共產黨模式的「革命獨立」。[27]

面對着內蒙古日益增加的不穩定局勢，蔣介石雖不情願，但於1946年批准了一項對該地區新修訂的遲來政策。隨後，國民政府準

備設立一個內蒙古事務籌備委員會，保存原有的盟旗體制，與省、縣政府地位看齊，副省長層級的官方職位也擬於滿洲里各省和內蒙古加以設立。但是，由於國民黨在滿洲里的不利情勢，這些想法從未實現。[28] 南京無法對內蒙古形成一個清晰的戰後政策，並不一定是 1949 年被其對手擊敗的主要因素之一；但共產黨成功地在內蒙古建立各種根據地，使它們在國共有關滿洲里與中國北方的競爭中處於更為有利的地位，是個不爭的事實。

滿洲里

　　國民政府戰後的內蒙古議題，或可描述為內部跨部門與派系對於戰後中國有關邊疆結構問題的爭辯，同時又與漢、蒙雙方在該地區傳統政治衝突糾纏在一起。至於二戰後滿洲的問題，則與國民政府的邊疆決策制定過程與國民黨內派系利益息息相關。滿洲里自 1932 年以來即完全不屬於中國的領土範圍，嚴格地說，自 1928 年起，國民政府的權威從未真正到達過這個地區。[29] 現在，日本戰敗提供給國民黨政權一個契機，讓他們可以聲稱對當地擁有主權。但是，二戰剛剛結束，這個機會即因複雜的內部與國際環境而蒙上陰影。[30]

　　就戰時重慶的決策者而言，滿洲里從未被正式視為「邊疆」。日本投降前夕舉行的一個內部會議揭示，國民黨高層並非在任何地理含義下皆使用「邊疆」這個術語，而僅根據政治、經濟與文化上與中國接近的程度而使用之。青海和新疆雖與戰時中國的中央四川接近，但被認為是邊疆地區，而一個更遙遠的、外國統治的滿洲里，卻不符合「邊疆」的定義。[31] 但是，不論國民政府對滿洲里持何種意願，蔣介石政權並沒有準備好去承受恢復國民政府在這個地區控制的沉重負擔。當 1945 年 8 月中東京投降，重慶急急臨時成立一個東北行轅，管理該地區。與此同時，為便於直接接管一個受日本影響

的滿洲里，國民政府基本上是根據過去區劃而將整個地區分為九個省。[32]但是，由於蘇聯的軍事合作，以及滿洲里西部與北部惡化的政治與軍事局勢，直至1949年國民政府統治崩潰以前，國民黨委派的部分省主席仍無法在這些省份就任。

國民政府在處理戰後滿洲里事務時缺乏政治謀略，也體現在戰爭剛結束不久，蔣介石設在東北與華北的兩個行轅之間的行政衝突之中。蔣介石決定不讓1931年以前的滿洲里精英執掌這個地區的權力職位，比如張學良將軍，因為他不信任他們。反之，蔣介石讓國民黨內部的政學系成員掌控滿洲里事務。1945年8月，蔣介石任命蘇州人熊式輝將軍為新成立的東北行轅的主任。[33]與此同時，大概是考慮到國民黨內部的政治平衡，蔣介石任命桂系李宗仁負責北京的華北行轅事務。可是，熊、李之間很快就在何者有權控制熱河省及該地區軍事、政治與財政資源的問題上產生摩擦。李宗仁堅持熱河、還有察哈爾與綏遠應為華北地區的一個組成部分；熊式輝則認為，如果熱河在其指揮之下，將更有利於國民政府在滿洲里的軍政行動。[34]最後，蔣介石讓熊式輝控制熱河的軍事與財政資源，李宗仁則對熱河的行政與政治事務有最後決定權，造成當地管治混亂，熱河省官員不斷要求南京作出調整。[35]然而，直至1947年中期，國民政府在東北的勢力大大削弱，當各地組織以及親國民黨的蒙古盟、旗領袖持續請求改變政策，以阻止共產黨接管，蔣介石的態度依然保持不變。[36]

有關國民政府對戰後滿洲里態度，一個饒富意味而又未被留意的故事，是「分疆而治」想法的出現。中國外交部長王世杰由於擔心戰後複雜的國際形勢，會使滿洲里遲早成為另一個外蒙古或蘇聯控制的滿洲國，曾提議准許中國共產黨管治滿洲里，前提是他們必須承認國民黨是中國合法的中央政府。王世杰相信，通過這樣的安排，戰後中國共產黨的問題或許僅限於中國的東北一角。[37]但是，王世杰合理而又有點務實的觀點受到政府內部的嚴厲批評，從未成

為政策。雖然這種想法不過是嘗試性質，卻帶出一個值得留意的話題。儘管蔣介石在1943年開羅高峰會議上強烈聲明，滿洲里應該無條件歸還中國，但對於如何在行政與法理上處置這個地區，在戰後國民政府的政治舞台上迅即成為一個富爭議而又未決的問題。[38]

新疆

當1942年夏盛世才與蘇聯中斷關係，在朱紹良將軍率領下的國民政府部隊開始從甘肅走廊進入新疆。隨着1943年10月蘇聯部隊最後撤離，新疆已經脫離盛世才掌控，省府的管理將受國民黨的全面控制。最後，1944年秋，蔣介石任命他信任的盟友吳忠信取代盛世才，成為新疆新的省主席。蔣介石極期待將新疆帶入國民政府統治之下。他同意向吳忠信提供一切有利於他在該地區工作的軍事、財政和政治資源。他還親自組織了一支訓練有素的武裝警察，保護吳忠信和其家人的安全。據已公開的漢文材料顯示，蔣介石甚至准許吳忠信可接觸中國西北地區蔣的私人情報網絡。[39]此外，作為邊疆與少數民族事務的資深政治家，吳忠信對於如何處理後盛世才時代新疆事務的手法，受到國民政府的高度重視。例如，他把這個中亞地區分為四個省份的想法，便被重慶官員嚴肅的討論。在鞏固國民政府在新疆統治的問題上，吳忠信提出傳統的分而治之的政策。他認為，四個新省份應分別設在烏魯木齊、喀什噶爾、和闐與哈密。[40]不過，大多數國民政府官員似乎傾向於將新疆分為兩個省區，而非四個。抗戰結束不久，1946年1月，國民政府在莎車設立行署，以便管理南疆事務。中國內地媒體官民一度認為，新疆很快會分成至少南、北兩個新的省級行政區。[41]

然而，遠為出乎蔣介石意料，國民政府剛恢復對新疆的統治權，便出現不利徵兆。1944年10月吳忠信前往出任省主席一職前，當地已經發生騷亂。據福布斯 (Forbes) 指出，盛世才與蘇聯中斷關

係後，惡化的經濟與財政狀況、國民黨政權對漢族移民的鼓勵、現有地方官員的腐敗，使到新疆非漢族少數民族對中國統治具有根深蒂固的敵意，所有的一切最終結合在一起，於1944年在伊犁河谷引起嚴重暴亂。此次暴亂不僅包括哈薩克牧民，還有定居的維族人民，後來還得到伊犁地區的非穆斯林民族廣泛支持，包括白俄、蒙古人、通古斯族，甚至一些漢人。[42] 吳忠信宣佈在新疆任職一個月後，東突厥斯坦共和國（East Turkestan Republic）在伊寧宣佈成立，艾力汗‧吐烈（Ali Han Töre）是名義上的領袖。中國部隊受令征撫分裂主義者，1944年末至1945年初伊犁河谷的戰事如火如荼，又慘無人道。儘管國民政府在軍事裝備與物資供應上具有壓倒性的優勢，還是無法越過事實上的分界線瑪納斯河（Manas River），進入伊犁河谷。1945年1月，中國軍隊遭受連串急劇又意外的軍事逆轉，省府的軍事力量陷入混亂，在烏魯木齊一度引起嚴重恐慌。[43]

由於高度懷疑莫斯科在事件中扮演某種角色，中國代表在1945年夏中蘇會議上，敦促蘇俄不得干預新疆事務；隨着二戰結束，蔣介石決定直接與東突厥斯坦當局協商。1945年秋，國民政府西北行轅主任張治中將軍被派往烏魯木齊，與伊寧代表談判。連串會談之後，雙方達成妥協，國民政府同意建立一個包括東突厥斯坦在內的新疆聯合政府。1946年夏，張治中成為新的聯合政府主席，東突厥斯坦獲任命的成員包括阿合買提江‧合斯木（Ahkmed Jan Kasim）、阿不都克里木（Abdul Kerim）和賽福鼎（Saifudin）。[44]

但是，國民黨看起來前途光明的讓步，並不一定反映政府領袖如何看待戰後的新疆議題。1946年3月在一份致蔣介石的密呈中，吳忠信不斷試圖說服國民黨高層，新疆沒有真正所謂的「民族問題」。吳提醒蔣介石，國民政府應優先鞏固在西北地區的軍事與戰略地位，比如保護甘肅走廊的玉門油田與新疆北部的獨山子油田，而非把注意力放在民族問題上。吳還認為，新疆的所有民族問題可以通過一種雙重手段而得到巧妙解決。在公開場合，國民政府承認給

予伊犁叛變者自治的權利；但私下卻應實施監控管治，以有效控制
這個地區的局勢。[45] 吳忠信進一步指出，儘管當地穆斯林文化與信
仰應受到尊重，但國民政府須盡量減少本地區的「特殊化」，防止在
戰後中國領土內出現一個「維族人」或「突厥化」的新疆。這個時期，
許多國民黨高官也持有與吳忠信一致的觀點。[46]

儘管吳忠信聲稱種族衝突並非嚴重問題，但在1946至1947年
之間，其繼任人張治中為繼續國民政府的管治，緩解省內的緊張局
勢，且協調佔絕大多數的穆斯林人口，採取了一系列的改革。可
是，對於非漢族的本地人來說，張治中做的還不夠；對於新疆省
府中的國民黨同儕來說，他又做得太多了。1947年5月，張治中沮
喪失望，辭任主席一職，職位由保守的維族地主麥斯武德(Masud
Sabri) 接任。這種看似務實的妥協也沒有起到作用，1948年12月，
麥斯武德被包爾漢(Burhan Shahidi)取代，後者是一位穆斯林，具有
複雜的背景，包括曾為俄屬突厥斯坦的公民和蘇聯共產黨的成員。
這一連串的省府高層人事調動與更迭，對蔣介石及其在新疆的管治
並沒有帶來任何好處。[47] 1949年9月，新的中華人民共和國尚未在
北京正式宣佈成立，包爾漢所領導的新疆省政府已經向毛澤東與中
國共產黨表示政治忠誠。

國民政府戰後的西藏政策：行不通的民族自決

二戰後的西藏問題，也許應該在這樣一個背景下深入探討，
即：國民黨政權重新定義自己的領土，並試圖就戰後的邊疆問題尋
找一個更加複雜細緻的解決辦法。自1911年以來，中國官員稱西藏
與外蒙古為「特別行政區」。隨着戰爭結束，東亞與北亞新的國際環
境最終導致外蒙古在法律上獲得獨立。蒙古的獨立無疑對拉薩當局
產生巨大的影響，他們數十年來便一直希望從政治上獨立。據英國
政府從拉薩獲得的第一手報告顯示，當聽到日本最終戰敗的消息，

在拉薩數以百計的漢族人紛紛上街慶祝勝利，張貼海報，高舉中華民國國旗與蔣介石的照片。拉薩漢人此舉卻激發西藏人的怨恨，西藏外交局負責人隨即召喚駐藏辦事處處長沈宗濂，要求沈宗濂立即除掉西藏人討厭的中華民國國旗、海報與照片。次日，拉薩唯一仍然飄揚的中華民國國旗便只有沈宗濂辦公室屋上的那面了。[48]

國民政府雖然最終贏了一場艱難的戰爭，卻沒有得到西藏人由衷的讚賞。在拉薩，蔣介石有關「高度自治」的講話，可能比日本投降中國來得更重要且鼓舞人心。1945 年 8 月 24 日，蔣介石對軍事委員會、國防最高委員會與國民黨中央執行委員會發表演講，解釋他為甚麼會「准許」外蒙古獨立。他認為，國民政府應該誠摯地幫助那些具有自我管理能力與獨立精神的民族群體，如果這些邊疆群體決心獨立，並在政治與經濟上具備足夠條件，國民政府便應該幫助他們實現自由，得到如同與中華民國一樣的平等對待。蔣介石隨後宣佈，「如果西藏此時表達其自治意願，吾等之政府將與吾等真誠之傳統一致，給予其高度自治。如果在未來，他們實現了獨立之經濟條件，國民政府將如外蒙古一樣，幫助他們獲得這種地位」。[49]與兩年前《中國之命運》一書，對西藏所體現的民族主義與革命主義立場相比，蔣介石這番話被廣泛解讀為對其之前立場的背離。[50]

事實上，蔣介石「高度自治」的方案決非應對戰後中國中亞的邊疆問題的新主張。早在1933年，南京的邊疆官員已經向蔣介石上呈一份報告，詳細描述了清廷如何管理西藏事務，以及拉薩當局如何獲賦予管理內部事務的權力。在這份報告中，蒙藏委員會委員長石青陽得出結論說：「因此，賦予西藏高度自治可能並非不可行」。當談及國民政府對邊疆民族的政策時，由於「地方自治」一詞在國民黨的官方文件中俯拾皆是，石青陽可能是第一個提出在西藏實施「高度自治」的國民政府官員。[51]

1942年，王寵惠提出修訂的方案。他是國防最高委員會秘書長，負責戰時中國的政策計劃。王建議，除了軍事與外交事務，國

民政府在其他領域上皆應給予西藏管理內部事務的權利。他還說，應派兩位大員分別駐在拉薩與扎什倫布寺，作為中央政府的代表，監察西藏地方事務。通過設置兩個與清朝安班地位類似的大員在西藏，王寵惠的建議與清廷管理西藏的政策極為接近。[52]

　　1945年5月，隨着戰爭步入最後階段，蒙藏委員會的官員進一步構思一個「高度自治」的方案，其中西藏被分成兩個自治區。在這個方案中，這些官員將在西藏實行「高度自治」的底線，設定為西藏「不拒絕中央政府對本地區的軍事與外交利益」，但最重要的事務，諸如如何界定中央與新自治政府的關係，在這個最新版本的計劃中並未提及。這些官員對於如何劃分新的漢藏邊界線與解決長期的邊界糾紛，也沒有加以實際考慮。[53]

　　最終，當外蒙古獨立成為不可逆轉的事實，這個「高度自治」成為國民黨最後一塊討價還價的籌碼，以防止西藏從中國領土分離出去，成為另一個外蒙古。在蔣介石8月24日的講話之後，駐藏辦事處處長沈宗濂立即邀請西藏政府派員參加中國內地的「非常重要的會議」。[54]沈宗濂並沒有特別提及此次大會實際是制憲國民大會，只表示這是一個所有中國各省與地區代表皆會出席的大會。沈宗濂說，如此一來，西藏人就跟內蒙古人與維族一樣，可以直接與中央政府官員討論重塑漢藏雙邊關係的問題。[55]西藏政府毫不猶豫便接受沈宗濂的邀請，決定與國民政府展開協商。與此同時，拉薩官員準備了一份九點意見呈交蔣介石。在此信函中，拉薩再次要求中國歸還青海與康區給西藏控制，並撤走拉薩不受歡迎的中國人，還重申西藏是一個獨立的政治實體，漢藏關係應建立在傳統的僧侶與護主的關係上。拉薩官員進一步表示，他們準備發行護照，聲稱任何外國人（包括漢人）進入西藏應取得西藏簽證。[56]

　　1946年1月初，西藏政府以慶祝同盟國贏得戰爭為由，派出一個八人代表團。代表團首先抵達印度，受到英國與印度官員的熱烈歡迎。[57]4月，西藏人從加爾各答飛往南京，會見了蔣介石與政府

圖9.1　赴南京參加國民代表大會的西藏代表團（1946年11月）。儘管國民政府表面上贏得一聲宣傳勝利，把西藏寫進憲法框架，但政府戰後的西藏議題此時已經處於最後階段。《蒙藏月報》(1946)

高官。儘管致蔣介石的信函已經譯成中文，並已交給國民政府的高層，但中國官員卻表示在晚些時候再討論信函內容，並強烈建議西藏代表團出席國民代表大會，在大會上發表意見。為確保西藏人留在中國出席一再拖延的國民代表大會，南京甚至撥出一大筆錢，支付代表團的日常開支。[58]

國民政府顯示以討論「高度自治」的問題為由，誘使西藏參與戰後中國的憲法框架，從而擬定出一部包括拉薩代表認可的新中國憲法。這明顯跟過去不同。過去，只有在中國控制地區（西康、青海、雲南）的藏族人才會出席國民大會，南京官員當然知道西藏人第一次參加大會的巨大宣傳效果。在這方面，中國人已經取得其成果：1946年11月，他們的西藏客人仍然等待着南京對信函的正式回應，出席遲來的國民代表大會。一位西藏代表甚至被選為國民代表大會主席團的成員。[59]正是在這個有拉薩代表出席的場合，新的憲法條款得以通過，其中西藏被視作中國領土內的自治地區。

　　儘管成功誘使西藏人出席國民代表大會，從而給人西藏仍是中國不可分離的一部分的印象，南京還未準備好處理戰後的西藏議題。為回應西藏人的信函，蔣介石在國民代表大會期間指令高級幕僚構想對策。蔣介石對懸而未解的西藏問題憂心忡忡，親自指派五名高級官員——戴傳賢、吳忠信、張群、劉文輝與吳鼎昌，召開內部委員會，以解決西藏信函中提出的難題。[60] 由於時間有限，這幾位官員只作出相當模糊的回應，對拉薩的要求僅僅給予口頭承諾，聲稱憲法上的效力高於國民政府主席的談話，法律上的效力大過一切政治文件，而「今日高度自治法案未定以前，以憲法條文為唯一依據」。他們同時把球交回給西藏，要求拉薩任命特別代表來解決信函中提出的問題。[61] 除了政治辭令，這些領導人極不願意處理西藏提出的九點意見。令人驚訝的是，在另一份單獨文件中，戴傳賢甚至公開建議蔣介石跟西藏人打交道時，不應使用「高度自治」這樣的字眼，戴相信這類字眼會誤導西藏人、中國人，甚至全世界。[62]

　　當收到中國的答覆後，西藏代表團表示，他們無法作出決定，故難以進一步協商。中國方面，蒙藏委員會官員也寧願把問題拖延至次年，期待另一個西藏代表團再次參出席下屆制憲國民大會。不過這個願望從未得以實現。[63] 1947年春，代表團經印度返回西藏。

　　在分析此次事件時，美國藏學專家梅戈溫聲稱，藏人被漢人中央政府「大大地愚弄」了。他還說，拉薩既未能阻止西藏被寫進中國的新憲法，也沒法就領土與政治地位問題展開嚴肅談判。[64] 然而，從國民政府角度來看，國民黨對戰後的西藏問題犯了更為嚴重的失誤。蔣介石的「高度自治」無法對戰後的漢藏關係提供堅實的理論基礎，這個原則甚至不被蔣最親密的下屬如戴傳賢所接受。儘管如此，國民政府仍然期待通過南京與拉薩當局建立更多聯繫，或可阻止西藏進一步離中國而去。正因為這種一廂情願的想法，使得國民政府在1947年春失去將西藏置於直接控制之下的最後希望。這將在下章加以討論。

漢族的復土主義與少數民族的分離主義

正是在戰後國民政府無法恢復傳統邊疆地區政治秩序的背景之下，漢人的領土收復主義 (irredentism) 與少數民族的分裂主義成為當時中國最鮮明的現象之一。例如在內蒙古，除了上層內蒙古精英發起的一連串自治運動，漢族與蒙古族草根百姓也為當地資源而發生嚴重衝突。1945年8月，在過去德王的政權領土內，國民政府準備接管戰敗日本留下的軍事、經濟與工業資源。在任命官員到內蒙古各盟、旗監督收復工作以前，政府頒佈了一套規章制度。人民政治協商會議的許多漢族成員還要求中央政府將大量漢族移民到內蒙古，以便對牧場進行殖民與耕作。[65] 這要求遭到內蒙古人的斷然拒絕，他們控告中國漢族人剝奪他們失去的財產。內蒙古人並非扮演被動的角色。1946年7月，從這個地區前來的各旗盟代表在南京會見蔣介石，討論內蒙古惡化的政治與軍事局勢，公開要求重新分配日本遺留下來的物資與資源。雖然人們認為這些內蒙古人仍然「效忠」於國民黨，但他們暗示說，如果南京無法滿足要求，中國共產黨在內蒙古的活動很快會更加強大起來。[66]

在新疆，至1947年下半年，國民政府的統治江河日下。東突厥斯坦仍然控制着至少五分之一的新疆土地，對國民政府在新疆本已脆弱的權威構成持續威脅。為減輕蘇聯對中國中亞的壓力，省主席張治中提議應立即設法將英國的影響引進該地區。建議在1947年中期提出，他認為將許多大型印度工業與商業企業引入新疆勢不可免，這樣英國就能在本地區建立財政與經濟影響力。[67] 但是，南京外交官員無法接受張治中的觀點。外交部認為，張的想法不切實際，因為英國已經從印度次大陸撤退，尼赫魯 (Jawaharlal Nehru) 領導下新的印度政府不能抵禦蘇聯在新疆的影響。[68] 但是，實情可能是這些南京官員已經感覺到國民黨權威在此地區急劇減退。

1948年，中國中亞的分裂主義傾向變得更加強烈，當時新疆

省政府在非漢族主席麥斯武德的領導下重組。為應付複雜的外部事務，麥斯武德的省政府當局嚴肅地考慮在未諮詢國民政府意見的情況下處理外交關係問題。這個想法於新疆政府的年度報告中披露，引起南京極為關注。雖然外交部官員反對任何在外交事務上損害他們權威的想法，但行政院卻準備考慮在對外事務方面向烏魯木齊下放更多權力。[69]

國民政府當然有充分理由擔心戰後中國非漢族人民的分裂活動。自1946年起，有資料顯示莫斯科試圖建立數個緩衝區，從朝鮮開始，向西經滿洲里北部、內蒙古，到達新疆北部。[70] 1948年的一份秘密報告特別指出，在蘇俄和蒙古支持下，五個衛星國即將在中國邊界內成立。南京預測，這五個非漢族的中國衛星政權將建立在內蒙古東部(王爺廟)、新疆北部的阿爾泰地區、伊犁河谷、滿洲里呼倫湖旁的巴爾虎蒙古族(Barga Mongol)以及興安山脈、蒙古人民共和國與察哈爾省北部交界的哈爾哈廟(Kharakha)等地。[71]

然而，回顧歷史，西藏的分裂運動可能才是國民政府在統治中國最後幾年，構成邊疆困境中的最重要議題。1946年秋，印度世界事務委員會決定於次年春召開一個亞洲國家的半官方會議。來自三十多個國家與地區的代表應邀出席，包括中國與西藏。[72] 1947年3月，西藏組成一個六人代表團前赴新德里，在印度會見了甘地(Mahatma Gandhi)、尼赫魯與其他印度官員。當中國代表到達新德里，驚悉西藏人也獲應邀出席，並發現西藏人與其他代表坐在一起，更在一張單獨的桌子上插着一面西藏的雪山獅子國旗。[73]中國旋即向印度抗議，聲稱西藏是中國的一部分，西藏人不能與會。印度政府回覆，會議與政治無關，因此拒絕中國將西藏併入中國代表團的要求。[74]從西藏人的立場來看，他們與中國平等地出席國際會議，成為他們事實上獨立地位的重要象徵。中國從印度贏得的唯一讓步，是撤掉一張顯示西藏脫離中國以外的亞洲地圖。[75]

1947年冬，西藏派出一個四人商務代表團前往印度、中國、美

國與英國，這成為另一個拉薩試圖促進國際能見度的著名例證。代表團有四個主要目的。第一，如同他們於1946年給蔣介石的信函所示，西藏人想用自己的護照旅行，從而顯示西藏是一個充分獨立的國家。第二，代表團將試圖向美國購買黃金，而美國國庫只會向主權國家出售黃金。第三，代表團致力於在沒有中國政府官員在場的情況下，會見每個國家領袖。最後，代表團將尋求越過印度政府的限制而與外部世界發展西藏貿易。由於通過印度政府進行貿易，西藏必須以盧布支付，而硬貨幣（美元或英鎊）則進入印度財政當局的金庫。[76]西藏人的計劃很巧妙，後來在某種程度上證實是成功的。

西藏代表團由噶廈負責財政事務的高級官員孜本夏格巴（Tsepon Shakabpa）率領。1947年10月，西藏人抵達印度，拜訪了重要官員。[77] 1948年初前往中國，受到相當隆重的接待。南京官員向西藏人承諾，他們將制定貿易協定，幫助西藏貿物出口到中國內地。與此同時，國民政府官員試圖游說西藏人毋須到其他國家進行商業訪問，他們會提供任何有關外部世界的相關資訊。中國官員還邀請西藏人參加將於1948年5月召開的國民代表大會，但遭西藏人拒絕。[78]

事實上，國民政府對代表團感到不安，在處理此事上也自相矛盾。一方面，中國人歡迎任何加強南京與拉薩聯繫的正面姿態；另一方面，又擔心西藏人利用到西方的官方訪問損害中國的地位，即西藏是中國的一部分。據漢文檔案披露，南京對代表團訪問美國和英國的底線是他們必須使用中國護照，而且至少有一或兩位國民政府官員隨行，以監察西藏人在這些國家的活動。[79]西藏人當然不會接受這些條件。當仍在南京時，他們拜訪了英國大使，要求英國政府在他們的西藏護照上給予簽證。英國對此事三緘其口，並最後同意。[80] 1948年6月，西藏人離開中國赴香港。在香港短暫逗留期間，代表團向美國總領事館提出同樣要求，後者也同意在他們的護照上蓋下簽證。[81]

在離開中國之前，西藏代表團告訴南京官員，因為無法解決護

照與簽證問題，他們決定經過香港與印度返回拉薩。當西藏人持着
自己的護照繼續旅程並前往美國與英國的新聞傳回南京時，中方才
意識到遭愚弄而大為惱怒。國民政府立即向美國駐南京大使提出抗
議，中國駐美國大使顧維鈞亦在華盛頓表達了憤怒。美國國務院立
即回應表示，他們對西藏的政策沒有改變，美國已經決定只以非官
方的方式接待西藏人。[82] 與此同時，國民政府亦向英國抗議，要求
除非西藏人提供中國護照，否則倫敦應撤銷發給西藏人的簽證。英
國政府讓步，英國外交部承認，英國駐南京大使在給西藏護照發簽
證時，發生了一項「技術性錯誤」，縱使英國也指出，倫敦從不願「阻
止一個具有意義的個人旅行或基於對提供一個國家護照的堅持而予
以支持」。[83]

　　國民政府從華盛頓與倫敦就中國在西藏的地位獲得外交保證，
得以保存了一點面子。但是，西藏人已經成功向全世界展示其國家
事實上獨立的真相。在美國逗留期間，代表團希望在沒有中國大使
在場的情況下會見杜魯門 (Harry Truman) 總統。這個安排由於中國
對美國政府施壓而無法實現，但西藏人還是成功於 8 月 6 日拜會了國
務卿馬歇爾 (George Marshall)。[84] 重要的是，中國官員，包括顧維鈞
在內，完全不知道西藏人已經秘密在國務院會見了馬歇爾將軍。南
京始終相信，在他們逗留華盛頓期間，西藏人僅會見了美國商業部
的一些低階官員。[85]

　　關於購買黃金問題，當美國同意向西藏出售黃金時，西藏人幾
乎成功達致了他們的目的。這是另一個嘗試，表示美國願意承認西
藏是一個主權國家。但這時卻發生了一件令人尷尬的事情，就是西
藏政府發現它沒有美元可以購買黃金，因為它所有銷售出去的商品換
回的全是印度政府發行的盧布。代表團知道印度極不情願發給他們
需要的硬貨幣，於是轉而希望向美國政府貸款。由於考慮到這樣的
借貸比僅僅出售黃金更屬政治上承認的行為，華盛頓拒絕了提議。[86]

　　美國之行結束後，西藏商務代表團於 1948 年 11 月前往英國。

在倫敦，西藏人取得了一些外交成就，在沒有中國外交官在場的情況下會見了首相艾德禮（Attlee）和外交部副部長梅休（Christopher Mayhew），宮務大臣維列爾斯（George Villiers）也代表喬治六世（George VI）接見了他們。[87]但是，除了這些禮節性拜訪，倫敦官員小心翼翼，對西藏人就西藏獨立於中國的聲明不作公開支持，並決定不與西藏客人討論政治問題。代表團也未能就他們的財政與經濟議題得到支持；英國政府拒絕讓西藏人獲得英鎊，只願意勸說印度政府重新考慮困擾拉薩當局的硬貿幣問題。[88]在倫敦逗留三個星期後，1948年12月西藏代表團返回印度，那時國民政府在中國大陸的統治，已經來日無多了。

　　本章顯示，對於戰後中國的邊疆議題來說，每個邊疆地區皆呈現出不同形勢，帶來不同問題。有一件事則是肯定的：直至二戰以後，中國的領土仍然是漂浮不定的。戰爭剛剛結束，外蒙古即被允許從中國的法定領土中獨立出去，蔣介石還一度考慮讓西藏取得同樣的地位。在新疆，1944年的伊犁暴變及隨後東突厥斯坦共和國的產生，直接挑戰了中國在整個地區的主權。國民黨的反應由於國內外的因素而變得複雜，從而限制了政府在處理新疆問題時的其他選擇。在內蒙古和滿洲里，南京高層激烈地爭論行政劃界的糾紛。再者，整個爭議還因敏感的民族政治問題與派系衝突而更加複雜。蔣介石為各種堅持己見的團體所苦惱，無法對這兩個地區實施適時的政策。此外，國民黨缺乏管治內蒙古的清晰方案，以及隨後失去內蒙古人在這個連接中國與滿洲里的關鍵地區的支持，進一步給中國共產黨製造了機會。如同歷史所示，當被驅逐出滿洲里與中國北方後，國民黨政權的崩潰已迫在眉睫。

　　事實上，除了本章討論的主要邊境地區，對戰後邊疆行政管理進行重新限定與劃界的問題，還延伸至青海與康區。例如，從戰爭中期開始，國民政府與四川、甘肅、青海的省當局官員皆建議在青海東南部和四川西北部建立一個新的藏族與果落自治區。至於康

區，戰後的一般意見願意在金沙江西邊拉薩管理的地區成立西康自治區或讓給西藏政府。[89]

本章在搖擺不定的邊疆決策與戰後漢族的領土收復主義對非漢族的分裂主義的歷史背景下，探討戰後中國的西藏議題。實情是，由於國民政府的關注點再次轉回東部沿海，戰爭的結束與外蒙古、印度、緬甸的獨立，促使西藏人進一步努力爭取相似地位。為防止西藏從中國領土與政治舞台上分離出去，蔣介石向拉薩現當局扔出老套但沒有實質意義的「高度自治」的承諾，作為討價還價的籌碼。這個策略一度成功地誘使西藏人於1946年底出席南京制憲國民代表大會，從而給南京極好機會去擬定出新憲法，在世人的眼裏，這部憲法已經獲得西藏的認同。但是，西藏政府的最終目標是尋找完全獨立，高度自治從未成為戰後漢藏協商的真正基礎。再者，如同本研究顯示，蔣介石對西藏的最後解決辦法一直充滿爭議，即使在國民黨內部也受到質疑。可能更重要的是，如同下章討論，戰後南京與拉薩現政府合作的政策，阻止了國民政府支持1947春西藏一個親漢人團體發動的政變，國民政府因此失去在執政時期一個、也可能是唯一的一個控制這個地區的機會。

儘管美國向蔣介石及其政權提供大量軍備，內戰對他們仍然不利。至1947年夏，中國共產黨已經佔領了大部分滿洲里，同年底，國民政府部隊被逐出該地區。由於中國內部局勢惡化，國民黨政權雖獲得抗日戰爭的勝利，但戰後的數年間在西藏問題上卻相當被動。當面對拉薩一連串促進國際能見度的努力，南京除了堅持對西藏理論上的主權，以及向那些接待西藏代表團的國家表示外交抗議，實際無能為力。國民政府絕望地利用其日益消退的外交能力，以尋求國際對中國在西藏理論上的主權地位的承認。國民政府的這種告別姿態，對當代中國的歷史產生了深遠影響，給新的中國共產黨政府一個合法理由，於1950年派中國人民解放軍進入「中國領土」，[90]「解放」當地人民，此後西藏問題進入另一階段。

注　釋

1. 內蒙古各盟旗致蔣介石呈，1946年8月5日，ASNDC，004/144.1。

2. F. C. Jones, "Chinese policy regarding Outer Mongolia," Foreign Office minute paper, 23 April 1942, FO 371/31702; Foreign Office minutes, "Survey of Outer Mongolia and Tannu Tuva," 5 July 1943, FO 371/37013.

3. Owen Lattimore, "Mongolia's Place in the World," in *Studies in Frontier History: Collected Papers, 1928–1958* (Paris: Mouton and Company, 1959), pp. 270–295; Sechin Jagchid and Paul Hyer, *Mongolia's Culture and Society*, pp. 327–335; 劉學銚：《外蒙古問題》（台北：SMC出版公司，2001），頁17–60。

4. 吳忠信致蔣介石，1937年6月21日，GMWX 34，頁86–87。

5. 吳忠信致蔣介石有關中國邊疆計劃，極機密，1939年8月，TJDA/YB，卷64，編號42538。

6. 楊實琛：《國防前線外蒙古》（上海：戰時讀物編譯社，1938），頁1–5。

7. 同上，頁5–7；亦見思慕：《中國邊疆問題講話》（上海：生活書店，1937），頁78–98。

8. 見蒙藏委員會致蔣介石有關外蒙古地位的提議，1944年8月27日，AMFA-1，172-1/0001；羅良鑑（蒙藏委員會委員長）致蔣介石，1945年5月26日，ANG，200000000A，412/1738–412/1749。

9. Xiaoyuan Liu, "China's Central Asian Identity in Recent History: Across and Boundary between Domestic and Foreign Affairs," The Woodrow Wilson Center Occasional Paper no. 78, 25 February 1998, pp. 6–7.

10. 參見如John W. Garver, *Chinese-Soviet Relations 1937–1945: The Diplomacy of Chinese Nationalism*, pp. 209–230; Christopher P. Atwood, "Sino-Soviet Diplomacy and the Second Partition of Mongolia, 1945–1946," in Stephen Kotkin and Bruce A. Elleman, eds., *Mongolia in the Twentieth Century: Landlocked Cosmopolitan*, pp. 138–143.

11. Xiaoyuan Liu, *A Partnership for Disorder: China, the United States and the Their Policies for the Postwar Disposition of the Japanese Empire, 1941–1945*, pp. 158–286.

12. 見《王世杰日記》（台北：中央研究院所近代史研究所，1990），1945年7月25日，第5冊，頁130–132。

13. 國防最高委員會有關國民政府承認外蒙古獨立的提議，極機密，1945

年10月2日，ASNDC，003/3368；外交部備忘錄，1947年7月5、11日，AMFA-2，112-1-2。

14. 見王寵惠致蔣介石，1945年10月18日，GMWX 40，頁369；郭廷以編：《中華民國史事日誌》(台北：中央研究院近代史研究所，1985)，第4冊，頁449；《王世杰日記》，第5冊，頁228–229、242，1945年12月10日、1946年1月5日。

15. 郭廷以編：《中華民國史事日誌》，第4冊，頁472–474；《大公報》，1946年2月15、21日；《申報》，1946年2月15日。不過據英國檔案顯示，國民政府後來聲稱，他們對蒙古使團的接待是「非官方的」。見 "Monthly report for January 1946," enclosed in Seymour to Foreign Office, 7 February 1946, FO 436/17172.

16. 外交部備忘錄，1946年11月14日，AMFA-1，172-1/1344；國防部致外交部，1946年12月3日，AMFA-2，120/2。

17. "Soviet Monitor," newsclip, issued by Tass Agency (Moscow), 28 February 1946, in FO 371/53674.

18. 見 Seymour to Foreign Office, 16 February 1946, FO 436/17172; Atwood, "Sino-Soviet Diplomacy and the Second Partition of Mongolia," pp. 149–151.

19. Minute paper prepared by China and Korea Department of Foreign Office, 18 July 1952, FO 370/2230/LR22/92.亦見 Xiaoyuan Liu, "The Kuomintang and the 'Mongolian Question' in the Chinese Civil War, 1945–1949," *Inner Asia* 1, 2 (1999): pp. 169–194.

20. 國民黨中央委員會備忘錄，「內蒙古問題及相應措施」，1946年3月，AKMT，561/3；"China: Inner Mongolia People's Republic," intelligence report, 9 January 1948, WO 208/4719; Seymour to Foreign Office, 28 February 1946, FO 436/17172.

21. 蔣介石致王寵惠，附陳立夫 (國民黨組織部部長) 致蔣介石報告，1946年7月20日，ASNDC，004/144.1。

22. The Ambassador in China (Stuart) to the State Department, 9 August 1946, *FRUS* 9 (1946), pp. 1491–1493; 郭廷以編：《中華民國史事日誌》，第4冊，頁504–505；British Embassy in China to Foreign Office, 26 February 1946, FO 371/53674. 關於二戰後內蒙古的自治運動，亦見郝維民：《內蒙古近代簡史》(呼和浩特：內蒙古大學出版社，1990)，頁212–269。

23. 蔣介石致外交部，1945年2月28日，附蒙藏委員會有關恢復蒙古盟、

旗的備忘錄，1944年8月27日，AMFA-1，172-1/0001；蔣介石致王寵惠，附蒙藏委員會與內務部有關在內蒙古盟旗發展當地自治的計劃，1946年3月25日，ASNDC，004/144.1；國民黨中央執行委員會致國防最高委員會，1946年8月28日，ASNDC，004/144.2。

24. 蔣介石致王寵惠，1946年3月30日，附吳煥章（興安省主席）致蔣介石，1946年3月18日；軍令部致國防最高委員會，1946年3月30日、4月5日；傅作義（綏遠省主席）致宋子文（行政院院長），1946年3月，皆見ASNDC，004/144.1。

25. 蔣介石致國防最高委員會，附參謀部備忘錄，1946年7月22日，ASNDC，004/144.1。

26. 見Seymour to Foreign Office, 28 February 1946, FO 436/17172; Minutes of conversation between Military Attaché of the British Embassy in China and General Cheng (Director of Intelligence in the Chinese Ministry of National Defence), 9 December 1946, FO 436/17402.

27. 行政院致外交部有關內蒙古自治政府的出現，1947年7月4日，AMFA-2，106/4；Intelligence report, Mongolia, 25 June 1947, WO 208/4719。

28. 王寵惠致蔣介石，1946年11月11日；蔣介石致國防最高委員會令，1946年11月19日，皆見ASNDC，004/144.2. Philip D. Sprouse, "Mongols in Western Manchuria," State Department, memorandum, 30 July 1947, *FRUS* 3 (1947), pp. 689–690.

29. 關於1937年以前複雜的滿洲里問題，見Rana Mitter, *The Manchurian Myth: Nationalism, Resistance and Collaboration in Modern China* (Berkeley: University of California Press, 2000), Yoshihisa Tak Matsusaka, *The Making of Japanese Manchuria, 1904–1932* (Cambridge, MA: Harvard University Press, 2003).

30. 關於戰後國民黨與共產黨及蘇聯與美國在滿洲里的競爭，見Steven L. Levine, *Anvil of Victory: the Communist Revolution in Manchuria, 1945–1948* (New York: Columbia University Press, 1987); Kia-ngau Chang, *Last Chance in Manchuria: The Diary of Chang Kia-ngau* (Stanford: Hoover Institution Press, 1989).

31. 外交部會議紀要，1945年6月13日；外交部備忘錄，1945年6月13日，皆見AMFA-1，172-1/0001。

32. 本質上，國民黨聯合兩個或三個前滿洲國省份或重組它們成為一個新

的省份，這是在沒有考慮任何地理或戰略問題的情況下完成的，這種安排受到當時中國媒體的嚴厲批評。參見如施養成：〈論縮小省區與調整省縣區〉，《東方雜誌》，第42卷，第14號 (1946)，頁9–13；王成組：〈東北之地政區劃〉，《邊政公論》，第6卷，第2期 (1947)，頁16–18。

33. Levine, *Anvil of Victory*, p. 47.

34. 李宗仁致蔣介石，1945年12月10日，ANG，200000000A，386/1329；熊式輝致蔣介石，1946年8月24日，ANG，200000000A，386/1335–386/1337。

35. 見蔣介石致熊式輝、宋子文、白崇禧令，1946年10月9日，ANG，200000000A，386/1338–386/1339；行政院致國民政府，附熱河省政府致南京呈請，1947年4月14日，ANG，200000000A，386/1347–386/1351。

36. 熊式輝致蔣介石，1947年5月8日，ANG，200000000A，386/1353；蔣介石致熊式輝、張群 (行政院長) 與陳誠 (參謀總長) 令，1947年6月10日，ANG，200000000A，386/1361–386/1368；達王 (卓索圖盟長) 致蔣介石，1947年6月7日，ANG，200000000A，386/1373–386/1375；北京熱河本土協會致蔣介石呈請，1947年7月28日，ANG，200000000A，386/1387–386/1389。

37. 《王世杰日記》，第5冊，頁211–212，1945年11月9日條。

38. 《王世杰日記》，第5冊，頁220–222，1945年11月26、27條。關於王世杰對戰後東北態度的詳細討論，見西村成雄：〈東北接收をめぐる国際情勢と中国政治〉，姬田光義編著：《戰後中国国民政府史の研究 (1945‐1949)》(八王子：中央大学出版部，2001)，頁53–78。

39. 見吳忠信致蔣介石，1942年9月24日，ANG，200000000A，432/0135–432/0141；蔣介石分別致吳忠信、戴笠 (調查統計局副局長) 與張震將軍 (國民政府憲兵團司令) 密令，1942年9月28日，ANG，200000000A，432/0142–432/0150。

40. 曾小魯：〈吳忠信統治新疆經過〉，XinWZX，第1輯 (1979)，頁90–92；刁抱石編：《民國吳禮卿先生忠信年譜》(台北：台灣商務印書館，1988)，頁168。

41. 見 "Monthly report for January 1946," enclosed in Seymour to Foreign Office, 7 February 1946, FO 436/17172; 郭廷以編：《中華民國史事日誌》，第4冊，頁446；陳慧生、陳超：《民國新疆史》(烏魯木齊：新疆人民出版社，1999)，頁383。

42. Andrew D. W. Forbes, *Warlords and Muslims in Chinese Central Asia: A Political History of Republican Sinkiang, 1911–1949*, pp. 169–172.

43. 同上，頁177–186；Linda Benson, *The Ili Rebellion: The Moslem Challenge to Chinese Authority in Xinjiang, 1944–1949*, pp. 42–46; 徐玉圻：《新疆三區革命史》(北京：民族出版社，1998)，頁40–86。

44. 張治中致蔣介石密呈，1945年11月19日，GMWX，39，頁79。關於國民黨與東突厥斯坦共和國的協商與新的新疆省政府的產生，亦見Forbes, *Warlords and Muslims in Chinese Central Asia*, pp. 186–196; Benson, *The Ili Rebellion*, pp. 67–72.

45. 吳忠信致蔣介石，1946年3月30日，GMWX，39，頁119–121。

46. 同上；內政部致外交部，1945年10月20日，附內政部內部會議紀要，1945年10月16日，AMFA-2，317/39。

47. 陳慧生、陳超：《民國新疆史》，頁409–452；Forbes, *Warlords and Muslims in Chinese Central Asia*, pp. 196–228.

48. Weekly reports by the British Mission in Lhasa ending 16 and 19 August 1945, IOR, L/P&S/12/4202.

49. Copy of the English text of Chiang Kai-shek's speech, published by Central News, enclosed in the British Embassy in China to Foreign Office, 26 August 1945, FO 371/46212; Seymour to Foreign Office, 29 August 1945, FO 436/17097.

50. "British Foreign Policy in the Far East," 31 December 1946, Cabinet Office Records 134/280, Cabinet Minutes EF(O)/(46)52, 65–66; GOI to India Office, 19 September 1945, IOR, L/WS/1/1042.

51. 石青陽致蔣介石，附蒙藏委員會有關西藏地位的備忘錄，1933年，TJDA/XW，卷58。

52. 王寵惠致蔣介石呈，附有關調整西藏政治地位的提議，1942年12月24日，ANG，200000000A，419/1714–419/1719。

53. 羅良鑑致蔣介石，1945年5月26日，ANG，200000000A，419/1738–419/1749。

54. A. J. Hopkinson (British Representative in Lhasa) to GOI, 28 November 1945, IOR, L/P&S/12/4226.

55. 同上；Minutes of a conversation between Surkhang Dzasa (Head of the Tibetan Foreign Bureau) with Shen Zonglian, enclosed in the British Mission in Lhasa to the British Political Officer in Sikkim, 9 September 1945, FO 371/46125; 沈

宗濂致蔣介石，1945年10月28日，ANG，200000000A，419/0237；
蒙藏委員會致軍事委員會，1945年11月11日，ANG，200000000A，
419/0245–419/0247； 內政部致國民政府，1945年11月5日，ANG，
200000000A，419/0248–419/0250。這些漢文檔案披露，中國如何設法
誘使西藏出席國民大會，以製造西藏是中華民國合法領土一部分的強
烈印象。

56. 有關這份文件的中文版本，見西藏代表團致國民政府函，1946年11月
    20日，ANG，200000000A，419/0412–419/0426。其英文版，見Melvyn
    C. Goldstein, *A History of Modern Tibet, 1913–1951: The Demise of the
    Lamaist State*, pp. 538–543. 應該注意的是，南京沒有對這封信函作出即
    時回應。

57. Hopkinson to GOI, 2 April 1946, IOR, L/P&S/12/4226; 強俄巴：〈西藏地
    方政府派代表團慰問同盟國和出席南京國民代表大會內幕〉，XWZW，
    第2輯 (1984)，頁1–6。

58. 羅良鑑致蔣介石，1946年7月16日，ANG，200000000A，419/362；
    強俄巴：〈西藏地方政府派代表團慰問同盟國和出席南京國民代表大會
    內幕〉，頁7–11。

59. 據當時身在拉薩的黎吉生 (Hugh Richardson) 表示，西藏政府對於西
    藏代表獲選為主席團成員極為震驚。但倫敦的印度事務部相信，西
    藏政府不過在「唱雙簧」。見British Embassy in China to Foreign Office,
    20 November 1946; India Office, memorandum, 12 February 1947; British
    Mission in Lhasa to the Political Officer in Sikkim, 9 December 1946, all in
    IOL, L/P&S/12/4226.

60. 蔣介石致戴傳賢，1946年12月12日，ANG，200000000A，
    419/0443–419/0446；蔣介石致戴傳賢令，1946年12月19日，ANG，
    200000000A，419/0456–419/0457。

61. 戴傳賢、吳忠信、張群、劉文輝與吳鼎昌致蔣介石擬草稿，1946年12
    月26日，ANG，200000000A，419/0459–419/0465。

62. 戴傳賢有關西藏函件的個人意見，1946年12月26日，ANG，
    200000000A，419/0417–419/0483。

63. 羅良鑑致蔣介石，1947年2月4日，ANG，200000000A，419/0522–
    419/0524；British Embassy in China to Foreign Office, 28 February 1947,
    IOR, L/P&S/12/4226; 強俄巴：〈西藏地方政府派代表團慰問同盟國和出
    席南京國民代表大會內幕〉，頁10–11。

64. Goldstein, *A History of Modern Tibet*, p. 558.

65. 蔣介石致王寵惠，附人民政府協商會議致國防最高委員會草稿計劃，1945年8月5日，ASNDC，003/3350；國防最高委員會致軍事委員會，附國民參政會委員呈建議，1945年10月6日，ASNDC，003/3570。

66. 致蔣介石陳請，1946年8月5日，ASNDC，004/144.1。

67. 張治中（新疆省長）致王世杰，1947年7月1、23日，AMFA-1，172-1/0113。

68. 王世杰致張治中，1947年7月25日；外交部致蘭州國民黨西北行轅函，1947年8月9日，皆見AMFA-1，172-1/0113。

69. 行政院致外交部，1948年7月12日；外交部致行政院，1948年7月19日，皆見AMFA-1，172-1/1340。

70. "Russian Military Training of other Nationals," memorandum enclosed in the British Military Attaché in China to War Office, 17 July 1946, WO 208/4734; Sir Ralph Stevenson (British Ambassador to China) to Foreign Office, 9 December 1946, FO 436/17402.

71. 國防部致蔣介石，1948年8月24日，GMWX，40，頁451–452。

72. 桑頗·單增頓珠、貢噶堅贊：〈西藏代表團出席泛亞洲會議真相〉，*XWZX*，第2輯（1984），頁12–13。作者為此次會議的代表。據其敘述，對西藏代表的邀請是由英國駐拉薩代表傳達，這位代表告訴西藏人，這是在國際舞台上宣傳其獨立的極好機會。

73. 同上，頁15–17；王世杰致蔣介石，1947年3月24日，ANG，200000000A，402/1126–402/1127。

74. 桑頗·單增頓珠、貢噶堅贊：〈西藏代表團出席泛亞洲會議真相〉，頁15。有關1947年泛亞洲會議與西藏參加此次會議的新聞，見Tsering Tsomo and Shankar Sharan, eds., *Tibet since the Asian Relations Conference* (New Delhi: Tibetan Parliamentary and Policy Research Centre, 1998).

75. 王世杰致蔣介石，1947年3月17日，ANG，200000000A，402/1144–402/1145；桑頗·單增頓珠、貢噶堅贊：〈西藏代表團出席泛亞洲會議真相〉，頁16。

76. British High Commissioner in India to Commonwealth Relations Office (London), 11 November 1947, IOR, L/P&S/12/4230. 有意思的是，南京最初將西藏代表團理解為色拉寺事件後，西藏對中國表示善意的舉措。後來，國民政府官員轉過來關心西藏官員會否把他們打扮成普通人，為協助其活動而申請中國護照。見蒙藏委員會致外交部，1947年6月

17日；外交部致中國駐印度大使、駐阿富汗公使館、中國駐加爾各答總領事館、中國駐孟買領事館令，1947年7月7日，皆見AMFA-1，172-1/0003-1。

77. British High Commissioner in India to Commonwealth Relations Office, 23 January 1948, IOR, L/P&S/12/4230.

78. 許世英（蒙藏委員會委員長）與西藏商務代表團會議紀要，1948年2月16、18日，AMFA01，172–1/0003–2；Stevenson to Foreign Office, 25 February 1948, IOR, L/P&S/12/4230.

79. 外交部有關西藏商務代表團的內部會議紀要，1948年3月6日，AMFA-1，172-1/0003-1。

80. Stevenson to Foreign Office, 11 and 19 May 1948, IOR, L/P&S/12/4230.

81. 外交部致郭德華（外交部駐香港特派員），1948年7月7日；郭德華致外交部，1948年7月10日；外交部致美國駐南京大使，1948年7月12日，皆見AMFA-1，172-1/0003-1。

82. State Department to the US Embassy in China, 11 July 1948, *FRUS* 7 (1948), pp. 767–769. Minutes of conversation between George K. C. Yeh (Deputy Minister of Foreign Affairs) and John Melby of the American Embassy in Nanking, 12 July 1948; 顧維鈞致外交部，1948年7月16日，皆見AMFA-1，172-1、0003-1. *GWJH* 6 (1988)，頁408–412。

83. Foreign Office to Stevenson, 17 July 148, IOR, L/P&S/12/4230; 鄭天錫（中國駐英大使）駐外交部，1948年7月16日；外交中致中國駐倫敦大使令，1948年7月17日，AMFA-1，172-1/0003-1。

84. Memorandum of conversation of Secretary of State George Marshall with the Tibetan trade mission, 6 August 1948, *FRUS* 7 (1948), pp. 775–776.

85. 見顧維鈞致外交部，1948年8月7日；外交部致行政院，1948年8月9日；外交部致蔣介石，1948年9月18日，AMFA-1，172-1/0003-2。

86. 見letter from the Tibetan Trade Mission to the Secretary of State, 31 August 1948; and a memorandum by the state Department's Finance and Development Office on the Tibetan loan request, 20 September 1948, both in *FRUS* 7 (1948), pp. 785–786; 顧維鈞致外交部，1948年8月26、10月8日，AMFA-1，172-1/0003-2。

87. "Recording of meeting between Mr. Mayhew and the Tibetan Trade Mission," 29 November 1948; and "Draft brief of the Prime Minister's meeting with the Tibetan Mission on 3 December 1948," December 1948,

both in IOR, L/P&S/12/4230; 鄭天錫致外交部，1948年11月27、30日，12月1、2、23日，AMFA-1，172-1/0003-2。

88. Foreign Office to Stevenson, 23 December 1948, FO 371/76318.

89. 葛赤峰：《藏邊采風》(重慶：商務印書館，1943)，頁56–72；仍乃強：〈西藏自治與康藏劃界〉，《邊政公論》，第5卷，第2期 (1946)，頁7–12；凌純聲：〈中國邊政改革芻議〉，《邊政公論》，第6卷，第1期 (1947)，頁9–10。

90. 吉柚權：《白雪：解放西藏紀實》(北京：中國物資出版社，1983)，頁46。

第十章

色拉寺事件

中央對此次事變，僅有電報三通，藏政府對之置若罔聞，親華派分子對中央此種處置，頗表不滿，認為如待達扎將西藏親華派完全消除，屆時中央再謀西藏問題之解決，較今當萬分艱鉅，而在藏之政府工作人員，亦將無法立足。且以熱振因親華而發生此事變，中央似應迅即派兵入藏，則西藏問題即可解決，國防亦得因而鞏固。[1]

1947年春，當國共雙方在東北和華北各地的激烈角逐引起全國關注，西藏發生了一起未遂政變。當年1月，西藏攝政達扎仁波切一名親信的家裏收到一個匿名小包裹，當時並未在意，數週之後，當家人打開，發現有個弧形金屬物。這個金屬物開始吱吱作響，隨即爆炸。西藏政府懷疑的主要對象是前攝政熱振呼圖克圖，一般認為他正陰謀反對達扎的統治。

4月14日，一個與熱振有關聯的寺院及其他幾個被懷疑的家族遭拉薩政府封鎖。不久，拉薩政府逮捕了熱振及其他前政府官員在內的懷疑對象。兩天以後，4月16日，與熱振關係密切的色拉寺僧人宣佈支持前攝政。他們刺殺堪布與其他達扎任命的寺院官員，並在隨後一段時間給拉薩造成嚴峻的挑戰。色拉寺僧聯合其他寺院的僧人，武裝起來，轉到一個山脊上，但在那裏受到政府軍山炮的攻

擊。色拉寺與拉薩政府會談多次,但並不成功,拉薩政府進一步轟
炸。4月27日,達扎政權決意進攻,殺害大量叛變僧人,迫使餘下
的多數投降。與此同時,西藏政府對熱振及其嫌疑盟友展開調查,
據西藏政府表示,熱振盟友後來承認他們涉及陰謀反叛。另有傳
言稱,熱振呼圖克圖與國民政府有瓜葛,後者曾秘密支持他謀反。
1947年5月8日,前攝政在獄中去世,西藏官員說,熱振自然死亡。[2]

　　1947年拉薩與色拉寺的衝突本質上是西藏近代史上一次最大
型的內亂,事件仍有許多尚待解決的問題。例如,政變的原因是甚
麼?西藏前攝政熱振呼圖克圖是否確實與漢人合謀造反?國民政府
的情報人員究竟在何種程度上干預了西藏的政治事務?當知悉西藏
這個史無前例的事件後,蔣介石及其幕僚如何反應?或打算怎樣反
應?就中國的邊疆與少數民族議題而言,色拉寺事件有何後果?本

圖10.1　熱振呼圖克圖(約1940年),1934至1941年間任西藏攝
政,被中國的歷史學家描述為一個「親漢」的人物。經允許複製自孫子
和:《西藏史事與人物》,圖7。

章將討論這些有待解決的問題。筆者認為，不論是對國民政府的西藏問題，還是對當代漢藏關係而言，色拉寺事件均有深遠影響，不容忽視。本章將進一步提出，二戰後國民政府試圖加強在西藏權威的努力，在色拉寺事件後災難性地結束。另外，此次事件後，漢人在西藏的勢力遭到徹底的打擊，幾乎全面撤退，影響所及，1950年代的中國共產黨為了將西藏這塊土地納入中國堅定控制之下，除了採取極端手段之外，別無選擇。

國民黨政府在西藏的秘密工作

　　先談國民政府在西藏的情報活動。抗日戰爭迫使蔣介石政府從東南沿海轉往內陸。中國西南與西藏在地理上的接近，以及國民政府政權在西南方相對鞏固的地位，給蔣介石提供了一個契機，使他可以自1928年以來第一次在西藏邊界之內佈置情報網絡。一份1939年蒙藏委員會的戰時計劃揭示，國民政府不僅準備擴大戰前設在青海、阿拉善、鄂爾多斯、西康的現有情報點，還準備在雲南西部、新疆與西藏設置新情報站。[3] 由於1940年吳忠信擴大了蒙藏委員會駐藏辦事處的規模，進一步提供了一個合法藉口，讓重慶得以派遣更多工作人員前往西藏。至1943年，國民政府的兩個主要情部單位，即軍事委員會調查統計局與軍令部第二廳，已分別在西藏建立據點。據一份自傳資料披露，拉薩幾乎所有擔任重要職位的中國人，如國立拉薩小學校長、無線電台台長、氣象局局長，都是中國的特工。國民黨政府在西藏行事的秘密活動，目標有兩個：一是在全西藏建立一個穩固的情報網絡，並盡量招募大量當地人為其政權服務；二是提高國民政府與親漢人的派系之間的聯繫，以對抗西藏政府日益脫離中國有效控制的努力。[4]

　　1941年後，當熱振呼圖克圖從攝政位置退下來，培養親漢派成為一個迫在眉睫的目標。在1934至1941年攝政期間，熱振允許兩

個重要的中國使團,即1934年的黃慕松使團與1940年的吳忠信使團前往西藏。吳忠信對西藏的高調訪問甚至給中國帶來一個巨大宣傳上的勝利,他們宣稱國民政府「主持」了新的十四世達賴喇嘛的坐床典禮。熱振還允許國府在拉薩設立代表處,並樂於接受國民政府給予的諸多尊貴頭銜與慷慨禮物。因此,他不僅被1940年代的中國媒體、也被過去數十年中國的歷史著作描述為一個「親漢」的西藏人物。[5]

1941年1月,熱振突然宣佈辭職。據漢文原始材料顯示,熱振向國民政府解釋說,「占卜預言」指他會有災劫,除非他辭職並隱退一段時間,否則生命堪虞。與此同時,熱振告知重慶,曾任他經師的達扎仁波切會繼任。在一封致重慶的電報中,熱振向國民政府保證,中國與西藏的現有親密關係將會維持不變。來自拉薩的國民黨消息還顯示,熱振辭職只是暫時的,熱振與達扎之間訂有秘密協議,熱振會於三年後復職。[6] 1941年2月底,年邁的達扎成為西藏攝政,熱振及其隨從返回拉薩北部的熱振寺,直至1944年12月,未再返回拉薩。

與熱振的保證及國民政府的希望相反,達扎執政期間,漢藏關係變得非常緊張。如同前面第七與第八章所述,戰時拉薩的一些政治活動,比如成立外交局、反對就中印公路問題與中國合作,以及諸如孔慶宗事件等意見相左,導致雙方產生敵意,此絕非當時忙於抗戰的國民政府所樂見。1943年,當就西藏新的政治局勢作出回應時,蔣介石親自下令在財政上與政治上支持邦達饒幹的西藏革命黨。蔣還特別下令在西藏和印度北部工作的特工與饒幹及其盟友全面合作(見第八章)。[7]通過整合各種反對西藏當局的零散力量,國民政府向達扎控制下的拉薩政府施加更多政治壓力。

除了給予饒幹及其同伙秘密支持,中國的國防官員還考慮用其他手段支持西藏的親漢勢力。例如,1944年擔任蒙藏委員會駐藏辦事處處長的沈宗濂,任內積極與索康扎薩(Surkhang Dzasa)交好。

索康扎薩當時為西藏外交局局長，其子索康‧旺欽格勒(Surkhang
Wangchen Gelek)後來成為噶倫。沈宗濂預計他們最終會成為西藏政
壇上最有權威的人物。1946年上半年，沈宗濂試圖重組噶廈，以索
康為司倫，其職位僅次於達扎攝政。[8]沈宗濂還竭力與十四世達賴喇
嘛的家庭成員發展友好關係，比如其父堯西公(Yabshi Kung)、其兄
嘉樂頓珠(Gyalo Thundup)。1946年初，沈宗濂成功地說服堯西公讓
嘉樂頓珠前往中國內地學習。不久之後，沈宗濂進一步安排嘉樂頓
珠與達賴喇嘛的姐夫黃國楨(Phuntsok Tashi)秘密前往中國。當達賴
喇嘛的家庭成員抵達南京的消息傳回拉薩時，達扎政府與英國皆極
為震驚，對沈宗濂在拉薩的活動十分警惕。[9]

　　儘管能幹的沈宗濂努力吸引重要西藏人物靠攏中國，多數國民
政府高官卻將希望押注在前攝政熱振呼圖克圖身上。當二戰即將結
束時，熱振對西藏的政治影響力不容忽視。這個事實在1945年5月
召開的第六屆國民黨代表大會上展現出來。蔣介石以國民黨領袖而
非國民政府主席的名義，親自邀請熱振訪問南京，參加即將舉行的
大會。當然，由於重慶與拉薩之間的複雜政治關係，熱振無法出
席。但蔣介石仍然希望熱振可以派兩名私人代表前往戰時陪都。由
於來自達扎政府的巨大政治壓力，後者的建議亦不可行，於是蔣介
石決定任命熱振為國民黨中央執行委員會委員，這個任命無疑具有
相當重要的政治象徵意義。[10]國民政府決策者顯然普遍相信，熱振
不久將恢復權力，但事實並非如此。

熱振與達扎衝突

　　出乎意料的是，熱振呼圖克圖所栽培的新攝政王不僅遠離其前
任，而且從一開始就沒有對熱振的支持者表示出偏袒與好感。舉例
而言，1943年初，因些微失誤，達扎對熱振的一個支持者做出降職
處分，並以夏格巴取代其職務，夏格巴是達扎的支持者，當時仍是

噶廈的低級官吏。與此同時，噶廈中的噶倫位置出現空缺，達扎任命對熱振一派存有敵意的旺欽格勒擔任此職。隨後，西藏政府上層的人事出現重大變動，反熱振的人取代了親熱振的官員。[11]儘管如此，熱振仍決意返回拉薩，恢復其攝政職位。他的追隨者再三告訴拉薩的英國人，前攝政希望重新執政。[12] 1944年12月，熱振及其隨從前往拉薩，伴隨着盛大的儀式。根據一份英國目擊者的敘述披露，他以回歸攝政的姿態受到隆重的迎接。一些親熱振的官員甚至從拉薩出發，經過兩天的旅程，前往與他會面，接待帳蓬設在拉薩東邊一英哩之處，政府官員與達賴喇嘛的家庭成員皆聚在那裏迎接他。拉薩大部分人曾一度相信，達扎很快退位。[13]

1945年1月，熱振與達扎在布達拉宮會見，但此次見面對熱振而言並不愉快。據有關會面的西藏資料顯示，熱振先向達扎表示自己已沒有生命危險，然後說達扎年邁，難以勝任攝政職務，這是他返回拉薩的原因。但是，達扎卻無意退位，如同傳言中的1941年兩人協議那樣，達扎沒有即時回應，也沒打算跟熱振進一步談話。[14]熱振對達扎表現出來的冷淡與蔑視，既惱怒又難堪，不久便返回熱振寺。

當達扎政權與熱振所屬的色拉寺在一次兇殺事件中發生衝突時，熱振與達扎的關係進一步惡化。1944年底，一群色拉寺僧人前往拉薩北部的林周宗（Lhundrup Dzong）去徵收稅糧。由於無法成功收稅，一群林周宗的農民找宗政府幫助。這位宗政府的長官是達扎的支持者，他向色拉寺僧人表示，若無拉薩的命令，不得再去收稅。收稅的僧人返回色拉寺，向堪布阿旺嘉措（Ngawang Gyatso）匯報此事。這位堪布是熱振的親密盟友，他指示徒弟不惜任何手段，包括賄賂，以取得宗長官的合作。宗長官不為所動，遭惱怒的色拉寺僧人打得不醒人事，幾天後便去世了。[15]

1945年1月，由於擔心拉薩當局會捉拿他們的代表並逮捕肇事僧人，色拉寺拒絕參加拉薩舉行的新年傳召大會。西藏政府不能

容忍色拉寺這種對抗行為，特別是年輕的達賴喇嘛首次參加這個儀式，如果色拉寺不出席是對達賴喇嘛極大的冒犯。為游說色拉寺僧參加大會，避免在新年期間發生動亂，噶廈通知色拉寺，如果他們如往常般參加，傳召大會期間便不會逮捕任何僧人，衝突將於4月再予解決。色拉寺由於相信自己已經取得勝利，僧人不會為稅糧徵收衝突而受到懲罰，寺內重要人物出席了1945年2月的傳召大會。[16]

拉薩政府絕不願就兇殺事件對親熱振的僧人從寬發落。實際上，達扎尋找機會，對「目中無人的」色拉寺寺院施加進一步權威。1945年6月初，拉薩突然命令解除色拉寺堪布阿旺嘉措和其他幾位僧官的職務。經過內部討論，阿旺嘉措及其隨從決定在達扎逮捕他們之前，逃往康區或中國內地。[17]當拉薩發現色拉寺堪布逃走，立即派士兵前往捉拿歸案。阿旺嘉措偽裝成普通的朝聖僧人，成功逃到中國控制的西康，然後經甘孜與德格，於1946年初到達重慶，受到國民黨官員的熱烈歡迎。但是他的隨從包括他的兩位兄弟，卻遭逮捕並於途中被殺。[18]西藏政府決定，所有與林周宗事件有關的僧人必須捉拿歸案，將他們流放至西藏北部或西部偏遠的地方。此外，色拉寺擁有的、用於防衛的彈藥皆被沒收。達扎後來任命了他最親密的盟友為色拉寺新的堪布。[19]林周宗事件是隨後兩年衝突的起點，並最終導致1947年的未遂政變。

國民政府對熱振—達扎衝突的反應

熱振試圖重新獲得權力未遂，帶着深深的沮喪與恥辱，返回了寺院。此後，熱振加強與國民政府的秘密聯繫。在一次與西藏的國民黨情報人員的談話中，熱振公開要求蔣介石幫助他推翻拉薩現政權。他催促中國派部隊直接到拉薩，以幫助他謀反。熱振建議，如果中國部隊不能推翻拉薩現政權，南京至少應該將中國部隊調到邊境地區，以示支持。如果這些行動皆不可能，熱振希望中國至少向

他提供必要的武器，比如來福槍、機關槍與子彈，以增強自己的軍
事力量。為感謝國民政府的幫助，熱振承諾，一旦成功重新執政，
他的新政權將立即宣佈加入中華民國，承認中國的主權。[20]

　　熱振的提議立即引起蔣介石的注意。當收到熱振的信息，蔣介
石要求蒙藏委員會與其高級軍事幕僚仔細分析。儘管蒙藏委員會與
國民政府軍事官員一致同意應繼續給親漢的熱振派秘密的支持，卻
不建議對達扎政府立即採取軍事行動。[21]領導層不願公開支持熱振
可以理解，因為幾乎同時，達扎政權決定派出自1911年以來的第一
個官方代表團訪問中國內地。南京高層曾一度相信，由於抗日戰爭
勝利的光環，西藏現政府願意與漢人政府合作，進一步將西藏整合
到中國的領土與政治舞台中去。因此，這些國民政府官員認為，捲
入達扎與熱振的衝突，並與拉薩發生任何不必要的敵意，皆是極不
明智的。蔣介石對此表示贊同。例如，儘管他允許阿旺嘉措留在重
慶，但卻嚴格命令國民政府情報部門秘密地「仔細保護」這名西藏流
亡分子。在此階段，蔣介石決定把阿旺嘉措給藏起來，以免引起拉
薩的猜疑。[22]

　　1946年中，國民政府的政策變得更為明顯，包括與達扎政權進
一步合作，而對熱振的謀反只給予冷淡回應。7月，由於想獲得中國
的確切支持，熱振派兩名私人代表經西康前往中國，希望會見蔣介
石。這兩位信使在四川受到秘密接待，與劉文輝及後來成為行政院
院長的四川省主席張群進行了會談。[23]張與劉皆對熱振的行動表示
同情。劉文輝甚至告訴西藏信使，如有必要，他可以調動部隊至康
藏邊界。[24]但是，當熱振的私人代表準備前往南京時，蔣介石卻指
示張群加以阻止，讓他們留在成都。蔣解釋此舉是為避免引起達扎
代表團的懷疑，他們當時正在南京，準備出席遲遲未能開幕的國民
代表大會。[25]

　　由於首次有西藏來的代表團參加南京重要的政治會議，國民政
府高層異常興奮，因此沒有認真對待熱振的警告。在一封致蔣介石

的私人信函中，熱振警告國府領袖，達扎政權絕不會甘心接受國民政府的統治，當時西藏代表最終會向南京提出遠遠超過國民黨「高度自治」方案的政治要求。熱振再次強調，防止西藏進一步從中國領土分離出去的唯一辦法，是支持他重奪攝政職位。[26]值得提及的是，在此前後，調查統計局是唯一一個大膽地向蔣介石提出如下建議的政府機構，即他或需重新調整中國對西藏領導層的策略。他們提醒蔣介石，儘管南京優先考慮的是與拉薩現當局的聯繫，但中國仍然應該拿出更多資金支持熱振一派，如此，熱振便可以通過賄賂，盡可能爭取更多在西藏現政府中任職的西藏官員的支持。[27]

大概因為受到蒙藏委員會幕僚的影響，後者認為他們已經做出極出色的工作，說服西藏派人出席國民代表大會，從而不贊成與熱振更緊密的合作，蔣介石後來怒斥情報人員不要干預太多政府的西藏事務。蔣介石指示他在西藏的特工不要干涉西藏前攝政與現攝政之間極為敏感的矛盾衝突。[28] 1946年秋，對於熱振反覆提出的請求，蔣介石只承諾當熱振面臨危險，中國政府會設法保護其生命與財產安全。[29]不過，國民政府官員隨後甚至連這個承諾也沒能克守。

甚至當在西藏與印度的情報活動遭受巨大挫折時，南京對西藏內部衝突的態度也沒有改變的跡象。1946年4月，英國駐江孜商務代辦截獲了一個從拉薩寄給時在噶倫堡從事西藏革命活動的包裹，裏面有地圖與文字記錄。英國官員對郵件產生懷疑，通知了噶倫堡的印度警察，印度政府指令嚴密觀察饒幹及其同伙的行動。後來，印度官員驚訝地發現，饒幹命人印刷了4,000份西藏革命黨成員表和2,000枚成員卡。4月10日，英國把饒幹組織的存在通知了西藏政府。[30]拉薩立即要求印度政府引渡饒幹回藏，但印度政府更願意將他驅逐回中國。6月9日，英國突然搜索懷疑從事反西藏政府間諜與革命活動的饒幹及其同伴的房子。據漢文資料顯示，國民黨官員已經警告饒幹，印度的可能襲擊，令他毀掉所有與西藏革命黨有關的文件，特別是成員名單。但是饒幹還是掛萬漏一，被印度警察有所

發現。[31]隨後不久，印度政府對饒幹及其追隨者發出了驅逐令。

饒幹試圖留在噶倫堡，聲稱自己是中國人，正式身份是蒙藏委員會「專員」。但是，國民政府顯然未能說服新德里撤銷命令。因此，饒幹被迫於1946年7月19日返回中國。[32]與此同時，拉薩的中國官員竭力讓西藏人相信，饒幹屬個人行動，跟國民政府與西藏革命黨毫無關聯。[33]當西藏質疑饒幹持有中國官方稱謂時，蒙藏委員會回應稱，他僅是幫忙「將孫中山先生的著作譯成藏語」，並沒有官方職位。南京官員還稱，饒幹具有中國的官方稱謂，「純粹為方便他獲得護照，而非任何官方職位」。[34]拉薩沒有就此事繼續糾纏。但是，這對國民政府在西藏的秘密活動是一個沉重打擊，饒幹的秘密政黨在中國幫助下所設立的情報網絡，經此一役破壞殆盡。不過，饒幹事件並沒有窒礙西藏代表團訪問中國的行程，南京顯然仍對隨着代表團而來的官方接觸抱有很大期待，這個期待不是針對熱振集團，而是針對達扎政權。

拉薩政變與色拉寺叛亂

當戰後中國首個國民代表大會即將召開之時，西藏的政治形勢異常緊張。由於相信熱振集團威脅其地位及政府的穩定，達扎抓緊機會除掉政府中親熱振的支持者，改以親達扎的人士取而代之。1946年12月，噶倫中唯一同情熱振的彭康噶倫 (Phünkang Shape) 被達扎解除職務。其結果，至1946年底，噶廈的四個噶倫，包括索康·旺欽格勒、夏格巴、噶雪巴與新任命的拉魯 (Lhalu)，要不強烈地親達扎，要不改變了政治立場，向達扎效忠。[35]另一方面，自林周宗事件以後，從屬拉薩寺院的熱振支持者不斷地催促熱振採取行動，反抗達扎的肅整。熱振的個人回憶錄揭示，追隨者計劃於1946年底當達扎從拉薩前往私廟時行刺他。但是策劃者未能及時組織，熱振的支持者於是決定在1947年初達扎出席拉薩的一個傳統節日期

間，向他投擲手榴彈。大概擔心生命可能受到威脅，達扎最終沒有參加慶祝活動。[36]

　　由於找不到更好的暗殺機會，熱振的追隨者最後決定用一個炸彈包炸死達扎。1947年1月，謀劃者送給達扎高級顧問之一阿旺南傑（Ngawang Namgyel）的一個僕人一個炸彈包，包上註明「機密」，並稱是「康區總管致攝政王」。送炸彈包的人偽裝為富有康巴商人的僕人，他告訴阿旺南傑的管家，送這個包裹的主人很快便會前來，然後就離開了。管家不以為然，決定先把這個包裹放進抽屜，待康巴商人來了再說。他也沒有向阿旺南傑提起這個包裹。[37]數週過後，一直未見康巴商人前來，阿旺南傑的侄子開始對包裹感到好奇，決定打開它，看看裏面可有值錢的東西。當他打開包裹，聽到吱吱的聲音，於是立即扔掉盒子並跑開。爆炸導致玻璃窗與房間損毀，但沒人受傷。阿旺南傑隨即將此事報告噶廈。[38]

　　接到爆炸消息後，達扎及其高級顧問沒有即時採取行動。不過幾週之後，1947年4月14日，達扎突然下令逮捕熱振。同一天早上，西藏噶廈從西藏駐南京辦事處收到一份極機密電報，指前攝政剛透過信使向國民政府送出急件，要求中國派部隊、彈藥及飛機幫助他推翻達扎。電報還稱，熱振的信使向國民政府表示，將接受中國對西藏的主權。這份電報還揭示，蔣介石已經同意在「五天之內」回應熱振的訴求。[39]不過，最近公開的漢文檔案材料顯示，直至1947年2月28日，蔣介石仍命令部下阻止熱振的人前來南京，因為達扎的官方代表當時仍在南京，將於3月初返回拉薩，蔣介石擔心他們知悉國民政府與前攝政之間的秘密接觸。[40]更有意思的是，4月10日，熱振的兩位私人代表終於獲准前往南京，並主動向國民政府領導人呈交一份計劃，提議以「非暴力」方式解決達扎與熱振的緊張局勢，這些方式包括對拉薩現當局製造更多謠言，爭取南京的西藏代表靠攏中國，中國支持與培養更多反達扎的西藏政客。事實上，他們的想法與熱振最初的謀劃大相徑庭，而且更為溫和。[41]

　　當時在拉薩的政府官員顯然並不知道南京正在醞釀的事情。南京的西藏代表的電報僅僅向噶廈與達扎說明，熱振一伙確實密謀叛亂，更嚴重的是，西藏的政治地位受到了威脅。經過漫長討論，達扎指示官員逮捕熱振，把他帶到拉薩。兩位噶廈的大臣拉魯與索康，以及藏軍總司令與大約200名士兵很快趕赴熱振寺。由於沒有料到達扎的緊急行動，熱振寺未有任何防範。結果，前攝政及其密友沒有多少抵抗便被「護送」到拉薩。[42] 當色拉寺僧人聽說政府派部隊逮捕熱振，感到憤怒。他們的怒氣不僅針對達扎及其政權，還有達扎任命的堪布。4月16日，一大群怒氣沖沖的武裝色拉寺僧人開始反抗，首先殺死堪布，然後手持武器衝向拉薩，意欲營救熱振。次日，拉薩處於停擺狀態，商店與學校紛紛關門，藏軍增多，以保護政府辦公部門與寺院。4月20日，由於無法忍受色拉寺僧人的行為，噶廈下令鎮壓叛亂，達扎政權與熱振支持的色拉寺之間由此爆發內亂。[43]

　　1947年春，南京對達扎政府的態度開始逆轉。時為參謀總部總長的陳誠將軍是第一個呼籲改變政策的人。1947年3月，他說，西藏現政府不願與中國在政治上進一步合作，正在進行分裂主義活動。他說，拉薩的真正動機已經在達扎的首個官方代表團呈交的文件中展露無遺。此外，拉薩現在正準備派另一個帶着「國旗」的官方代表團去印度參加泛亞洲會議。因此陳誠公開提議，現在是南京支持熱振並恢復其攝政地位的時候。[44] 幾週之後，拉薩爆發內亂，更多高級顧問與官員相信，現在是南京解決西藏問題的時機。蔣介石侍從室顧問敦促蔣介石調動馬步芳與劉文輝的部隊到漢藏邊界。他們同時建議外交部與印度尼赫魯聯繫，向他解釋情勢，以防止英國的可能干預。[45]

　　與此同時，國民政府兩個最大的情報機構，即調查統計局與主管軍事情報的國防部第二廳，也傾向立即對拉薩現當局採取強硬立場。拉薩的特工更不斷催促南京採取嚴厲行動，支持政變。他們

極為擔心，如果熱振失敗，達扎便會宣佈西藏獨立，而他下一個目標將針對那些長期以來與熱振緊密接觸的國民黨特工。南京主管國家安全的官員認為，這樣一來，意味着中國在西藏秘密活動的全面瓦解。[46]甚至南京外交部官員，過去雖非常不願處理複雜的西藏問題，也提議中央政府應採取正面行動，調解色拉寺事件。外交部官員進一步預測，此次事件將產生嚴重的負面影響。也就是説，如果傳統的親漢派被達扎瓦解，國民政府自二戰以來在西藏艱苦經營的努力，將全部遭到破壞，中國派去拉薩的官員亦將無法在當地立足。[47]後來的事實證明，外交部的擔心是正確的。

事實上，南京有意使用軍事手段干預色拉寺事件是可以理解的。外交上，西藏發生政變時，英國即將撤離印度，因此不太可能從財政或軍事上支持達扎政權。政治上，熱振是國民黨中央現行委會員委員，甚至他的榮譽佛教頭銜也是國民政府授予，如果國民政府任命的人最終被殺，將嚴重損害國民黨在西藏以及中國其他邊疆地區的威信。軍事上，許多官員相信，考慮到西藏裝備欠佳的軍事力量，僅僅將雲南、西康與青海的中國部隊調動到邊界，便足以「鎮懾」頑固的西藏人。[48] 4月26日，國防部準備了一份軍事地圖，上面繪着周密的軍事部署與各種情況，等待蔣介石的批示。在這份計劃中，蔣介石的軍方官員提議，一方面派兩個師的騎兵由甘肅開往青海南部；另一方面命劉文輝部及康區當地的民兵向西移動，佔領金沙江西部拉薩控制的地區。此外，這些軍事幕僚還敦促蔣介石找一個有軍事背景的官員，負責蒙藏委員會駐拉薩辦事處的工作，以便控制軍事行動後的局勢。[49]

但是，此刻國民政府與達扎政權之間的聯繫，以及試圖游説拉薩參加中國戰後的政治與憲法框架的制定，阻止了南京與西藏的戰爭。如同當時國防部長白崇禧將軍在一份備忘錄中所寫，從南京的角度來看，贏得一場對達扎政權的戰爭，固然對戰後中國的邊疆籌劃有利，但若中國失敗，中國所付出的代價將是從中國領土上永遠

失去西藏。因此他懷疑，為了有效控制這片遙遠的土地，中央政府
是否應下政治與軍事賭注。[50] 即使蔣介石願意積極捲入西藏內亂，
他的時間也所剩無幾。當內戰爆發後，南京先下令西藏政府停止戰
爭，要求據佛教教義來保護前攝政與色拉寺僧人的生命安全。[51] 然
而這些電報全部無效。5月2日，由於缺乏物資與彈藥，色拉寺投
降。6天以後，熱振在獄中猝死。5月13日西藏政府致蔣介石電報
中，噶廈僅僅告訴南京，前攝政自然死亡，西藏官員對其逝世深表
哀悼。電報還稱，西藏當局已經恢復拉薩的和平與秩序，巧妙地減
低中國干預的可能。[52]

　　蔣介石樂觀地將西藏噶廈向他報告熱振死亡消息，看作是西藏
政府對南京「從屬地位」及其願意繼續與漢人合作的證明。此外，蔣
介石意識到，親漢派不可能重獲權力，故親自指示官員對色拉寺事
件毋須進行軍事計劃。[53] 由於既沒有信心也沒有準備捲入西藏的混
亂局勢，南京只能看着達扎政權逐漸平定暴亂，一個接一個地控制
熱振的寺院據點。5月17日，當西藏軍隊最終攻下熱振派系的最後
據點熱振寺，西藏內亂宣告結束。

拉薩政變的影響

　　1947年的色拉寺事件產生了幾個問題，值得仔細探究。二戰結
束不久，國民政府採取與達扎的拉薩政府合作的策略，以便將西藏
拉入中國設計的憲法與政治藍圖。今天看來，這種聯繫西藏現政府
的政策，無疑削弱了傳統上更親中國而非英國的支持者，特別是前
攝政及其集團。1946年與1947年初，南京國府主持邊政的官員們，
忙於接待第一個到訪的西藏代表團，既沒有嚴肅看待熱振的警告，
也並未向他提供軍事與財政援助。當熱振支持的色拉寺對達扎政權
發動叛變，南京無法給予熱振及其追隨者任何支持。雖然標榜自己
是「中央政府」，南京官員在達扎與熱振的衝突中甚至不能扮演仲裁

者的角色。結果，中國領導人只能看着熱振的影響一點一點地被消滅殆盡。

　　拉薩的色拉寺事件給國民政府時期的中國帶來幾個負面的影響。首先，政變流產之後，國民政府自戰時即在西藏及其鄰近地區展開的國家建設計劃，其中最重要的包括發展情報與秘密據點，遭到災難性的破壞。當襲擊熱振寺時，拉薩更發現大量前攝政通過國民黨特工與國民政府領袖的往來信件，如同5月17日一份機密報告所示，西藏已完全掌握了中國在西藏的地下網絡。[54] 據時任英國駐拉薩使團代表的黎吉生指出，當熱振被達扎的軍隊逮捕，正好有一位中國特工人員在場。蒙藏委員會駐藏辦事處極難向拉薩解釋此人出現在熱振地方的原因。[55] 其次，由於南京不能做出任何政治或軍事姿態，以營救被監禁的前攝政，引起西藏傳統上親漢人的寺院集團廣泛不滿與失望。自內亂開始，色拉寺當局與當地的漢族商人即不斷呼籲南京對達扎的清算採取行動。當熱振突然在獄中猝死，他們對國民政府不願意保護熱振生命的憤怒，變得更加強烈。[56] 如同駐藏辦事處悲觀地觀察，色拉寺事件後，國民政府必然極難再贏得親漢的寺院和政治集團的同情心。由於對處理難於預料的內亂局勢欠缺信心，國府駐拉薩的官員敦促南京立即就未來對藏政策提出方案。[57]

　　熱振派系的最終崩潰也打擊了國民政府派往西藏的官員的士氣。政變之後，拉薩的中國官員極為焦慮恐懼。沈宗濂在西藏代表團離開之後，即留在南京，拒絕返回拉薩，其辭職最終於1947年7月獲准。大約同時，駐藏辦事處的三位工作人員離職返回中國內地，甚至代處長陳錫璋也堅決要求辭職。不過，直至國民政府於1949年瓦解，陳錫璋的辭職也沒有獲得批准，因為沈宗濂的繼任者同樣不願前往拉薩就職。因此，駐藏辦事處變得無所作為，其存在形同虛設。[58]

從一個宏觀的歷史角度來看，1947年的色拉寺事件可視為國民政府西藏議題的分界線。雖然不干預兩位攝政之間的流血衝突，但南京沒有從達扎政權那裏贏得任何感恩戴德。蔣介石面對此次事件的無所作為卻令到親漢人的西藏人對其政府失去信心。更糟糕的是，自1947年下半年開始，中國內地的政治與經濟局勢轉趨惡化，此後南京全力對付中國共產黨問題而無暇顧及西藏事務。達扎政權繼續努力，提高西藏的國際能見度，而南京在雙邊關係中逐漸處於被動位置。例如，色拉寺事件後，國民政府提出一系列軍事與政治政策，以抗衡中國西南地區新的政治局勢。在行政院的一次內部會議上，國民政府官員確定了未來對西藏的政策框架。表面上，中央政府將以極寬大容忍的態度對待拉薩，但暗地裏南京將繼續部署以軍事手段將西藏帶入中國的控制內，這包括在劉文輝控制的康區建立更多機場、派新的情報人員前往西藏。國民黨中央執行委員會還敦促安排一個官方代表團到西藏，一方面調查熱振死亡，另一方面改善南京與達扎的關係。但是直至1949年，這些計劃皆未得以落實執行。[59]

當1948年中國的國民代表大會再次召開，西藏政府，如同中國共產黨一樣，拒絕派代表參加。此外，當蔣介石當選為中華民國行憲後首任總統之後，噶廈告訴陳錫璋，由於西藏是一個政治獨立的國家，那些在1946年參加中國制憲大會並承認新憲法的西藏人，將不會再在蔣介石的國書上簽署任何文字。[60]回顧歷史，嚴格來說，國民政府在1947年，也就是在1949年失去整個中國的兩年以前，已經失去西藏。

關於1947年西藏政變的後果，也不能忽視以下幾點，即由於1940年代末西藏的漢人遭到災難性驅逐，在隨後的1950年代，中國共產黨為控制這片地區，只好採取嚴厲手段如軍事鎮壓暴亂。換言之，若沒有當地漢人官員與居民服從其統治並改變政治忠誠，如同發生在新疆、青海與內蒙古一樣，共產黨接管西藏比起其他邊疆地

區更加困難且需要暴力。拉薩政變之後，國民政府對西藏的影響與
關注急劇減退。但是，1947年色拉寺事件卻播下了十年後一場更大
型的漢藏衝突的種子，而這在過去從未被注意。

　　至於1947年色拉寺事件對西藏一方的影響，可能更重要的是，
內亂嚴重破壞了西藏社會、宗教與政府的穩定。破壞之大，甚至年
輕的達賴喇嘛想通過在1947年底親訪色拉寺，以修補政府與寺院部
門之間的關係。[61]儘管達扎及其派系贏得此場政治鬥爭，但其所領
導的卻是一個已經分裂的西藏，內部的分裂與傷痕，使其注定無法
妥善應對即將到來、更需藏人內部團結的重大發展。

注　釋

1. 金達（蒙藏委會員駐拉薩情報人員）致蔣介石情報，1947年5月5日，
   ANG，200000000A，419/1097–419/1098。
2. 此摘要基於各種漢文資料對此事件的敘述，以及英印政府致印度事務
   部的秘密報告，本章以下部分將詳細描述。
3. 蒙藏委員會備忘錄「戰爭第二階段的行政計劃」，1939年4月，
   ASNDC，003/103。
4. 常希武：〈國民黨特工人員在西藏〉，*XWZX*，第3輯（1984），頁52–58。
5. 參見如《中央日報》，1947年6月24日；范亞平：〈熱振寺、熱振活佛
   與熱振事件述略〉，《藏學研究論叢》第8輯（1996），頁75–85；喜饒尼
   瑪：〈熱振事件與帝國主義的陰謀〉，《近代藏史研究》（拉薩：西藏人民
   出版社，2000），頁227–238。
6. 據重慶官員分析，達扎太老，不能真正擁有權力，熱振仍會於幕後
   執掌政權。見蒙藏委員會致行政院，1941年1月22日、2月20日，
   AEY，062/1215。據梅戈溫指出，如日中天的熱振堅持暫時辭退的原
   因，是他普遍被認為破戒於異性，因此沒有資格給新的十四世達賴喇
   嘛授戒，或者說西藏人不能容忍他為後者授戒。見Melvyn C. Goldstein,
   A History of Modern Tibet, 1913–1951: The Demise of the Lamaist State,
   pp. 357–360.
7. 軍事委員會提議，極機密，1943年10月28日；蔣介石致吳忠信與戴笠
   令，1943年11月2日，皆見ANG，200000000A，419/1997–419/2005。

8. 魏龍(國民黨駐拉薩情報人員)致蔣介石，1946年4月21日，ANG，200000000A，419/0757–419/0758；沈宗濂致蔣介石，1946年8月23日，ANG，200000000A，419/0778–419/0786。在沈宗濂的電報中，他向蔣介石報告說，他正試圖吸引索康扎薩靠攏國民黨，允許索康扎薩控制一支由中國政府在財政與軍事上資助的藏軍。不過，沈宗濂的計劃後來受到國民政府軍事與情報部門的反對，這些機構認為索康是「親英派」，不能信任他並與他合作，他們在沈宗濂向蔣介石呈交報告之前即表達了意見。

9. British Embassy in China to GOI, July 1946, IOR, L/P&S/12/4226; 陳錫璋：〈西藏從政紀略〉，*XWZX*，第3輯 (1984)，頁121–122。陳錫璋繼沈宗濂任駐藏辦事處代處長。他擔任此職直至1949年夏國民政府崩潰，當時他與所有中國官員被驅逐出拉薩。

10. 江白降村：〈第五世熱振・土登江白益西・丹貝堅贊傳略〉，*XWZX*，第17輯 (1995)，頁20–21；孫子和：〈熱振傳〉，《西藏史事與人物》，頁290。

11. Goldstein, *A History of Modern Tibet*, pp. 373–375.

12. British Mission in Lhasa to the British Political Officer in Sikkim, 20 August and 15 October 1944, IOR, L/P&S/12/4201.

13. British Mission in Lhasa to the British Political Officer in Sikkim, 3 December 1944, IOR, L/P&S/12/4201; 噶雪巴：〈回憶熱振事件〉，*XWZX*，第6輯 (1985)，頁11–12。噶雪巴當時是一名噶倫，不久捲入達扎與熱振衝突事件。

14. 噶雪巴：〈回憶熱振事件〉，頁12；江白降村：〈第五世熱振・土登江白益西・丹貝堅贊傳略〉，頁18。

15. 蒙藏委員會致蔣介石，附左仁極(蒙藏委員會駐昌都專員)備忘錄，1947年7月19日，ANG，200000000A，419/1438–419/1453；噶雪巴：〈回憶熱振事件〉，頁12–13；江白降村：〈第五世熱振・土登江白益西・丹貝堅贊傳略〉，頁19–20。

16. British Mission in Lhasa to the British Political Officer in Sikkim, 18 February 1945, IOR, L/P&S/12/4201.

17. Weekly report by the British Mission in Lhasa ending 17 February 1946, IOR, L/P&S/12/4202; Hugh E. Richardson, "The Rva-sgreng Conspiracy of 1947," in *Tibetan Studies: In Honour of Hugh Richardson*, ed. Michael Aris and Aung San Suu Kyi (Wiltshire, UK: Aris and Phillips, 1980), p. xvii; 噶

雪巴：〈回憶熱振事件〉，頁13-14。

18. 據阿旺嘉措的敘述，他跨過金沙江，逃到西康，但當地寺院不敢收留他。然後他派兩名兄弟前往玉樹，尋求馬步芳的幫助。但是青海的穆斯林政權沒收了他們的財物與武器，將他們交給駐守昌都的西藏軍隊。見阿旺嘉措致蔣介石呈與蒙藏委員會致蔣介石呈，附蒙藏委員會官員與阿旺嘉措會議紀要，1946年3月8日，ANG，200000000A，419/0663-419/0675。

19. 江白降村：〈第五世熱振・土登江白益西・丹貝堅贊傳略〉，頁20-21；噶雪巴：〈回憶熱振事件〉，頁14。

20. 魏龍致蔣介石情報，附拉薩熱振與魏龍秘密談話紀要，1946年4月21日，ANG，200000000A，419/0763-419/0768。

21. 蔣介石分別致羅良鑑與徐永昌（軍令部部長），1946年4月24日，ANG，200000000A，419/0759-419/0760；蔣介石致陳誠（參謀本部總長），1946年6月4日，ANG，200000000A，419/0769；徐永昌致蔣介石，1946年5月30日，ANG，200000000A，419/0772-419/0773；蒙藏委員會致蔣介石，1946年5月15日，ANG，200000000A，419/0774-419/0776。

22. 葉秀峰（調查統計局局長）致蔣介石，1946年3月14日，ANG，200000000A，419/0680-419/0682；蔣介石致葉秀峰令，1946年3月23日，ANG，200000000A，419/0684。

23. 劉文輝致蔣介石，1946年7月15日，ANG，200000000A，419/0800-0804。

24. 劉文輝致張群私人密函，1946年7月15日，ANG，200000000A，419/0807-0812。

25. 蔣介石致張群，1946年9月6日，ANG，200000000A，419/0816-19/0817。

26. 劉文輝致蔣介石，附熱振致蔣介石私人信函，1945年7月15日，ANG，200000000A，419/0805-419/0806；鄭介民（國防部第二廳廳長）致蔣介石，附鄭介民備忘錄，1946年8月18日，ANG，200000000A，419/0819-419/0822。

27. 鄭介民致蔣介石，1946年8月24日，ANG，200000000A，419/0837-419/0842。

28. 沈宗濂致蔣介石，1946年8月14日，ANG，200000000A，419/0824-419/0825。在這份函電中，沈宗濂向蔣介石建議，在當前的環境下，國

民黨在西藏的情報人員應暫時疏遠熱振。對此蔣介石表示同意。

29. 蔣介石致鄭介民令，1946年9月10日，ANG，200000000A，419/
    0846–419/0847。

30. British Political Officer in Sikkim to GOI, 3 April 1946; and H. Richardson
    (British representative in Tibet), memorandum enclosed in Richardson
    to the British Political Officer in Sikkim, 14 April, 1946, both in IOR, L/
    P&S/12/4211.

31. 中國駐加爾各答總領事館致外交部，1946年6月25、28日、8月15
    日，AMFA-1，172-1/0016。

32. 中國駐印度專員致外交部，1946年7月18日；中國駐加爾各答總領事
    館致外交部，1946年7月20、24日，皆見AMFA-1，172-1/0016。

33. British Mission in Lhasa to the British Political Officer in Sikkim, 1 August
    1946, IOR, L/P&S/12/4211.

34. British Mission in Lhasa to the British Political Officer in Sikkim, 17
    October 1946, IOR, L/P&S/12/4211.

35. 拉魯：〈拉魯家族及本人經歷〉，*XWZX*，第16輯（1995），頁80–85；噶
    雪巴：〈回憶熱振事件〉，頁14–15；恰白·次旦平措：〈索康·旺欽格
    勒的一些軼聞瑣事〉，*XWZX*，第17輯（1995），頁49–61。

36. Goldstein, *A History of Modern Tibet*, pp. 465–468。Goldstein的著作主要
    是基於在達扎政府工作的西藏前官員的訪問。亦參見拉魯：〈拉魯家族
    及本人經歷〉，頁86。

37. 噶雪巴：〈回憶熱振事件〉，頁14；陳錫璋：〈西藏從政紀略〉，頁187；
    拉魯：〈拉魯家族及本人經歷〉，頁86–87。

38. 爆炸的具體日期仍不得而知，拉魯認為是1947年2月17日，而Goldstein
    的研究表明更可能是3月初。蒙藏委員會駐拉薩辦事處與英國使團則
    記錄日期遲至4月9日與4月7日，但這似不太可能。見拉魯：〈拉
    魯家族及本人經歷〉，頁86；Goldstein, *A History of Modern Tibet*, pp.
    468–470; 鄭介民致蔣介石，附拉薩情報，1947年4月23日，ANG，
    200000000A，419/0991–419/0992；GOI to India Office, 30 May 1947,
    IOR, L/P&S/12/4202.

39. 拉魯：〈拉魯家族及本人經歷〉，頁87–88；噶雪巴：〈回憶熱振事件〉，
    頁17。據漢文檔案材料顯示，熱振最後向南京要求3,000支來福槍與
    300萬盧布，還要求中國調動部隊至漢藏邊界，以示支持。不過，沒有
    任何證據顯示蔣介石承諾會在五天之內答覆熱振的要求。此外，儘管

在過去的通訊中，熱振表示願意接受中國的主權，但在他最後的一份
信件中，並沒有提及西藏在中國的地位問題。見陳誠致蔣介石，極機
密，1947年3月22日，ANG，200000000A，419/0902–419/0904。

40. 蔣介石致鄭介民令，1947年2月28日，ANG，200000000A，419/
0884。在達扎使團離開之後，熱振的兩位信使最終獲准於1947年3月
末抵達南京。

41. 鄭介民致蔣介石，附鄧珠朗傑與圖島朗嘉（熱振私人信使）致蔣介石
函，1947年4月10日，ANG，200000000A，419/0924–419/0926。

42. 拉魯：〈拉魯家族及本人經歷〉，頁89–92；拉薩致蔣介石情報，1947年
4月14、16日，ANG，200000000A，419/0929–419/0932。

43. Weekly report of the British Mission in Lhasa ending 20 April 1947, IOR,
L/P&S/12/4202；拉薩致蔣介石情報，1947年4月18、19日，ANG，
200000000A，419/0934–419/0936；蒙藏委員會致蔣介石，附陳錫璋
（駐藏辦事處副處長）備忘錄，1947年4月19日，ANG，200000000A，
419/0949–419/0953；噶雪巴：〈回憶熱振事件〉，頁27–31。

44. 陳誠致蔣介石，1947年3月22日，ANG，200000000A，419/0902–
419/0904。

45. 蔣介石侍從室備忘錄，1947年4月19日，ANG，200000000A，
419/0942–419/0943。

46. 鄭介民致蔣介石，1947年4月20日，ANG，200000000A，419/0970；
葉秀峰致蔣介石，1947年4月21日，ANG，200000000A，419/0974–
419/0976；鄭介民備忘錄，1947年5月2日，ANG，200000000A，419/
1071–419/1072。

47. 外交部備忘錄，1947年5月20日，AMFA-1，172-1/0016。顯然，國民
政府的外交官員毫不猶豫地向南京的美國外交官表達他們的擔心。見
US Embassy in China to the State Department, 15 July 1947, USFR, 893.00
Tibet/7–1547, in *USDS 1945–1949*, reel 21.

48. 見沈宗濂致蔣介石，1947年4月，GMWX，40，頁504；拉薩致蔣介
石情報，1947年4月22日，ANG，200000000A，419/0978–419/0980；
喜饒嘉措致蔣介石，1947年4月25日，ANG，200000000A，
419/1015–419/1022。

49. 鄭介民致蔣介石備忘錄「解決西藏事件的軍事行動」與「中國部隊進
軍鎮撫西藏事件路線圖」，1947年4月26日，ANG，200000000A，
419/1029–419/1039。

50. 白崇禧致蔣介石，附國防部備忘錄，1947年5月22日，ANG，
    200000000A，419/1242–419/1244。

51. 蒙藏委員會致噶廈函，1947年4月23日；蔣介石致達扎仁波切函，1947
    年4月24日、5月3日，皆見YXGZ (1993)，第7冊，頁2873、2875、
    2878。

52. 蒙藏委員會致蔣介石，附西藏噶廈致蔣介石函，1947年5月13日，
    ANG，200000000A，419/1180–419/1186。

53. 蔣介石致張群（行政院院長），1947年5月15日，ANG，200000000A，
    419/1187。

54. 蒙藏委員會致蔣介石，附國民政府駐拉薩辦事處報告，1947年5月17
    日，ANG，200000000A，419/1194–419/1195。

55. Richardson, "The Rva-sgreng Conspiracy," p. xx.

56. 見Weekly reports of the British Mission in Lhasa ending 4 and 11 May
    1947, IOR, L/P&S/12/4202；拉薩致蔣介石情報，1947年4月20日，
    ANG，200000000A，419/0970；鄭介民致蔣介石，附國民黨在拉薩
    的一名匿名特工的備忘錄，1947年5月1日，ANG，200000000A，
    419/1097–419/1098；國防部第二廳備忘錄，1947年5月4日，ANG，
    200000000A，419/1125–419/1126。

57. 國府駐拉薩代表處備忘錄，1947年5月17日，ANG，200000000A，
    419/1194–419/1195。

58. 陳錫璋：〈西藏從政紀略〉，頁132–133。

59. 見張群致蔣介石，1947年5月24日，ANG，200000000A，419/1250–
    419/1254；國民黨中央委員會會議紀要，1947年7月2日，YXZG (1993)，
    第7冊，頁2882–2883。

60. 蔣介石後來指示陳錫璋毋須就此事與拉薩交涉，因為「西藏人是否在國
    書上簽字無關重要」。西藏噶廈致蒙藏委員會函，1948年5月17日；
    蔣介石致陳錫璋令，1948年6月7日，皆見YXZG (1993)，第7冊，頁
    3506–3508。

61. Richardson, "The Rva-sgreng Conspiracy of 1947," p. xix.

結 語

　　1949年夏，中國共產黨即將控制全中國，西藏政府決定關閉蒙藏委員會駐藏辦事處，驅逐所有中國官員出藏。西藏人稱，他們擔心，如果國民黨政權崩潰，新的北京共產黨政府可能率先承認駐藏國民政府人員的官方地位，然後逐步以共產黨員取而代之。拉薩當局因而認為，必須以「消除西藏境內可能存在的共產黨分子」為由，驅逐所有中國官員離開西藏領土。[1] 1949年7月20日，所有國民黨官員，包括那些在無線電台、學校與醫院工作的人員，被「護送」離開拉薩，啟程前往印度。另外100至130名人士，主要是漢人，被藏方指為間諜，與駐藏辦事處官員及其眷屬們一併遭到驅逐。一份漢文資料顯示，這些被驅逐的人包括20名國民黨特工與15名負責情報工作的漢僧。[2] 事件的急劇轉變，意味着漢人的所有影響與權威從西藏消除殆盡，漢藏關係又如1912至1934年之間的那樣疏離隔閡。

　　彼時國民政府已從南京撤退到廣州，當聽到被驅逐的消息後，立即舉行緊急會議進行商討。會議產生了一系列文件，包括建議派飛機到拉薩向西藏人施壓。國府高層如代總統李宗仁與行政院院長閻錫山等，也對西藏政府表示強烈抗議，閻錫山甚至向國內外媒體聲言，國民政府已經指示被驅逐的官員不惜一切代價返回拉薩。然而，可以預見的是，此刻位於廣州的國民政府勢孤力弱，根本無法採取任何抵制行動，或阻止西藏人從拉薩清勤其官員。[3]

幾乎同時間，即將瓦解的國民政府卻決定對另一事件表態，有關表態對漢藏關係產生極為深遠的影響，其反響至今仍然存在。那就是認定當時在青海的一位靈童為新的十世班禪喇嘛。九世班禪喇嘛於1937年去世，至1943年，尋訪團已找到三名可能的達賴轉世靈童。其一於康區發現，另外兩名（其中一人於1948年中去世）則發現於青海地區。面對這三個可能的候選人，西藏政府堅持必須在拉薩進行最後掣籤決定。但是中國當局從自身利益出發，宣稱有權主持儀式，如同在盛清時那樣。1944年初，已故九世班禪喇嘛在青海的追隨者把其中一名青海「靈童」帶到塔爾寺，聲稱他就是真正的轉世。[4]在已故班禪喇嘛隨從與青海強人馬步芳的支持下，同年2月塔爾寺舉行了一個宗教儀式。隨後，已故班禪喇嘛的追隨者宣佈，這個儀式即代表了新的班禪喇嘛的坐床典禮。如果沒有國民政府的默許，這個儀式不可能舉行。但是，由於擔心拉薩的反應，國民政府一直沒有正式承認這次坐床典禮。[5]

由於拒絕承認是次儀式，拉薩的僧俗官員再次敦促中國與班禪喇嘛派系把三位靈童送到西藏，以決定最後人選。[6]對於拉薩的多數人來說，如果青海靈童受中國人保護，九世班禪喇嘛晚年所發生的事件便有可能重演，將有人試圖運用中國的軍事力量護送他返回西藏。1948年末，這樣的恐懼甚至導致一些激進的拉薩官員建議廢除班禪喇嘛世系。[7]但是，由於擔心大多數西藏人反對廢除班禪喇嘛的傳統地位，拉薩當局最終放棄了這個激進提議；相反，他們決定在做出任何選擇以前，將康區找到的靈童帶到西藏。[8]

有關新的班禪喇嘛認證坐床的爭議，令力量薄弱的國民政府陷入困境。若支持親漢的班禪喇嘛集團和承認新的青海靈童，無疑會激怒拉薩，從而加速中斷與西藏的關係。但是六年過去，拉薩仍然堅拒漢人政府對整個靈童選擇過程的介入。從1943至1949年初，國府邊疆事務官員無法解決此問題。1949年6月3日，就在國共內戰晚期、國民政府形將瓦解前夕，撤退到廣州的國民黨人突然宣佈承

認青海靈童為合法的十世班禪喇嘛。此外，國民黨還宣佈，時任蒙藏委員會委員長的關吉玉將率領一個小型代表團，飛往青海的塔爾寺，主持坐床典禮。[9] 8月10日，坐床典禮在關吉玉、馬步芳代表及其他地方官員見證下舉行。這是國民政府對中國中亞內陸邊疆事務的最後一項官方舉措，三週以後，青海省被共產黨解放。

為何處境岌岌可危的國民政府選擇在最後階段做這樣危險的舉措，派蒙藏委員會會委員長前往為共產黨圍困的青海，迄今仍是一個政治謎團。1949年夏，民眾一度相信，關吉玉飛往青海是為抗衡拉薩驅逐中國官員離開西藏的衝擊。[10]但事實上，派官員到青海早在驅逐事件發生以前已決定。一名十世班禪喇嘛的宗教上師敘述的漢文文獻披露，1949年中，國民黨官員曾試圖游說他們支持新的班禪喇嘛飛往台灣。關吉玉向班禪喇嘛的隨從保證，只要班禪喇嘛同意隨國民政府到台灣，很快便會有飛機到青海接走他。這個提議在塔爾寺進行了熱烈討論和認真考量，但是最終新的班禪喇嘛決定將其政治前途押注在新的中國共產黨政權上面。[11]回顧歷史，1949年10月新的班禪喇嘛對毛主席與新的中國共產黨政權表示擁護的公開聲明，具有極大諷刺意味，因為其地位在不過兩個月以前才得到國民黨政權的認可。

國民政府此一「告別」姿態相當重要。不論拉薩是否高興，新的十世班禪喇嘛已經得到一個搖搖欲墜卻仍有效的「中央政府」法律上的認可。當1949年11月北京電台向全世界宣佈，班禪喇嘛給毛澤東主席寫信，要求北京「解放」西藏，歷史再次重複。新的中國共產黨當局再次利用達賴喇嘛與班禪喇嘛衝突的機會，提出西藏議題。大概擔心北京會護送新近被官方認可的班禪喇嘛返回西藏，以控制西藏的世俗與宗教事務，正在從拉薩前往亞東途中的十四世達賴喇嘛及其顧問最終宣佈承認青海靈童的地位，以防減弱他們與北京討價還價的籌碼。這樣，通過靈活運用班禪喇嘛這張牌，共產黨成功地將西藏人帶到談判桌，以「和平解放」西藏。

　　國民黨政府最初乃是華南地區的一個地方政權，在戰前十年中，首次在中國內地從事國家建設和權力鞏固的工作。國民政府當局從其前任北洋政府接收下來的邊疆地區領土主權，從本質上講是虛幻的。至1937年，國民黨人實際從未對中國任何一個邊疆地區實施過有效統治。1920年代晚期與1930年代初期，不論對主權與領土問題的政策，或官方宣稱如何的不妥協和具有革命精神，中國岌岌可危的邊疆與民族政治議題，對於南京的國民政府來說，始終處於無所喪失的地位。在戰前十年中，當國民政府逐漸將權威從中國本部擴展至中國理論上的領土的其他部分，南京官員利用並仔細地操縱着邊疆議題，作為合法藉口，建設一個國民政府控制的國家，並在邊疆地區提高政府或國民黨的威望。如同本書所論，蔣介石集團利用西藏問題作為合法藉口，跟軍閥打交道，以及將南京以往不存在的影響帶到邊疆省份。這樣，不論西藏問題或邊界糾紛是否得到真正的解決，對於南京的中央政府來說，並沒有多大的重要性。通過重新考察1930至1932年漢藏邊界衝突、創造一個想像的西康省、1934年的黃慕松使團以及九世班禪喇嘛返藏問題等事件，本研究清楚呈現了這些自相矛盾之處。

　　從一個更宏觀的歷史角度來看，具有諷刺意味的是，正是1937年夏開始的日本全面侵華行動，給被迫西遷逃難的國民政府提供了一個契機，去加強其在中國西南及其他內陸邊陲地區的主權。因此，對戰時中國與西藏互動關係的探討，讓我們得以更深入觀察當國民政府被迫處理漢藏政治關係時，是如何看待他們的邊疆問題。本書顯示，由於政權生存與國防安全是他們最主要的關注點，戰時蔣介石及其高級幕僚對中國的西部邊疆及少數民族問題，採取一種相當務實而又投機取巧的立場。戰時的中國政府願意容忍拉薩製造的一連串政治行動，這些行動不是削弱、就是牴觸國民政府對防衛中國領土與主權完整的承諾。為了保證戰時物資從外部世界運到中國，被圍困的國民政府雖不情願，但還是準備接受在西藏的中英聯

合驛運線合作安排，從而默許以平等夥伴關係來對待拉薩政府。在抗日戰爭中，日本似乎有可能對西藏進行軍事與政治滲透，蔣介石及其軍事幕僚則把西藏視為緩衝區，將「漢藏」邊界、而非「印藏」邊界看作是抵禦外國侵略的最後防線。如同本書所示，從近代漢藏關係以及中國漢族人對邊疆地區愛國主義情懷的傳統解釋來看，戰時的整體局勢確實提供了一個跟我們過去所認知的國民黨革命邊疆政治史觀頗為不同的論述。

也是在戰爭期間，被圍困的國民政府意外地自1928年以來第一次獲得在西藏開設國家建設計劃的機會。經過西藏領土的運輸線的開闢，使得重慶的政治、軍事、經濟與財政影響以一種戰前無法想像的方式進入西藏。不論是否有人認為這種國家建設的過程既「片面」又「不完全」，無可否認，二戰使國民政府獲得一個黃金機會，逐步向西藏與其他內亞地區擴展權威。如果沒有戰時地理政治的壓力，國民政府設在西藏的機構，諸如新成立的情報網絡、新開放的中文學校、擴大規模的中國辦事處，將不可能發生。

可能更為重要的是，對二戰期間中國西藏議題的考察還顯示，當面對日本從東部而來的軍事進擊，國民黨人逐步鞏固在中國西部與西南地區想像的主權，尋找將以前定義模糊的內亞「邊疆」轉變為界線明確的「邊界」。如同本書所示，遲至1940年代中期，中國邊疆地區的領土仍然懸而未決。這種不確定性的主要原因，在很大程度上乃源於複雜的國際政治局勢，超出了中國的有效控制。但是，戰時西藏與中國西南地區的局勢顯示，保持一個模棱兩可、界限不清的國界，反而有利於被戰爭圍困的國民政府。在抗戰時期的混亂階段，中國的邊疆領土問題持續演化發展，並以突發與預料之外的方式來呈現。

抗日戰爭於1945年結束。戰爭的終結並沒有完全解決戰後中國的領土決策與邊疆問題。換言之，直至20世紀中葉，「中國」的定義仍然是一個懸而未解的問題。由於蔣介石的堅持，中國恢復了對滿

洲里的主權。但是，東北亞地區岌岌可危的國際環境，迫使國民政府不得不永久放棄對外蒙古的主權。儘管國民黨當局從未擴展勢力至外蒙古，但不能忽視失去外蒙古的心理影響及可能的骨牌效應。就在戰爭結束之後，西藏試圖提高其國際能見度，尋找取得與北部草原的蒙古人一樣的地位。新疆與內蒙古的非漢族少數民族精英也為獲得更高度的自治而不斷向南京提出請求。應該強調的是，在戰後過渡期間 (1945–1949)，國民政府有關邊疆議題的任何決定或政治行動，無疑皆對當今中華人民共和國的政治與領土地圖具有重要影響。

關於戰後中國的西藏議題，在某個時候，國民政府成功地誘使拉薩當局參加國民代表大會，從而製造出一個將事實上獨立的西藏帶入中國的鮮明印象。但是，如同本研究所示，西藏參與國民代表大會實際不過是西藏人想與中國漢族人重新開放對話的嘗試。此外，直至1940年代中期，儘管剛贏得了抗戰勝利，國民政府對西藏仍然未有一個清晰的管治方案。蔣介石承諾給予西藏擁有如同外蒙古相同地位的陳述，不久被視西藏為中華民國不可分離的一部分的憲法條文所取代。「高度自治」成為南京在西藏問題上的一個不切實際的宣傳伎倆。與此同時，西藏不惜一切代價，竭力阻止中國權威擴展到西藏地區的可能性。

當1947年春西藏爆發內亂，南京官員未能有效干預或進行調停，以贏取西藏的信任。更加糟糕的是，南京沒有就1947年的政變做出即時反應，進一步損害了中國官員在拉薩的聲望，而且幾乎使戰時辛苦經營的國民黨情報網絡破壞殆盡。此後，國民政府全力對付中國共產黨，無法再處理極為複雜的西藏問題。或許可以說，在1949年失去中國大陸以前，國民政府已經在1947年的色拉寺事件中失去了西藏。在統治中國的最後階段，國民政府仍然利用那些它合法擁有但正在消失的資源，以阻止西藏進一步脫離中國的領土與政治舞台。1949年，蔣介石最終被長期對手共產黨驅逐出中國，

但是，從戰後漢人領土收復主義的歷史角度來看，蔣介石及其政府最後一刻的努力，意外地為繼任的中國共產黨政權行使對西藏的主權，提供了一個途徑。

從宏觀角度來說，中國在西藏與西南邊陲地區的國家建構努力，自晚清趙爾豐時即已開始，然而隨着清朝崩潰，這種努力被迫中斷。直至30年以後，在抗日戰爭期間，另一個機會出現在被戰爭圍困的重慶國民政府面前；這樣的機會，卻是出於中央政權面對日本侵略、面臨安危挑戰且在英蘇列強缺席競爭的結果，歷史的無奈與諷刺，可見一斑。

本書對漢藏關係的重新評價，不可避免地帶來更多問題與研究討論。從晚清開始直到被共產黨接管，西藏自己是否沒有可能進行或嘗試進行國家建構的工作？本研究結果顯示，漢人在西藏與中國西南地區建立一個國民政府控制的國家的努力可能帶來反效果，迫使西藏人也進行自己的國家建構，從而把他們從漢人影響的壓力中解脫出來。比如，從十三世達賴喇嘛在1920年代的改革努力，以及1940年代拉薩試圖提高其國際能見度的努力中，我們可以感覺到這種傾向。不過，可能只有在藏文檔案公開以後，我們才會有一個清晰的答案。

隨着1949年國民政府從中國大陸上的政治地平線消失，對西藏在近代中國複雜的邊疆議題和民族政治情況的研究亦告結束。但是，那些使我們進一步理解中國民族內部的衝突與跨地區衝突、探討主導的中國政府如何逐步擴展影響到邊疆地區，以及漢人如何看待他們20世紀前半葉的少數民族與邊疆議題的學術研究，可能才剛剛開始。作者希望本書是解答如上這些難題的一個初步嘗試。

注　釋

1.　蒙藏委員會致外交部，1949年7月22日，羅家倫（中國駐印度大使）
　　致外交部，1949年7月23日，皆見AMFA-2，019/42；US Embassy in
　　India to the State Department, 23 July 1949, USFR, 893.00 Tibet/7–2349, in
　　USDS 1945–1949, reel 21.

2.　中國駐加爾各答總領事館致外交部，1949年7月27日，AMFA-2，
　　019/42。

3.　外交部致蒙藏委員會，附外交部內部紀要，1949年9月14日，蒙藏委
　　員會致行政院備忘錄，1949年9月24日，皆見AMFA-2，019/42。

4.　US Embassy in China to the State Department concerning the recent
　　enthronement of the 10th Panchen Lama, 26 February 1944, USFR, 893.00
　　Tibet/73, in *USDS 1940–1944*, reel 7.

5.　見《大公報》，1944年2月17日，頁2；《中央日報》，1944年2月17日，
　　頁2；行政院致蒙藏委員會，附羅桑堅贊（Lobsang Gyentsen，九世班
　　禪喇嘛堪布會議廳秘書長）致蔣介石函，1944年2月23日，*JBYZSBZZ*
　　(1991)，頁254–255。

6.　蒙藏委員會致蔣介石，附蒙藏委員會備忘錄，1946年12月12日，
　　ANG，200000000A，420/0140–420/0414。

7.　拉薩致南京情報，1948年9月15日，GMWX，40，頁588–590。

8.　拉薩致南京情報，1948年10月20日，ANG，200000000A，420/0506–
　　420/0507。

9.　見蒙藏委員會致行政院，1949年6月3日；蒙藏委員會致青海省政府，
　　1949年6月3日，皆見*JBYZSBZZ*(1991)，頁356–357。

10.　參見如*South China Morning Post* (Hong Kong), 25 and 29 July 1949.

11.　江平編：《班禪額爾德尼評傳》，頁110–115。不過應該注意的是，至今
　　尚無漢文或英文檔案材料支持這個説法。

參考文獻

一、檔案材料

國史館，台北
國民政府檔案（ANG）
外交部檔案（AMFA-1）
行政院檔案（AEY）
閻錫山檔案（YXSP）

蔣中正總統檔案
籌筆（CB）
革命文獻（GMWX）
特交檔案/政治/蒙古邊政（TJDA/MB）
特交檔案/政治/西藏問題（TJDA/XW）
特交檔案/政治/一般邊政（TJDA/YB）
特交文電/領袖事功/積極治邊（TJWD）

British Library, London
Collected Papers of Sir Charles Bell, Oriental and India Office Collections
Collected Papers of Sir Linlithgow, Oriental and India Office Collections
India Office Records (IOR)

Hoover Institution Archives, Stanford University, CA
Ethel John Lindgren-Utsi Papers
T. V. Soong（宋子文）Papers (TVSP)
Victor Hoo（胡世澤）Papers

國民黨檔案，台北
國防最高委員會檔案（ASNDC）
國民黨黨史會檔案（AKMT）

外交部檔案資訊處，台北
外交部檔案（AMFA-2）

British National Archives, Kew, London
Cabinet Office Records (CAB)
Foreign Office Records (FO)
Records created or inherited by the Civil Aviation Authority (DR)
War Office Records (WO)

二、雜誌、報紙與方誌

China Weekly Review. Shanghai, 1928–.
Far Eastern Survey. New York, 1930–.
Foreign Policy Reports. New York, 1934.
Pacific Affairs. Vancouver, 1942–.
South China Morning Post. Hong Kong, 1949.

《外交時報》。東京，1904。
《モンゴル年鑑・昭和十一年》。東京：三菱協會，1936。

《邊疆事情》。南京，1936。
《邊疆通訊》。重慶，1937。
《邊疆月刊》。西安，1941。
《邊政公論》。重慶和南京，1942–1948。
《大公報》。天津，1928–。
《東方雜誌》。香港，1904–。
《國民政府資源委員會公報》。1941–1942。重印，北京：檔案出版社，
　　1990。
《康定縣誌》。成都：四川人民出版社，1995。
《甘孜藏族自治州概況》。成都：四川民族出版社，1986。
《甘孜州誌》。成都：四川人民出版社，1997。

《蒙藏旬刊》。重慶，1940–。

《蒙藏院統計報：民國五年》。北京，1916。

《蒙藏月報》。重慶，1938–1941。

《蒙藏月刊》。重慶，1941–。

《青海省誌》。合肥：黃山書局，1997。

《申報》。上海，1928–。

《世界日報》。北京，1930–。

《新中華》。南京，1930。

《西南邊疆》。昆明：1938–1942。

《益世報》。重慶和昆明，1936–。

《玉樹藏族自治州概況》。西寧：青海人民出版社，1985。

《藏學研究論叢》。第8輯。拉薩：西藏人民出版社，1996。

《中央黨務公報》。南京與重慶，1937–。

《中央日報》。南京，1928–。

《中央週報》，南京，1927–。

三、其他材料

1. 英文部分

Addy, Premen. *Tibet on the Imperial Chessboard: The Making of British Policy towards Lhasa, 1899–1925*. London: Sangam Books, 1985.

Ahmad, Zahiruddin. *Sino-Tibetan Relations in the Seventeenth Century*, Serie Orientale Roma, XL. Roma: Istituto Italiano Per Il Medio Ed Estremo Oriente, 1970.

Aichen, K. Wu. *Turkistan Tumult*. 1940; reprint, Hong Kong: Oxford University Press, 1984.

Atwood, Christopher P. "Sino-Soviet Diplomacy and the second Partition of Mongolia, 1945–1946." In *Mongolia in the Twentieth Century: Landlocked Cosmopolitan*, edited by Stephen Kotkin & Bruce A. Elleman, pp. 137–161. London: M. E. Sharpe, 1999.

Barber, Alvin and Norman D. Hanwell. "The Emergence of China's Far West." *Far Eastern Survey* 8, 9 (1939): pp. 100–101.

Barfield, Thomas J. *The Perilous Frontier: Nomadic Empires and China, 221 BC to AD 1757*. Oxford: Blackwell, 1989.

Barnett, A. Doak. *China's Far West: Four Decades of Change*. Boulder, Colorado: Westview Press, 1998.

Beckwith, Christopher I. *The Tibetan Empire in Central Asia*. Princeton: Princeton University Press, 1987.

Bedeski, Robert E. *State Building in Modern China: The Kuomintang in the Pre-war Period*. Berkeley: Institute of East Asian Studies, University of California at Berkeley, 1981.

Bell, Charles, Sir. *Portrait of a Dalai Lama: The Life and Times of the Great Thirteenth*. London: Wisdom, 1987.

———. *The People of Tibet*. Reprint, Oxford: Oxford University Press, 1968.

———. *The Religion of Tibet*. Oxford: The Clarendon Press, 1931.

Benson, Linda. *The Ili Rebellion: The Moslem Challenge to Chinese Authority in Xinjiang, 1944–1949*. Armonk: M. E. Sharpe, 1990.

Benson, Linda and Ingvar Svanberg. *China's Last Nomads: The History and Culture of China's Kazak*. New York: M. E. Sharpe, 1998.

Best, Antony. *Britain, Japan and Pearl Harbor: Avoiding War in East Asia, 1935–41*. London: Routledge, 1995.

Boyle, John H. "The Road to Sino-Japanese Collaboration." *Monumenta Nipponica* 25, 3/4 (1970): pp. 267–301.

Brown, Judith M. and W. M. Roger Louis eds. *The Oxford History of the British Empire: The Twentieth Century*. Oxford: Oxford University Press, 1999.

Bulag, Uradyn E. "Going Imperial: Tibeto-Mongolian Buddhism and Nationalism in China and Inner Asia." In *Empire to Nation: Historical Perspectives on the Making of the Modern World*, edited by Joseph W. Esherick, Hasan Kayali, and Eric Young, pp. 260–291. Lanham, MD: Rowman and Littlefield, 2006.

Cable, Mildred and Francesca French. *The Gobi Desert*. London: Hodder and Stoughton, 1943.

Central Intelligence Agency (United States). *CIA Research Reports, China, 1946–1976*. Frederick, MD: University Publications of America, 1982. Microfilm.

Chan, F. Gilbert and Etzold, Thomas H. *China in the 1920s: Nationalism and Revolution*. New York: New Viewpoints, 1976.

Chang, Kia-ngau. *Last Chance in Manchuria: The Diary of Chang Kia-ngau*. Stanford: Hoover Institute Press, 1989

Chiang, Kai-shek. *China's Destiny*. London: Dennis Dobson Ltd., 1947.

Chinese Ministry of Information. *China Handbook, 1937–1943*. New York: Macmillan, 1943.

Clifford, N. *Retreat from China: British Policy in the Far East 1937–1941*. London: Longmans, 1967.

Cotton, James. *Asian Frontier Nationalism: Owen Lattimore and the American Policy Debate*. Manchester: Manchester University Press, 1989.

Curzon, George. *Frontiers*. Oxford: Clarendon Press, 1908.

Dreyer, June Teufel. *China's Forty Millions: Minority Nationalities and National Integration in the People's Republic of China*. Cambridge, MA: Harvard University Press, 1976.

Duara, Prasenjit. *Culture, Power, and the State: Rural North China, 1900–1942*. Stanford: Stanford University Press, 1988.

Eastman, Lloyd. *The Abortive Revolution: China under Nationalist Rule, 1927–1937*. Cambridge, MA: Council on East Asian Studies, Harvard University, 1974.

Eastman, Lloyd, Jerome Ch'en, Suzanne Pepper and Lyman P. van Slyke. *The Nationalist Era in China, 1927–1949*. Cambridge: Cambridge University. Press, 1991.

Eberhard, Wolfram. *China's Minorities: Yesterday and Today*. Belmont, CA: Wadsworth Publishing Company, 1982.

Ewing, Thomas. *Between the Hammer and the Anvil: Chinese and Russian Policies in Outer Mongolia, 1911–1921*. Bloomington: Research Institute for Inner Asian Studies, Indiana University, 1980.

Fay, Peter Ward. *The Forgotten Army: India's Armed Struggle for Independence, 1942–1945*. Ann Arbor: University of Michigan Press, 1993.

Feis, Herbert. *The China Tangle: The American Effort in China from Pearl Harbor to the Marshall Mission*. Princeton: Princeton University Press, 1953.

Fitzgerald, John. *Awakening China: Politics, Culture and Class in the Nationalist Revolution*. Stanford: Stanford University Press, 1998.

Fletcher, Joseph. "The Heyday of the Ch'ing Order in Mongolia, Sinkiang and Tibet." In *The Cambridge History of China: Late Ch'ing, 1800–1911*, Vol. 10, edited by John K. Fairbank, pp. 351–408. Cambridge: Cambridge University Press, 1978.

Forbes, Andrew D. W. *Warlords and Muslims in Chinese Central Asia: A Political History of Republican Sinkiang.* Cambridge: Cambridge University Press, 1986.

French, Evangeline, Mildred Cable and Francesca French. *A Desert Journey: Letters from Central Asia.* London: Constable and Company, 1934.

Friters, Gerard M. *Outer Mongolia and Its International Position.* 1951; reprint, New York: Octagon Books, 1974.

Furuya, Keiji. *Chiang Kai-shek: His life and Times.* New York: St. John's University, 1981.

Garver, John W. *Chinese-Soviet Relations 1937–1945: The Diplomacy of Chinese Nationalism.* Oxford: Oxford University Press, 1988.

Gellner, Ernest. *Nations and Nationalism.* Ithaca: Cornell University Press, 1983.

Gillin, Donald G. *Warlord: Yen His-shan in Shansi Province 1911–1949.* Princeton: Princeton University Press, 1967.

Goldstein, Melvyn C. *A History of Modern Tibet, 1913–1951: The Demise of The Lamaist State.* Berkeley: University of California Press, 1989.

———. *The Snow Lion and the Dragon: China, Tibet and the Dalai Lama.* Berkeley: University of California Press, 1997.

Gregory, J. W and C. J. Gregory. *To the Alps of Chinese Tibet.* London: Seeley Service and Co., 1923.

Grunfeld, A. Tom. *The Making of Modern Tibet.* New York: M. E. Sharpe, 1996.

Hall, J. C. S. *The Yunnan Provincial Faction, 1927–1937.* Canberra: Department of Far Eastern History, Australian National University, 1976.

Harrison, James P. *The Long March to Power: A History of the Chinese Communist Party, 1921–72.* London: Macmillan, 1972.

Hauner, Milan. *India in Axis Strategy: Germany, Japan and Indian Nationalists in the Second World War.* Stuttgart: Klett-Cotta, 1981.

Herman, John E. "Empire in the Southwest: Early Qing Reforms to the Native Chieftain System." *The Journal of Asian Studies* 56, 1 (1997): pp. 47–74.

Hsu, Immanuel C. Y. *The Rise of Modern China.* Oxford: Oxford University Press, 1983.

Hsu, Leonard Shih-lien ed. *Sun Yat-sen: His Political and Social Ideals.* Los Angeles: University of Southern California Press, 1933.

Hung-mao Tien. *Government and Politics in Kuomintang China, 1927–1937.* Stanford: Stanford University Press, 1972.

Hunsberg, Merrill Ruth. Ma Pu-fang in Ch'ing-hai Province, 1931–1949, Ph.D. diss. Temple University, Philadelphia, 1978.

Hyer, Paul. "Japanese Expansion and Tibetan Independence." In *Imperial Japan and Nationa Identities in Asia, 1895–1945*, edited by Li Narangoa and Robert Cribb, pp. 69–89. London: RoutledgeCurzon, 2003.

Ingles, Glen. "Building the New China." *Far Eastern Survey* 13, 13 (1944): pp. 116–120.

Jagchid, Sechin. *The Last Mongol Prince: The Life and Times of Demchug-dongrob, 1920–1966*. Bellingham, WA: Western Washington University, 1999.

Jagchid, Sechin and Paul Hyer. *Mongolia's Culture And Society*. Boulder, Colorado: Westview Press, 1979.

Jordan, Donald. *The Northern Expedition: China's National Revolution of 1926–1928*. Honolulu: University of Hawaii Press, 1976.

Kapp, Robert A. *Szechwan and the Chinese Republic: Provincial Militarism and Central Power, 1911–1938*. New Haven: Yale University Press, 1973.

Kesaris, Paul ed. *United States Military Intelligence Report, China, 1911–1941*. Frederick, MD: University Publications of America, 1983. Microfilm.

Kirby, William C. "The Nationalist Regime and the Chinese Party-State." In *Historical Perspectives on Contemporary East Asia*, edited by Merle Goldman and Andrew Gordon, pp. 211–237. Cambridge, MA: Harvard University Press, 2000.

Klein, Ira. "The Anglo-Russian Convention and the Problem of Central Asia, 1907–1914." *Journal of British Studies* 11, 1 (1971): pp. 126–147.

Kolmas, Josef. *Tibet and Imperial China: A Survey of Sino-Tibetan Relations up to the End of the Manchu Dynasty in 1912*. Canberra: Australian National University, 1976.

Kratochwil, Friedrich. "Of Systems, Boundaries, and Territoriality: An Inquiry into the Formation of the State System." *World Politics* 39, 1 (1986): pp. 27–52.

Kristof, L. K. D. "The Nature of Frontiers and Boundaries." *Annals of the Association of American Geographers* 49 (1959): pp. 269–271.

Lamb, Alastair. *Tibet, China and India, 1914–1950: A History of Imperial Diplomacy*. Hertfordshire, England: Roxford Books, 1989.

————. *The McMahon Line: A Study in the Relations between India, China and Tibet, 1904–1914*. London: Routledge & Kegan Paul, 1966.

————. *The China-India Border: The Origin of the Disputed Boundaries*. Oxford: Oxford University Press, 1964.

Langlois, John D. Jr. ed. *China under Mongol Rule*. Princeton: Princeton University Press, 1981.

Lary, Diana. *Region and Nation: The Kwangsi Clique in Chinese Politics, 1925–1937*. New York: Cambridge University Press, 1974.

Lattimore, Owen. *Studies in Frontier History: Collected Papers, 1928–1958*. Paris: Mouton and Company, 1959.

Lee, Feigon. *Demystifying Tibet: Unlocking the Secrets of the Land of the Snows*. London: Profile Books Ltd., 1999.

Levine, Steven I. *Anvil of Victory: The Communist Revolution in Manchuria, 1945–1948*. New York: Columbia University Press, 1987.

Li, Tieh-tseng. *Tibet: Today and Yesterday*. New York: King's Crown Press, 1960.

Lingpa, Shelka. "A Brief Survey of the Relationship between Drogön Chögyal Phagpa and Emperor Sechen Kublai Khan." *The Tibet Journal* 15, 1 (1990): pp. 67–76.

Lipman, Jonathan N. *Familiar Strangers: A History of Muslims in Northwest China*. Seattle: University of Washington Press, 1997.

Liu, Xiaoyuan. *A Partnership for Disorder: China, the United States, and Their Policies for the Postwar Disposition of the Japanese Empire, 1941–1945*. Cambridge: Cambridge University Press, 1996.

————. "China's Central Asian Identity in Recent History: Across the Boundary between Domestic and Foreign Affairs." The Woodrow Wilson Center Occasional Paper, No. 78, Feb 25, 1998.

————. "The Kuomintang and the 'Mongolian Question' in the Chinese Civil War, 1945–1949." *Inner Asia* 1, 2 (1999): pp. 169–194.

————. *Frontier Passages: Ethnopolitics and the Rise of Chinese Communism, 1921–1945*. Stanford: Stanford University Press, 2004.

Lower, Peter. *Great Britain and the Origins of the Pacific War: A Study of British Policy in East Asia, 1937–1941*. Oxford: Oxford University Press, 1977.

Mackerras, Colin. *China's Minorities: Integration and Modernization in the Twentieth Century*. Hong Kong: Oxford University Press, 1994.

Matsusaka, Yoshihisa Tak. *The Making of Japanese Manchuria, 1904–1932*. Cambridge, Mass: Harvard University Press, 2001.

McKay, Alex. *Tibet and the British Raj: The Frontier Cadre, 1904–1947*. Richmond, Surrey, England: Curzon Press, 1997.

Mehra, Parshotam. *The McMahon Line and After: A Study of the Triangular Contest on India's North-eastern Frontier between Britain, China and Tibet, 1904–1947*. London: Macmillan, 1974.

———. *The Northeastern Frontier: A Documentary Study of the International Rivalry between India, Tibet and China*. Delhi: Oxford University Press, 1979.

———. *Tibetan Polity, 1904–37: The Conflict between the 13th Dalai Lama and the 9th Panchen: A Case Study*. Wiesbaden: Harrassowitz, 1976.

Miller, Beatrice D. "The Web of Tibetan Monasticism." *Journal of Asian Studies* 20, 2 (1961): pp. 197–203.

Miller, H. L. "The Late Imperial State." In *The Modern Chinese State*, edited by David Shambaugh, pp. 15–41. Cambridge: Cambridge University Press, 2000.

Mitter, Rana. *The Manchurian Myth: Nationalism, Resistance and Collaboration in Modern China*. Berkeley: University of California Press, 2000.

Moise, Edwin E. *Modern China: A History*. London and New York: Longman, 1986.

Moseley, G. "The Frontier Regions in China's Recent International Politics." In *Modern China's Search for a Political Form*, edited by Jack Gray, pp. 299–329. Oxford: Oxford University Press, 1969.

Nakami Tatsuo. "Russian Diplomats and Mongol Independence, 1911–1915." In *Mongolia in the Twentieth Century: Landlocked Cosmopolitan*, edited by Stephen Kotkin and Bruce A. Elleman, pp. 69–78. London: M. E. Sharpe, 1999.

Norbu, Dawa. *China's Tibet Policy*. Surrey, England: Curzon Press, 2001.

Norbins, Martin R. "The New Sinkiang: China's Link with the Middle East." *Pacific Affairs* 15, 4 (1942): pp. 547–470.

Pepper, Suzanne. *Civil War in China: The Political Struggle, 1945–1949*. Berkeley: University of California Press, 1965.

Perdue, Peter C. "Military Mobilization in Seventeenth and Eighteenth-Century

China, Russia, and Mongolia." *Modern Asian Studies* 30, 4 (1996): pp. 757–793.

Petech, Luciano. *China and Tibet in the Early XVIIIth Century*. Leiden: E.J. Brill, 1972.

———. *Central Tibet and the Mongols: The Yuan-Sa-Skya Period of Tibetan History*. Roma: Istituto Italiano Per Il Medio Ed Estremo Oriente, 1990.

Philip's Commercial Map of China: Based on Map Originally Edited by the Late Sir Alexander Hosie, Formerly HBM Consul General, China. London: George Philip and Son, 1948.

Pye, Lucian W. *Warlord Politics: Conflict and Coalition in the Modernization of Republican China*. New York: Praeger Publishers, 1971.

Rawski, Evelyn S. *The Last Emperors: A Social History of Qing Imperial Institutions*. Berkeley: University of California Press, 1998.

Rhodes, N. G. "The Development of Currency in Tibet." In *Tibetan Studies: In Honour of Hugh Richardson*, edited by Michael Aris and Aung San Suu Kyi, pp. 261–269. Wiltshire, England: Aris and Phillips Ltd., 1980.

Richardson, Hugh E. "The Rva-sgreng Conspiracy of 1947." In *Tibetan Studies: In Honour of Hugh Richardson*, edited by Michael Aris & Aung San Suu Kyi, pp. xvi–xx. Wiltshire, England: Aris and Phillips Ltd., 1980.

———. *Tibet and Its History*. Boulder, Colorado: Shambhala, 1984.

———. *High Peaks, Pure Earth: Collected Writings on Tibetan History and Culture*. London: Serindia Publications, 1998.

Rockhill, William W. "Dalai Lamas of Lhasa and Their Relations with the Manchu Emperors of China, 1644–1908." *Toung Pao* 11 (1910): pp. 77–86.

Rossabi, Morris. *China and Inner Asia: From 1368 to the Present Day*. London: Thames and Hudson, 1975.

Rudelson, Justin Jon. *Oasis Identities: Uyghur Nationalism along China's Silk Road*. New York: Columbia University Press, 1997.

Rupen, Robert Arthur. *How Mongolia Is Really Ruled: A Political History of the Mongolian People's Republic, 1900–1978*. Stanford: Hoover Institution Press, 1979.

Samuel, Geoffrey. *Civilized Shamans: Buddhism in Tibetan Societies*. Washington and London: Smithsonian Institute Press, 1993.

Schaller, M. *The U. S. Crusade in China, 1938–45*. New York: Columbia University Press, 1979.

Schwartz, Henry G. *The Minorities of Northern China: A Survey*. Washington: West Washington, 1984.

Shakabpa, W. D. *Tibet: A Political History*. New York: Potala Publications, 1984.

Shakya, Tsering. *The Dragon in the Land of Snows: A History of Modern Tibet: A History of Modern Tibet since 1947*. London: Pimlico, 1999.

Sheridan, James E. *Chinese Warlord: The Career of Feng Yu-hsiang*. Stanford: Stanford University Press, 1966.

————. *China in Disintegration: The Republican Era in Chinese History, 1912–1949*. London: The Free Press, 1975.

Sinor, Denis ed. *The Cambridge History of Early Inner Asia*. Cambridge: Cambridge University Press, 1990.

Smith, Warren W., Jr. *Tibetan Nation: A History of Tibetan Nationalism and Sino-Tibetan Relations*. Boulder, CO: Westview Press, 1998.

Sneath, David. *Changing Inner Mongolia: Pastoral Mongolian Society and the Chinese State*. Oxford: Oxford University Press, 2000.

Soucek, Svat. *A History of Inner Asia*. Cambridge: Cambridge University Press, 2000.

Sperling, Elliot. "The Chinese Venture in K'am." *The Tibet Journal* 1, 2 (1976): pp. 10–36.

————. "The 5th Karmapa and Some Aspects of the Relationship between Tibet and the Early Ming." In *Tibetan Studies: In Honour of Hugh Richardson*, edited by Michael Aris and Aung San Suu Kyi, pp. 280–289. Wiltshire, England: Aris and Phillips Ltd., 1980.

Strauss, Julia C. *Strong Institutions in Weak Polities: Personnel Policies and State Building in China, 1927–1940*. Oxford: Oxford University Press, 1998.

Sun, Yat-sen. *Memoirs of a Chinese Revolution*. Taipei: China Cultural Service, 1953.

Teichman, Eric. *Travels of a Consular Officer in Eastern Tibet*. Cambridge: Cambridge University Press, 1922.

Tsarong, Dundul Namgyal. *In Service of His Country: The Biography of Dasang Damdul Tsarong, Commander General of Tibet*. New York: Snow Lion Publication, 2000.

Tsomo, Tsering and Shankar Sharan ed. *Tibet since the Asian Relations Conference*. New Delhi: Tibetan Parliamentary and Policy Research Centre, 1998.

Tyau, Min-chien. *Two Years of Nationalist China*. Shanghai: Kelly and Walsh Ltd., 1930.

United States. Department of State. *Foreign Relations of the United States*. Washington DC: Government Printing Office, 1862–.

———. *Records of the Department of State Relations to Internal Affairs of China (USDS), 1930–1939*. Wilmington, DE: Scholarly Resources, 1985. Microfilm.

———. *Records of the Department of State Relations to Internal Affairs of China (USDS), 1940–1944*. Wilmington, DE: Scholarly Resources, 1986. Microfilm.

Uprety, Prem Raman. *Nepal-Tibet Relations, 1850–1930: Years of Hopes, Challenges and Frustrations*. Kathmandu: Puga Nara, 1980.

Van de Ven, Hans. "The Military in the Republic." In *Reappraising Republican China*, edited by Frederic Wakeman, Jr. and Richard Louis Edmonds, pp. 98–120. Oxford: Oxford University Press, 2000.

Van Spengen, Wim. *Tibetan Border Worlds: A Geohistorical Analysis of Trade and Traders*. London: Kegan Paul International, 2000.

Wang Jiawei and Nyima Gyaincain. *The Historical Status of China's Tibet*. Beijing: China Intercontinental Press, 1997.

Welch, Holmes. *The Buddhist Revival in China*. Cambridge, MA: Harvard University Press, 1968.

Whiting, Allen S. and General Sheng Shih-ts'ai. *Sinkiang: Pawn or Pivot?* East Lansing, MI: Michigan State University Press, 1958.

Who's who in China: Biographies of Chinese Leaders, 5th ed. Shanghai: The China Weekly Review, 1932.

Who's who in China, 6th ed. Shanghai: The China Weekly Review, 1950.

Woodward, Llewellyn. *British Foreign Policy in the Second World War*. Vol. 4. London: Her Majesty's Stationery Office, 1975.

Wylie, Turell V. "The First Mongol Conquest of Tibet Reinterpreted." *Harvard Journal of Asiatic Studies* 37, 1 (1977): pp. 103–134.

Ya Hanzhang. *The Biography of the Dalai Lamas*. Beijing: Renmin Chubanshe, 1984.

Young, Arthur N. *China and the Helping Hand, 1937–1945*. Cambridge, Mass: Harvard University Press, 1963.

———. *China's Nation Building Effort: The Financial and Economic Record, 1927–1937*. Stanford: Hoover Institution Press, 1971.

Young, Benjamin. *From Revolution to Politics, Chinese Communists on the Long March*. Boulder, CO: Westview Press, 1990.

2. 中文與日文部分　按作者姓氏筆劃排序

丁文江、翁文灝、曾世英編：《中華民國新地圖》。上海：申報出版社，1934。

刁抱石：《民國吳禮卿先生忠信年譜》。台北：台灣商務印書館，1988。

土丹旦達：〈西藏地方政府要政見聞〉。《西藏文史資料選輯》第12輯，1990年，頁11–12。

中國第二歷史檔案館編：《中華民國檔案資料匯編》。南京：江蘇古籍出版社，1994。

中國藏學研究中心、中國第一歷史檔案館等合編：《元以來西藏地方與中央政府關係檔案史料匯編》。北京：中國藏學出版社，1993。

中國藏學研究中心、中國第二歷史檔案館編：《九世班禪內地活動及返藏受阻檔案選編》。北京：中國藏學出版社，1992。

———：《九世班禪圓寂致祭和十世班禪轉世坐床檔案選編》。北京：中國藏學出版社，1991。

———：《十三世達賴圓寂致祭和十四世達賴坐床檔案選編》。北京：中國藏學出版社，1991。

———：《黃慕松、吳忠信、趙守鈺、戴傳賢奉使辦理藏事報告書》。北京：中國藏學出版社，1993。

中華民國教育部編：《國家建設叢刊》，卷2。台北：正中書局，1971。

丹增嘉措：〈班禪行轅與劉文輝二十四軍之戰〉。《西藏文史資料選輯》第4輯，1985年，頁20–29。

孔慶宗：〈西藏插手西康大金白利糾紛的真相〉。《文史資料選輯》第93輯，1986，頁98–115。

———：〈黃慕松入藏紀實〉。《西藏文史資料選輯》第5輯，1985，頁64–84。

扎西央宗：〈淺談康區德格土司與改土歸流〉。《藏學研究論叢》第7輯，1995年，頁180–193。

扎娃：〈西藏噶廈政府統治下的霍爾措三十九部族〉。《西藏文史資料選輯》第5輯，1985年，頁114–123。

牙含章：《班禪額爾德尼傳》。拉薩：西藏人民出版社，1987。

王世杰：《王世杰日記》。台北：中央研究院近代史研究所，1990。

王明珂：《華夏邊緣：歷史記憶與族群認同》。台北：允晨文化，1997。

冉光榮：《中國藏傳佛教史》。台北：文津出版社，1996。

四川省文史研究館編：《四川軍閥史料》第2輯。成都：四川人民出版社，
　　1983。

石碩：《民國時期西藏獨立論質疑》。《中國藏學》第1期，1995年，頁3–16。

伍培英：〈蔣介石假征藏以圖康的經過〉。《文史資料選輯》第33輯，1986
　　年，頁140–154。

吉柚權：《白雪：解放西藏紀實》。中國物資出版社，1983。

多傑才旦編：《西藏經濟簡史》。北京：中國藏學出版社，1995。

朱少逸：〈拉薩見聞記〉，《西藏學漢文文獻叢書》第3輯。北京，1991年，
　　頁1–97。

江平編著：《班禪額爾德尼評傳》。北京：中國藏學出版社，1998。

江白降村：〈第五世熱振・土登江白益西・丹貝堅贊傳略〉。《西藏文史資料
　　選輯》第17輯，1995，頁8–22。

江安西、來作中、劉俊康：〈諾那呼圖克圖在西康〉。《四川文史資料選輯》
　　第39輯，1983，頁64–77。

西村成雄：〈東北接收をめぐる国際情勢と中国政治〉，《戰後中国国民政府史の
　　研究（1945–1949）》。八王子：中央大学出版部，2001。

吳忠禮：《寧夏近代歷史紀年》。銀川：寧夏人民出版社，1987。

宋之樞：〈記班禪九世離藏與返藏〉。《青海文史資料選輯》第6輯，1980，頁
　　75–79。

李占才、張勁編：《超載：抗戰與交通》，《抗日戰爭史叢書續編》，北京，
　　1996。

李鵬年：〈淺析吳忠信是主持十四世達賴喇嘛認證坐床、轉世，還是觀禮貴
　　賓〉。《藏學研究論叢》第8輯，1996，頁1–16。

肖懷遠：《西藏地方貨幣史》。北京：民族出版社，1987。

周一士：《中國公路史》。台北：文海出版社，1957。

周忠瑜：〈紅軍長征途中民族政策在藏區的初步實施〉。《青海民族學院學
　　報》第4期，1987年，頁14–18。

周開慶：《四川與對日抗戰》。台北：台灣商務印書館，1971。

周錫銀：〈諾那的部分重要史料輯錄〉。《四川文史資料選輯》第29輯，1983
　　年，頁88–94。

———：《紅軍長征時期黨的民族政策》。成都：四川民族出版社，1985。

岡本雅享：《中国の少数民族教育と言語政策》。東京：社會評論社，1999。

———：《国民政府史の研究（1945–1949）》，頁53–78。八王子：中央大学出版部，2001。

拉魯・次旺多吉：《拉魯家族及本人經歷》，《西藏文史資料選輯》第16輯，1995。

金紹先：〈憶述國民黨元老吳忠信〉。《文史資料選輯》第118輯，1989，頁64–100。

《青海文史資料》編輯組：〈青藏戰爭的內幕〉。《青海文史資料選輯》第14輯，1985年，頁128–135。

青海省政府編：《青海二馬》。北京：中國文史出版社，1988。

侯坤宏：《抗戰時期的中央財政與地方財政》。台北：國民館，2000。

思慕：《中國邊疆問題講話》。上海：生活書店，1937。

恰白・次旦平措：〈索康・旺欽格勒的一些軼聞瑣事〉，《西藏文史資料選輯》第17輯，1995年，頁49–61。

洛尼瑪：〈回憶甘孜事變經過〉。《甘孜藏族自治州文史資料選輯》第5輯，1987年，頁1–20。

胡平生：《民國時期的寧夏省》。台北：學生書局，1988。

范亞平：〈熱振寺、熱振活佛與熱振事件述略〉。《藏學研究論叢》第8輯，1996，頁75–85。

唐洪波：〈九世班禪返藏問題與英國的阻撓活動〉。《藏學研究論叢》第8輯，1996年，頁59–74。

孫子和：《西藏史事與人物》。台北：台灣商務印書館，1995。

———：《西藏研究論集》。台北：台灣商務印書館，1989。

宮碧澄：《國民黨在新疆的活動點滴》。《新疆文史資料選輯》第5輯，1980，頁36–70。

徐玉圻編：《新疆三區革命史》。北京：民族出版社，1988。

時事問題研究會編：《抗戰中的中國經濟》。重慶：抗戰書局，1940。

格勒：《甘孜藏族自治州史話》。拉薩：西藏人民出版社，1984。

桑頗・單增頓珠、貢噶堅贊：〈西藏代表團出席泛亞洲會議真相〉。《西藏文史資料選輯》第2輯，1984年，頁12–18。

秦孝儀編：《中華民國重要史料初編：對日抗戰時期》。台北：中國國民黨中央委員會黨史委員會，1981–。

———：《總統蔣公思想言論總集》，40卷。台北：中國國民黨中央委員會黨史委員會，1984。

索代：《拉卜楞寺佛教文化》。蘭州：甘肅民族出版社，1992。

郝維民編：《內蒙古近代簡史》。呼和浩特：內蒙古大學出版社，1990。

高津彥次：《蒙疆漫筆》。東京：河出書房，1941。

國史館編：《蔣中正總統檔案：事略稿本》，卷5。台北：國史館，2003。

專使行署副官處編印：《黃專使奉使西藏紀念照片》。南京，1935。

崔永紅譯：《馬步芳在青海》。西寧：青海人民出版社，1994。

常希武：〈國民黨特工人員在西藏〉，《西藏文史資料》第3輯，1984年，頁
　　45–58。

張中復：〈中共早期民族政策之研究〉。《西藏研究會訊》第12卷，1991年，
　　頁3–10。

張霈芝：《戴笠與抗戰》。台北：國史館，1999。

張興唐：《邊疆政治》。台北：蒙藏委員會，1962。

強俄巴：〈西藏地方政府派代表團慰問同盟國和出席南京國民代表大會內
　　幕〉，《西藏文史資料選輯》第2輯，1984年，頁1–18。

郭廷以編：《中華民國史事日誌》。台北：中央研究院近代史研究所，1979–
　　1986。

閆天靈：〈試論抗戰前十年國民政府對內蒙古的政策定位〉。《中國邊疆史地
　　研究》第1期，2001年，頁46–57。

陳秉淵：〈馬麟在青海封建割據局面的形成與其建制〉，《青海文史資料選
　　輯》第9輯，1982年，頁27–34。

陳紹武：《內蒙德王與蔣介石的關係》。《文史資料選輯》第39輯，1977年，
　　頁114–138。

陳雁暈：〈張群與川康經濟建設委員會〉。《四川文史資料選輯》第29輯，
　　1983年，頁188–199。

陳慧生、陳超：《民國新疆史》。烏魯木齊：新疆人民出版社，1999。

陳錫璋：〈西藏從政紀略〉。《西藏文史資料選輯》第3輯，1984年，頁108–
　　140。

陳謙平：〈英國阻撓九世班禪返回西藏的動因初探〉，《民國檔案》1998年第
　　4期，頁71–78。

喜饒尼瑪：《近代藏事研究》。拉薩：西藏人民出版社，2000。

曾小魯：〈吳忠信統治新疆經過〉。《新疆文史資料選輯》第1輯，1979，頁
　　83–97。

馮明珠：《近代中英西藏交涉與川藏邊情：從廓爾喀之役到華盛頓會議》。
　　台北：故宮博物院，1996。

黃玉生等編著：《西藏地方與中央政府關係史》。拉薩：西藏人民出版社，1995。

黃英傑：《民國密宗年鑑》。台北：傳佛出版社，1995。

黃道炫：〈蔣介石攘外必先安內方針研究〉。《抗日戰爭研究》2000年第2期，頁28–58。

黃慕松：《黃慕松自述》。台北，1964。

黃奮生：《蒙藏新誌》。南京：中華書局，1936。

楊公素：《中國反對外國侵略干涉西藏地方鬥爭史》。北京：中國藏學出版社，1992。

楊效平：《馬步芳家族的興衰》。西寧：青海人民出版社，1986。

楊策、彭武麟編：《中國近代民族關係史》。北京：中央民族大學出版社，1999。

楊寶琛編譯：《國防前線外蒙古》。上海：戰時讀物編譯社，1938。

葛赤峰：《藏邊采風》。重慶：商務印書館，1943。

賈大全：〈川藏道的興起與川藏關係的發展〉。洪泉湖編：《兩岸少數民族問題》，頁71–88。台北：文史哲出版社，1996。

隗瀛濤、李有明、李潤蒼：《四川近代史》。成都：四川社會科學院出版社，1985。

劉文輝：〈走到人民陣營的歷史道路〉。《文史資料選輯》第33輯，1986，頁1–58。

劉君：〈簡論西康建省〉。張憲文等編：《民國檔案與民國史學術討論會論文集》，頁321–331。北京：檔案出版社，1988。

劉曼卿：〈國民政府女密使赴藏紀實〉。北京：民族出版社，1998。

劉壽林、萬仁元、王玉文、孔慶泰編：《民國職官年表》。北京：中華書局，1995。

劉維開：《國難期間應變圖存問題之研究》。台北：國史館，1995。

劉慕燕：〈吳忠信傳略〉。趙銘忠、陳興唐主編：《民國史與民國檔案論文集》，頁357–366。北京：檔案出版社，1991。

劉學銚：《外蒙古問題》。台北：南天書局，2001。

───：《蒙藏委員會簡史續編》。台北：蒙藏委員會，1996。

德王：〈抗戰前我勾結日寇的罪惡活動〉。《文史資料選輯》第63輯，1979年，頁4–52。

德勒格：《內蒙古喇嘛教史》。呼和浩特：內蒙古人民出版社，1998。

歐陽無畏：《大旺調查記》。1938。重印本，台北：蒙藏委員會，1954。

蔡作禎:〈青藏戰役中我的經歷〉,《青海文史資料選輯》第2輯,1964年,
    頁41–50。

蔣介石:〈中國之邊疆問題〉。秦孝儀編:《總統蔣公思想言論總集》第12
    卷,頁103–120。

———:〈北伐成功後最緊要的工作〉。秦孝儀編:《總統蔣公思想言論總
    集》第16卷,頁332–340。

———:〈東亞大勢與中國復興之道〉。秦孝儀編:《總統蔣公思想言論總
    集》第12卷,台北:中國國民黨中央委員會黨史委員會,1984,頁
    95–99。

———:〈敵乎?友乎?〉。秦孝儀編:《總統蔣公思想言論總集》第4卷,
    台北:中國國民黨中央委員會黨史委員會,1984,頁135–149。

蔣君章:《西藏經營論》。南京:正中書局,1936。

蔣武雄:〈戴傳賢先生對我國邊疆的貢獻〉。《中國邊政》第79卷,1982,頁
    33–37。

黎宗華、李延愷:《安多藏族史略》。西寧:青海人民出版社,1992。

噶雪‧曲吉尼瑪:〈回憶熱振事件〉。《西藏文史資料選輯》第6輯,1985,
    頁1–42。

謝本書:《龍雲傳》。成都:四川民族出版社,1988。

謝明亮、郭建藩:〈西康邊茶簡介〉。《四川文史資料選輯》第8輯,1979
    年,頁173–187。

韓海容:〈我為馬步芳向蔣介石要餉的鑽營活動〉。《文史資料選輯》第27
    輯,1989,頁186–200。

蘇北海、黃建華:《哈密、吐魯番維吾爾王歷史》。烏魯木齊:新疆大學出
    版社,1993。

馨庵:〈第十三世達賴喇嘛轉世靈童尋訪認定和坐床考實〉。《中國藏學》第3
    期,1995年,頁47–55。

顧維鈞:《顧維鈞回憶錄》。北京:中華書局,1987–。

索 引